当代公安实力作家作品精选丛书

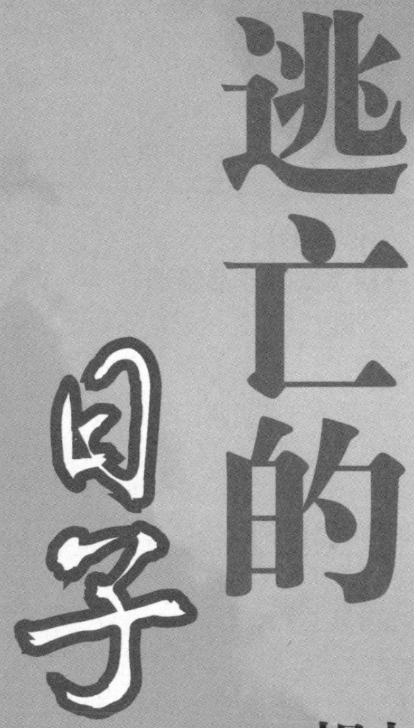

逃亡的日子

——胡杰探案作品精选

胡杰 著

群众出版社·北京

图书在版编目（CIP）数据

逃亡的日子：胡杰探案作品精选 / 胡杰著 .—北京：群众出版社，2022.3

（当代公安实力作家作品精选丛书）

ISBN 978-7-5014-6125-7

Ⅰ.①逃… Ⅱ.①胡… Ⅲ.①纪实文学—作品集—中国—当代

Ⅳ.①I25

中国版本图书馆 CIP 数据核字（2020）第 135412 号

逃亡的日子

——胡杰探案作品精选

胡 杰 著

出版发行：群众出版社

地 址：北京市丰台区方庄芳星园三区 15 号楼

邮政编码：100078

经 销：新华书店

印 刷：天津盛辉印刷有限公司

版 次：2022 年 3 月第 1 版

印 次：2022 年 3 月第 1 次

印 张：11

开 本：880 毫米×1230 毫米 1/32

字 数：305 千字

书 号：ISBN 978-7-5014-6125-7

定 价：39.00 元

网 址：www.qzcbs.com

电子邮箱：qzcbs@sohu.com

营销中心电话：010-83903254

读者服务部电话（门市）：010-83903257

警官读者俱乐部电话（网购、邮购）：010-83903253

文艺分社电话：010-83901330 010-83903973

胡杰的细节（代序）

刘元林

2014年夏天，胡杰有个壮举。他把一年的假期攒在一起，与夫人驾车自由行。一对蝴蝶双双飞，从西安起，走山西，过内蒙古，抵辽宁，十多天跑了大半个华北，临近半百，过了个“运动式蜜月”，让朋友羡慕煞。他的行踪被河北一位同道朋友发现，相邀石家庄一见，并约我作陪。时值周末，欣然前往。胡杰依然故我，当年不显年轻，现在不显老，爱问你读了啥好书，喜欢说不太黄的段子。

我与胡杰有三同，同乡、同学、同行。都是关中人，他生在西安城里，我生在西安远郊农村。大学里我们是同届同系不同班，但一个大教室上课，四年之间，熟是熟了，一对一的交流却不算很多。真正深入的交流，是在他从事公安宣传兼做“本报记者”之后。在二百多万警察队伍中，有一小撮拿笔不拿枪的“字儿警”，我与胡杰都在其列吧。写着、编着、读着同一张报纸，我们一起走过二十多年。

在西安警界，近两万人的队伍，或许有警察说不清省长、市长姓甚名谁，但一说“胡杰”，没有谁不知道。也是，长官走马灯似的换，秋叶似的落，胡杰却是“终身制”。胡杰的知名度、影响力，不是吹出来的、喝出来的，是一个字一个字码出来的。他发表文字数百万，不限于人民公安报，而是《南方周末》《知音》《啄木鸟》等漫天开花。他的案例集《西安大案》《凶手在路上》，还有著名学者李玫瑾点评的《歧路人生》一度都卖得很好。码字码写到名利双收这个份上，对他而言，是一个日积月累、水到渠成的过程。

“苦恨年年压金线，为他人作嫁衣裳。”现在，人们经常引用这句唐诗，表达编辑工作的辛苦。作为“资深编辑”，我的感受是，编辑工作其实没有那么苦，准确地说是亦苦亦乐，苦中有乐。作者中间有美女，来稿中常有美文，若美文出自美女，简直就是人间至乐了。胡杰虽然是一糙老爷们儿，但文章却每每可称“美文”。在报社，编辑经常会接到作者的慰问电话，开始关心的是编辑老师的冷暖，最后问询的是自己稿件的去留。但很少有人会接到胡杰催问稿件的电话。他的作品数量不算少，但无论是新闻报道、新闻评论还是文学作品，编辑都喜欢用。报纸版面在搞质量评比，他的稿件能给版面增色呢。

一个记者，写几篇好报道并不难，难的是经常有好作品。哪怕是写条简讯，胡杰都用心用力，力求出新。在他数量巨大、种类繁多的作品中，最具特点、引人注目的是案例写作。

因为他爱写案子，善写案子，当地警方破了大案，要报道要宣传，首先想到的就是他。二十年下来，他成了“西安大案大全”。庖丁能把杀牛变成舞蹈，卖油翁能把粗活变成行为艺术，那是因为“干一行，爱一行，精一行”，写作也是门手艺，道理相近相通。因为好这一口，胡杰把别人唱歌、郊游、打麻将的工夫，都用在采访写作上了。采写采写，不采没的写。写得顺畅，是因为采得深入。记者的功夫，其实就在一个“采”字上。我跟胡杰一起采访过，他采访与一般记者有不同。一般记者只知用嘴——连珠炮似的问，而他却不怎么“闹”，看上去如不动，但眼观耳闻鼻嗅身感，每一个毛孔似乎都张开着，都是信息传感器。这可能跟他当过刑警的经历有关。他的报道之所以耐看，就是因为采访扎实、得法，能为读者提供大量生动鲜活的细节。

胡杰把他的第四本案例集的电子版传给了我。新闻报道是另类“快餐”，采过写过发过，作者一般都懒得保留。胡杰现在要把他写的案例再次结集，而且有出版社愿意出，这些报道的价值由此可见。我在中国警察网任总编辑时，曾把他这本案例集作为中警网书友会的选读书目。大家读得津津有味，书友翟宇星还专门写了一篇读后感。在这位年轻编辑眼里，胡杰的案例写作具有如下特点：

一、内涵丰富。虽然主干是案例报道，但里面有历史文化，有风土人情，有社会百态。

二、结构讲究。没有单线叙述的套路，经常采取双线叙述、交叉叙述，悬念设置巧妙，步步推理，如读侦探小说。

三、人物鲜活。经常以“犯罪嫌疑人”为叙述角度，为读者展示鲜为人知的另类人生，令人深思，发人深省。

四、语言活泼。无论叙述语言还是人物语言，都很口语化、生活化，生动有趣。

鸳鸯绣取凭君看，要把金针度与人。胡杰当时在鲁迅文学院深造，我把他请到中警网来，与年轻人面对面交流。胡杰也不问有没有讲课费，说来就来了。那天，他重点讲述了“细节”对于写作的价值和意义。他说，案例报道是我们公安新闻里的传统优势项目，可是，守着一座富矿，能不能挖掘出高品质的矿石，并且把它们加工成社会需要的优质产品，却是摆在我们面前的一个问题。有不少案例写得模式化、公式化，看了前面就知道后面；而有的案例虽然也写得情节曲折、热热闹闹，但见事不见人，看过之后，很难给人留下什么印象。

为什么呢？因为故事好找，“零件”难寻，这类案例报道都缺少细节描写。他认为，典型细节决定人物个性，细节的数量决定稿件的质量。采访到了好的细节，还需要精心构思，合理地使用在稿件中。

我记得他举的例子，是他的代表作《逃亡的日子》中的如下一段——

面粉只剩下不到一斤，蔬菜只剩下一根大葱，而取暖的煤也只能维持一天了。新疆昌吉回族自治州奇台县离中蒙边境只有一百多公里，这里人烟稀少，冬天气温常在零下30多度。以他单薄的衣衫、被褥，他会在房子里冻死的。

2011年春节前夕，逃犯高选民又一次面临绝境。

19年前，高选民在新疆的头一个冬天，是在阜康度过的。阜康是昌吉州下面的一个县级市，著名的新疆天池就在其境内。

当时，高选民租住在一间楼房下面的地下室，没有生火取暖的炉子。整个冬天，他头顶的小窗户上始终冻着不少于十公分厚的冰。每天夜里，他都得穿着全部衣裳睡觉，身上盖着一堆从工地上捡来的厚厚的烂棉絮、破棉被。

有一次，包工头偶然来到他的住处，吓了一跳，觉得高选民没有被冻死，简直是个奇迹。

随后，我详细阅读了他的《逃亡的日子》，感觉这已经不是一般的案例报道，而是正儿八经的“报告文学”，通篇都在“用细节盘活故事，用故事表现人物，用人物传达理念”。因为细节丰富、准确，故事就生动，人物形象就突出，作品便富有感染力和说服力。这样的篇章在胡杰的纪实报道中并不鲜见。总之，胡杰的案例写作，可以猎奇，也可以玩味；可以当《知音》，也可以当《读者》，别有一番滋味。

（刘元林，人民公安报社《法治传播研究》主编，全国公安文联理事、散文分会秘书长）

目　录

疯狂的“拉比”

一种果汁饮料，如果您没喝过，50 元一小箱，您可能会买回去尝尝；500 元一箱呢？还买吗？有人就买了，不是 500 元一箱，而是 5000 元一箱。而且，当场刷卡拎走它的人，有的是。

脑子坏了？谁说的？买东西，分在哪儿。超市里一个价，五星级酒店一个价，而“拉比天堂”，就是可以创造天价嘛。

一箱饮料，算啥呀，毛毛雨啦！“拉比天堂”还能“开天眼”“断轮回”，可以让您从此以后“挣钱像呼吸一样容易”。

什么？您不信？您以为就您聪明？笑话。什么叫“拉比”？没错，就是犹太教里的智者、老师。“拉比天堂”，就是让大家都变成智者的地方。您不来，可有的是人来。除了西藏和香港、澳门，全国其他省市自治区可都有人来拉比公司上过课，总共 7900 人；1000 多人掏了数万乃至 15.8 万元，上了它的“导师班”。这些人里，白领、老板，有的是。

好了好了，不跟您啰唆了。5000 元钱买箱饮料的，就有谷小清。她就上过“导师班”。要不，您就跟上她，当然，还有别的她和他，一起到“拉比天堂”走两步吧。

一、初闻“拉比”

士别三日

着正装的张芝嘉，让谷小清着实吃了一惊。

三年前，谷小清的小女儿五岁半，还不到上学年龄。有人给她推荐，秦岭脚下有家私人开办的国学馆，教孩子一些诗书、礼仪，背背《三字经》《弟子规》之类，寓教于乐，价钱也还能接受。谷小清跟老公一商量，就给娃报了名。到那儿一看，孩子还真不少。小家伙们上课，大人没事儿，就在一起交流。她就是这时候认识的张芝嘉。

张芝嘉是从浙江湖州来的，陪着女儿在学校住。俩人一聊，巧了，张芝嘉也有俩女儿。而且，她的大女儿还跟谷小清的大女儿是同年同月同日生，那叫一个巧！有这层缘分，她们俩自然就比别人走得近一些。国学馆要求住校，一周接一次。可孩子还是有点儿小，谷小清心里有点儿打鼓，就托付张芝嘉给帮忙照应着点儿。

孩子们结业，大人们也就各奔东西，谷小清再没见过张芝嘉。俩人也就是在微信里晒娃时，偶尔互动一下。可毕竟有这层亲密感存在，所以，当张芝嘉打电话给谷小清，约她到她公司坐坐，谷小清马上爽快地答应了。

张芝嘉的公司，在西安南二环一家写字楼里。一见面，谷小清眼睛就直了：“天呐，张姐，你咋变得这么漂亮了呢?!”

张芝嘉画着淡妆，穿着黑色的正装，脚上踩着高跟鞋，一到身边，马上能闻到她身上喷了香水。谷小清敢肯定，这香水一定是个大牌子，要不然怎么配得上她这身行头呀。上上下下扫描了好几遍，谷小清脑子里的张芝嘉的形象已完全被颠覆。上次见面，她还是个头上皮筋扎个马尾巴、手上拎只旧无纺布袋子的准大妈，一眼就能看出，她比自己大五岁以上。

在写字楼下面的一家餐馆，张芝嘉请谷小清吃了顿饭。餐馆环境很好，饭菜也精致。饭桌上，张芝嘉说了正事儿：“这是个值得投资的项目。而且，刀下见菜，来钱快。”她说，她公司做的是消费返利：“你手机上充 1 万元，就有 6.25 万元的消费额度。每天，可以给你返利 1900 元。你自己在手机上就能看到收益，而且，随时可以提现。咋样，要不要试试?”

试试就试试！谷小清就当场入了 6 万元的股。钱是她从理财产品上现赎回的。她和老公以前开过饭馆，后来改做火锅店的食材配送，大财发不了，但小钱还是有点儿，比起工薪阶层，应该还是要好一点儿。老公负责跑业务，财务由她掌握。投资 6 万元，她倒不用请示她老公。张芝嘉的状态让她很羡慕，而且，遇上这么个能挣点儿钱的机会，为什么要放过呢?

吃饭过程中，张芝嘉就提到了“拉比天堂”。其实，之前她就发过微信，只是谷小清并没留意。张芝嘉扑闪着对她的年纪来说稍显夸张的假睫毛说，她发生变化，就是听了“拉比天堂”的课之后：“财富丰盛了，人的精神面貌好了，连我家里人都跟着沾了光。”张芝嘉说，她侄子得了癌症，实在没辙了，找到了“王老师”。谷小清已经从张芝嘉前面的讲述中知道，王老师，就是“拉比天堂”的王中孚。“王老师给我侄子断了轮回以后，他现在好多了呀。”尽管说着浙江普通话，张芝嘉两眼放出的光，却像一名剧照里的京剧演员：“这样吧，下回，我给你介绍个人。你听听就知道了。”她的话里，透着几分神秘。

又一次约饭局，她说的那个人也来了。

40 几岁，中等个头儿，三角眉，大眼睛，普通话带口音。张芝嘉介绍了这个人的一堆头衔，诸如深圳某某公司的老总或者顾问之类，谷小清也记不住，只是感觉，眼前这男人好像没这气质，像一个小脑袋顶了一顶不合适的大帽子一样。饭桌上的主要话题，仍然是“拉比天堂”。当然是“拉比天堂”以及王中孚如何神奇，有种种事例相佐证。听到有人听课后婆媳关系改善了，谷小清把筷子停在了空中。

谷小清家在银川，她是上大学时才来西安的。老公是西安本地人，结婚后，谷小清一直跟婆婆一起生活。婆婆是个早早守寡的人，一个人把儿子拉扯大，不强势都不行；而谷小清出身于一个警察家庭，上面有个哥哥，从小爹妈尽宠着她，没让她受过委屈。两个强势的女人，又偏是在完全不同的环境下成长起来的，生活习惯完全不同。就拿开个灯为例吧，谷小清一到家，喜欢到处亮堂堂的。她走到哪儿，灯就亮到哪儿。她在家，差不多能开的灯就都开着；而婆婆仔细惯了，跟在她后面关灯，还要嘟嘟囔囔。至于教育孩子，俩女人的观念更是车不同轨、书不同文。但是，说心里话，这日子要往下过，谷小清还是很想跟婆婆改善关系的。

“就600块，报个公益课，先听听吧。绝对值。”张芝嘉还告诉谷小清，这位神秘嘉宾名叫王铎善，王中孚就是他的亲弟弟。

谷小清就点了头。她老公还有些账要不回，去听听课，哪怕多要回来一笔，也是好事儿嘛。

秋叶婆娑

一开始，有人跟苏皖说起“拉比天堂”时，苏皖冷冷地用鼻子“哼”了一声，并且说：“神经病！”

上了“拉比天堂”的课，财富就能五倍、十倍地增长？怎么可能！挣钱有多不容易，苏皖比谁都清楚。

苏皖和老公曾白手创业。他们都是湖北人，武汉的名校毕业后，在武昌广阜屯开过一家电脑公司。最火的时候，他们手下有七十多名员工。她老公是个性格内向的人，搞研发是把好手，但处理人际关系不擅长。火苗一样存在的苏皖正好弥补了他的短板。那时候，苏皖以为，她的人生就是不断滚雪球、做加法，公司会越做越大，日子当然也会越过越顺溜。

转折发生在他们孩子一岁多的时候。那一年，有个员工得了抑郁症，跳楼了。谁也想不到，这件事儿在苏皖老公心中会引起那么大波澜。像勤勉的万历皇帝突然就不再上朝一样，苏皖老公开始在上班时打游戏，以至于沉湎其中，完全无力自拔。本来，有苏皖撑着，公司看上去还一切如常，能正常运转，可是，一次，苏皖下楼梯时一脚踩空，髌骨粉碎性骨折。一百天后，等她重新上班时才发现，好好的公司已经被过去重用的三个精英给掏空了。而她老公仍在游戏里杀得兴起，抬起头来看她的眼神，都像政客的署名文章一样，茫然，空洞无物。打这时起，他们就成了名义上的夫妻。只是为了孩子，俩人才默契地把办离婚手续的时间推迟了十几年。

公司濒临关门的时候，倒霉事儿接踵而至。那一年，苏皖接二连三地丢手机和数码相机。紧接着，老妈查出了癌症。苏皖一家人都在医院工作，父亲、哥哥和姐夫都是医生，而且都很出色。在看病方面，她家里有很多别人没有的资源。可是，什么手段都用上了，却眼瞅着老妈瘦成了一把骨头，走路都晃悠。苏皖她妈是个很能干的女人，连家里水龙头坏了，她都能使管钳自己给换了。30来岁的苏皖还完全没有做好失去母亲的思想准备，她想不通，人怎么能这么脆弱呢？

家里出个下半截儿的“万历皇帝”，公司已危机重重。几十个员工等着发工资，可苏皖账上最惨一次就剩下了1000元钱。朋友看她气色不好，拉她认识了一位中医养生专家。专家是女的，比苏皖大个七八岁。一照面，人家就指出她的身体有三个毛病。苏皖心里一惊，说得样样准呀。她花3900元报了名，成了人家的一个会员。养生专家送了她一个到五台山五爷庙见方丈的名额：“我自己见了师父，就了了三个心愿。当时我父亲也得了重病，这之后转危为安；我儿子后来顺利地考上了个好大学。”第三个心愿，专家没说，但苏皖猜得到，肯定是个人情感方面的。

到庙里烧香这类事儿，苏皖以前不信。父母都是党员，她从小受到的都是无神论的教育。可是，如果能保住老娘的性命，为什么不能试一试呢？

去五台山的路上，苏皖感冒、发烧，十分难受，可一到五爷庙，她的病就全好了。她是和那位养生专家一起去的，她们在庙里住了几天。跟着僧人吃斋念佛，苏皖发现，自己既不想老母亲，也不想儿子，内心特别清净。方丈为她加持的时候，手往她头上一放，她立即感觉到，有一股暖流从头顶贯穿到了脚底。五台山的秋天，天蓝得有些失真。午休的时候，躺在床上，苏皖总能看到窗外深深浅浅的黄叶在婆娑轻舞。后来，这幅画面就像刻到了她的脑子里。

说也奇怪，苏皖下了五台山，老妈的身体就开始有好转。十几年弹指而过，一个得了癌症的人，竟然挺硬朗地活到了现在。

公司倒闭之后，苏皖干起了直销，手下也有一个团队。有段时间，社会上流行起训练培训班来。苏皖是学财务出身，虽然经营公司多年，但作为一名管理人员，她觉得还是需要充充电。EMBA 之类，她觉得过于理论化，不太接地气。她做了一些调查，倒是认为这种训练班，对她激发员工潜能方面，可能帮助更大。于是，她花近四万元报了个班。当时，这可是笔大钱，她手下一个文员的工资才三百元。训练班除了在教室里上课，还有些类似部队野外生存训练的内容。比如有一天，一大早，老师就把他们这些学员全扔到一个偏僻的小山沟，手机、钱包和证件统统不能带，全靠自己一张嘴找到吃喝，并且重新回到训练班。有过共同经历的人总是有许多相同的气息。后来，训练班的同学就是苏皖的一个重要社交圈子。

不过，实话实说，甭管信了佛，还是上了训练班，苏皖的生活都没能变得更好。直销之后，她又尝试着做过点儿别的事情，都没成功。孩子上高中时，她就办了离婚手续，但一直也没遇到合适的男朋友，好像她的好运气都在年轻那会儿用完了。

2016 年年底开始，苏皖的朋友圈里开始有人分享关于“拉比天堂”的内容。后来，各种场合，也不断有人在苏皖耳边说起“拉比天堂”的事儿。一次，苏皖训练班的一个女同学建议她去听“拉比天堂”的课。因为信了佛教，女同学嘴里冒出来的一些关于“拉比天堂”的词儿，诸如“前世”“轮回”“业力”之类，苏皖倒是能听懂。不过，这位女同学老是一副张牙舞爪的样子，能不够。苏皖不喜欢她，也就对她说的事儿不感兴趣。

离婚的女人，平时倒还好说，难过的，是逢年过节。苏皖已经连续两个年三十是在澡堂子里泡着温泉过的，服务员眼巴巴地等着，盼她们这几对儿结伴而来的单身女人早点儿离开，好下班回家。谁愿意过这样的生活呢？有回去庙里烧香，苏皖专门问过她婚姻的事儿。那会儿，她还在为要不要离婚而纠结。师父转动着手串儿，跟她说，她就是二婚的命。这一来，就让她把离婚这事儿“放下了”。既然还有一次婚姻在等着她，苏皖对各种相亲会就很积极。她不觉得这事儿有啥丢人，只是见到的男人都入不了她的法眼。难道，自己真的老到样子很不堪了吗？

“你去听听‘拉比天堂’的课，就知道你单身问题的卡点在哪儿。”一次相亲会组织去恩施大峡谷，跟苏皖在大巴车上坐一起的一个女伴儿跟她这么说，“你可能是业力太重，断了轮回，就会好起来。”

苏皖现在最想解决的，就是单身问题。她当下就用手机给那位女伴儿转了钱，托她给报个名。可过了几天，女伴儿却把钱给她退回来了：“不好意思，没报上名。报名的人可多了。再找机会吧。”

这一来，倒激起了苏皖更大的好奇心，她非要去听听这个“拉比天堂”都教点儿什么。

匣匣漏了

郭玉蓉去美容院干兼职，一方面是为了多挣两个钱，分担点儿她家小向养家的压力；另外，她也很清楚，自己最大的长处就是手巧。

郭玉蓉俩娃小时候，头上戴的小帽子、脚上穿的小袜子，又服帖又漂亮，那可都是她用钩针钩出来的。她人又厚道，谁夸她两句，她都帮人家织。她家小向当年看上她，据说就是因为她的这双巧手。

小向在一家物流公司当个小头头，每天早出晚归。天不亮，小向还没睁眼，郭玉蓉就要先起床。她要为小向做早餐，还要为他准备中午带的饭。一般来说，小向的饭盒里装的都是米饭，只是每天带的菜不一样。中午，小向在公司微波炉里一转，就能吃。小向上班的地方搬到了很远的地方，早上得赶最早的公交车出发，晚上八九点钟才能到家。

男人是个耙耙，女人是个匣匣。不怕耙耙没齿儿，就怕匣匣没底儿。小向对郭玉蓉绝对信任，连他的工资卡，都交给郭玉蓉掌管着。可稀里糊涂中，郭玉蓉却当了回没底儿的匣匣。这事儿，小向一直都不知道。

有一阵儿，担保公司以及各种高回报的投资理财项目，红火得不得了。脑瓜儿活络的人都会觉得，再把闲钱放在银行吃利息，就像把一个活蹦乱跳的小伙子早早送进了养老院，不掰着手指头算一算简直对不起自己的小学数学老师。郭玉蓉两口子养俩儿子，本来日子过得掐尺等寸，并无闲钱。但是，老二出生时，因为医疗事故，医院给赔了十几万。虽然之前给老二看病，也花去了不少，但这起官司打下来，医院给赔出钱来，却是个整数。郭玉蓉借了她妹五万元，再凑上这笔钱，就把二十万交给了担保公司。可好日子没过多久，一夜之间，担保公司就都跑路了。把前面获的利都算进去，郭玉蓉还是一下子折了十三万多！

心疼，内疚，百爪挠心，郭玉蓉还不敢让小向知道。本来，她是心疼小向挣钱太辛苦，想帮帮他，没想到，却闯了祸，帮了倒忙。恓惶了好一阵儿，经别人介绍，她就来到了穆兰开的美容院，干兼职。

说到职业，郭玉蓉初中毕业后，满共干过俩。起初，她在建材市场给一个小老板卖灯具。生了孩子，特别是有了老二之后，这事儿干不成了。养俩孩子，家务事儿一河滩，她没法儿在店里一站一天。可是，小向挣的那点儿辛苦钱，又不能让她当全职太太。所以，她就到保险公司卖保险。这差事，时间上比较自由。把钱赔进担保公司之后，小的也上了托儿所。这样，送了大的和小的之后，她就有了些闲时间。卖保险之外，她想多挣两个钱。

穆兰比郭玉蓉小几岁，人挺好相处。郭玉蓉来这儿干，是不拿工资的。起初，她要跟别人学手艺；等她能上手之后，就拿提成儿。很快，郭玉蓉的巧手就派上了用场。做个面敷、种个睫毛之类，她都做得挺好。女人在一起，难免要说到孩子。这时候，郭玉蓉的大儿子就是她的一块心病。

老大十岁的时候，半边脸开始长黄褐斑，还时常会晕倒。身体不好，就影响到了娃的学习成绩。每回考试，他在班上不是倒数第一，就是倒数第二。她带着孩子去了好多家医院，钱花了不少，却连个病名儿都没有弄清。

一天，穆兰告诉她，她认识了一个人，很牛，能治病：“要不，你去听听‘拉比天堂’的公益课?”

手足之痛

也是为看病，丁宏伟才知道“拉比天堂”的。

刀子割在谁身上，谁才会觉得疼。妹妹得了尿毒症，才让丁宏伟深切体会到，什么叫作情同手足。

父母走得早。这些年，丁宏伟在贵阳，妹妹嫁到了长沙，他们见面次数并不多。妹妹生病后，去了好多家医院。妹妹两口子原来在《长沙晚报》社附近的三湘花卉市场里经营一间小店，日子过得还可以。可是，这看病就是个无底洞，有多少钱都能塞进去。中西医看了一大圈儿，妹妹的病却不仅没看好，还在加重。妹妹一病，妹夫也再无心打理店里的生意，小店早就关了。现在，外甥马上就要高考，家里却愁云弥漫。

这些天来，丁宏伟跟妹妹天天都通电话。北京有个姓徐的名中医，据说看这个病比较在行。他的挂号费就得一两千块，还得提前两个月挂号。哪里能等这么久呢，妹妹已经五六天不吃不喝了。丁宏伟就说，你干脆回贵阳来，我给你治吧。

30来岁时，丁宏伟得过一次肾病，好长时间就待在家养病。看的是中医，大夫开的方子，丁宏伟回来就研究。后来，他再看病时，大夫甚至会跟他商量着来。

丁宏伟在一所中学当老师，教计算机。这年头儿，孩子们的计算机水平早就超过老师了。丁宏伟在备课上没费太多心思，除了在操场上锻炼身体，最大的爱好就是研究中医。同事开玩笑，说他准备炼仙丹，要长生不老呢。有这爱好，丁宏伟就有了一圈儿中医朋友，其中有正规医院的大夫，也有些像他这样久病成医的爱好者。因为给一些同事、朋友看好过病，丁宏伟在圈儿里还有点儿小名气呢。

北京那位徐名医，他也试着通过朋友联系过。人家说，顶多给他把时间往前提提，至少也得等二十天。可是，妹妹的病哪儿等得起呢？

接回妹妹，丁宏伟慌了：六天六夜，妹妹基本没吃东西，也没怎么睡觉。晚上躺床上，她身体只能直着，稍一打弯儿，就会呼吸困难。丁宏伟一看，妹妹的病已经超出了他的能力范围。不过，他还是硬着头皮给她治了三天。药是和圈子里的专家们商量过的，没有问题。熬好的中药，妹妹只能喝三分之一，可过一会儿，她又会吐出来。想给她艾灸、扎针，但她没办法用身体配合他。三天三夜，妹妹没睡过觉，丁宏伟也没睡着。每天到了黄昏，妹妹就仿佛处于弥留之际。丁宏伟慌了，不敢再耽搁，赶快把她送医院做透析。在重症监护室，妹妹住了十八天，输入八袋血，从死亡边缘捡回了一条命。

妹妹住院期间，丁宏伟没事儿就上网搜，看看有没有什么治尿毒症的办法被漏掉了。搜着搜着，就搜到了“拉比天堂”这儿来了，因为有人分享，自己的尿毒症被王中孚治好了。

“王中孚，1977年出生于山西，中国著名企业家、中国拉比天堂总裁、灵商教育集团董事长、西安拉比企业管理咨询有限公司董事长、拉比天堂品牌创始人、亚洲能量财富导师、中国总裁灵商训练创始人、国际教练联合会训练导师、中国灵商企业家协会会长。”

丁宏伟找到王中孚的微博，发现他还另有一个头衔：印度合一大学高级灵性训练师。

“百度”之外，再用“360”“搜狐”搜索，内容都一样。总而言之，王中孚是一个很了不起的人，不属于丁宏伟这个阶层。

因为好奇，丁宏伟看了两个关于王中孚的视频。一个叫“专访”，另一个叫“高端访谈”。不愧是搞教育的，王中孚口才很好，说得挺有道理。

头天晚上看了视频，第二天，丁宏伟又突然来电，灵机一动，照着“百度”搜来的电话，给“拉比天堂”客服打了一个电话。

“治病？当然能啦！王老师虽说不是医生，不会开药，但他能断轮回，从根儿上给人治病。这样，您先买他两本书，回去读读看，好不好？您觉得有道理，再决定要不要上我们的公益课。好吗？”客服是个女的，声音很甜美，也很温柔、知性。

花了150元，丁宏伟买的两本书《觉醒的力量》《家族财富丰盛》很快就寄到了。他花了七天时间，认认真真地把这两本书都看了。好多年来，除了中医书之外，丁宏伟没有完整地看过一本书。看了王中孚的书，他觉得他说得挺有道理。这么多年，自己也辛辛苦苦，却留不住钱，发不了财，可能就是自己的路数不对。按王中孚的说法，这叫“频道”不对。你守着中央七套等看足球，等再久，能看到吗？频道不对，努力白费！书里还有些概念，丁宏伟觉得似懂非懂，比如什么“前世业力”之类。他想，如果能当面请教一下王中孚，就好了。

这时，他接到上次那位客服打来的回访电话：“书看完了吗？感觉怎么样？”还是那样的甜美、知性，“这样，我们最近有一期公益课，免费听。两天时间，您只用支付您自己的餐费和租赁场地的费用。王中孚老师亲自授课，机会难得。”

掏了600元，丁宏伟报了个名。西安这座古城，他一直想去看看，但一直没机会。就当去旅游一趟，散散心。当然，妹妹的病如果有救，那可就太值了。

丁宏伟和现在的老婆是高中同学，都是二婚。俩人后来能走到一起，都脱了一层皮。老婆很爱他，拿他妹妹当亲妹子待。他把想法跟老婆一说，老婆马上同意：“只要能救你妹妹，咋都行！”

半路闺蜜

刷朋友圈，看到李斯楠发了一篇公众号文章《引爆亿万财富能量》，袁瑛觉得好奇，就点开看：

"'拉比天堂'今天的课堂上，发生了一个巨大的奇迹！一个学员昨天上了一天课程，今天没来。正当大家联系他的时候，他发微信给教练，说自己昨天上完课后，居然落地了一个十亿的工程！连夜赶到北京去签单了！他一再地感谢'拉比天堂'为他加持的能量，不断地感谢王中乎导师！"

最近，李斯楠总在发这类信息。袁瑛发信息问她，她说，她在上"拉比天堂"的课。这课，特别好。

李斯楠是袁瑛入行美容业后才认识的人，生意上的朋友。

袁瑛离了婚，带着上小学的儿子一起生活。手上有些钱，总得做事情，不能坐吃山空。她花二十多万投资，和一位中医师合伙，开了一家美容院。医生有技术，没资金。本来，她的意思是四六开，袁瑛说，五五开吧。医生挺高兴，她们的美容院就开了起来。医生管业务，袁瑛管财务。袁瑛半路出家，不懂美容，但管财务却是熟门熟路。她本来就是学财务的嘛。

既然一脚踏进了美容业，就要认识这个行业里的人。李斯楠就是其中一位。李斯楠是医生请来给美容院培训员工时跟袁瑛认识的。她开了家化妆品公司，袁瑛店里用了她的东西。当然，这事儿是医生拿的主意。此后，李斯楠又游说袁瑛入了股，做了她西北五省的总代理。这个小个子女人情商挺高，很懂生意经，知道怎么跟客户处好关系。和袁瑛打交道，她小恩小惠不断，今天送几个橘子让她尝尝，明天又会送她一袋内蒙古瓜子。哪天袁瑛无意间说起儿子爱啃猪蹄儿，她又会送她一只酱猪蹄儿："我家门口这家猪蹄儿，生意好得要命，老在排长队呢。"袁瑛就常常有点儿小紧张，不知道该给她还点儿什么礼才合适。

自打李斯楠去听"拉比天堂"的课，袁瑛明显感觉到，她活成了一个新版本。给员工讲课时，她动不动就会说："我教你们念一个能量魔咒，可神奇啦!”一副疯疯癫癫的劲儿。在白板上，她写下“对不起”“谢谢你”“请原谅”“我爱你”等文字，让员工们大声念，说，掌握了这样的魔咒，就能“成交顾客”。聊天时，一提“拉比天堂”，她开口就飞流直下三千尺，说得人一愣一愣的。

李斯楠有个女子微整形会所，也开在大明宫万达广场，和“拉比天堂”的那栋写字楼是姊妹楼。微整形是干啥的呢？就是脸部的小手术，包括隆鼻、去眼袋、割双眼皮、打瘦脸针之类。李斯楠挽着袁瑛胳膊，参观了她这个会所，又成功地游说袁瑛入了五万元的股份。第二次去会所，李斯楠就拉上袁瑛，一起去“拉比天堂”看看。

这个时候，李斯楠已经在上“拉比天堂”的导师班了。她领着袁瑛来到“拉比天堂”时，正赶上“拉比天堂”的一个公益课要开班，来的人真不少。穿过嘈杂的人群，她把袁瑛领到一个光头男子面前：“贺朝阳，贺教练，拉比客服部的工作人员。”李斯楠介绍他们握过手，就开始跟光头介绍袁瑛的情况。

这个时候，袁瑛的状态仍然不好，不管干什么，都打不起精神来。她离婚后和前夫的那些恩恩怨怨，李斯楠大多知道。听了李斯楠的介绍，光头满怀同情地跟袁瑛说：“你看你，不愁吃不愁穿，为什么却不快乐呢？还有，为什么你跟前夫有那么多没完没了的情感纠葛呢？你来听听‘拉比天堂’的课就知道了。这都是你的‘前世业力’在起作用。断了轮回，你的问题就都解决了。”贺朝阳说得她有点儿蒙。什么叫“前世业力”？什么叫“断轮回”？她只是在心里犯嘀咕，并没有问光头教练。可是她走到电梯口，光头教练又追过来，专门加了她的微信。

“亲爱的，我给你报个名。年底最后一次公益课，你去听听吧，真的非常非常好。”李斯楠说，她给四川的一个代理商也报了名。袁瑛不想欠她人情，赶快就把报名费转给了她。

钱是交了，但袁瑛并不打算去听课。年底，店里很忙，又要管儿子，她真脱不开身。一周后，她接到了一个电话。一个男人自称王文某，是“拉比天堂”的带组教练。这是一个说话温和的人，袁瑛感觉，他像一个心理师，不知不觉中，就和他聊了一个多小时。袁瑛像遇到了知心朋友那样，把自己的一些隐私说了出来。知道她不想去，带组教练说，这课对她来说太重要了，一定要听："不光能解决你这些问题，你的所有人生卡点都会解决掉，包括让你的财富丰盛起来。"

袁瑛就下了决心。

二、"公益课"

频道、圈子

"蓉姐，'拉比天堂'这边的公益课还有最后一个名额，你要是上，我就先替你把钱一缴。"

电话是穆兰打来的。手机里能听出，现场挺嘈杂，人应该不少。听公益课的事儿，郭玉蓉其实已经下过决心，所以，穆兰一说，她赶快让穆兰替她缴了钱，把名额先占上。600 元钱，她也马上转给了穆兰。可是，缴完以后，她就感到肉疼。老二还在喝奶粉，这听课的钱，她脑子里立即就换算成了奶粉的数量。她一直在买的那种国产奶粉一盒 67 元。这 600 元钱差不多能买 9 盒奶粉了。才过了半天，她就给穆兰回了电话："我能不能不去了?"穆兰挺纳闷儿，问她，她又没好意思提奶粉这茬儿。穆兰就劝她，想听课的人挺多，抢到个名额挺不容易："去听听吧，不会后悔的。"郭玉蓉本来耳根子就软，穆兰这么一说，她就又犹犹豫豫地改了主意。

过了两三天，"拉比"客服就打来电话，问了她好多问题，有的是关于她自己的，有的则问的是她家族的情况，包括父辈、祖辈。打电话的人态度很亲切，人家说话，能挠到痒处，让人听起来很舒服。郭玉蓉就拿自己当了只碗，把人家想知道的情况全都端了出来，包括她老大的病。

听课的地方，在太华北路大明宫万达广场的一栋写字楼里。男男女女人很多，大多衣着光鲜，看上去气场都很足。郭玉蓉就有点儿后悔，出门时，也没说把自己打扮一下，就像丑小鸭混在了大天鹅中。郭玉蓉拿定主意，多听多看，不主动跟别人搭奔子聊天。她一露面，一个像售楼小姐一样穿西装的工作人员就递给她一张表，上面印着“家排表”。她招呼郭玉蓉坐下来，让她先把这张表填了。内容很多，大多客服电话里都问过了，涉及她自己的职业、身体状况等，还涉及她祖父母、外祖父母、父母亲等长辈。表格很细致，家族早逝的，发生过什么意外、事故或有什么重大疾病，都要填。郭玉蓉 13 岁时，她的父亲就病故了。她老老实实地把这个情况也填上了。

交上表，工作人员给她发了一个胸牌，让她戴上。于是，她就有了自己的小组，长着三角眉的王铎善就是她的带组教练。这个在谷小清眼里气质欠佳的男人，在郭玉蓉眼里，却是个面相敦厚、老成持重的人。从一认识，王铎善称呼郭玉蓉，就只叫她的名字“玉蓉”，透着熟络和亲切，也让郭玉蓉把身上的拘谨立马减去三分。

按王铎善的指点，郭玉蓉在进入教室之前，先扫了门口墙上的二维码，添加了“拉比天堂”的微信公众号。走进教室，郭玉蓉看到墙上挂着一个“热烈欢迎亚洲第一能量导师王中孚亲临授课”的横幅。尽管是白天，教室的窗帘却拉得严严的。但是，教室里可不暗，灯光几乎可以和窗帘外的日光争辉。

教室里坐满了，足有一百多人。一直在播放的音乐停了下来。这时，一个小个子的男人走上台，笑嘻嘻地向大家挥着手：“哈哈，大家好！我就是传说中的王中孚。”穿唐装的小个儿男人气场很足，全场立即爆发出热烈的掌声。

王中孚果然口才很好。他说话很幽默，常常他的话音一落，下面就是一片笑声，然后就是哗哗的掌声。听着听着，郭玉蓉就被吸引住了。奶奶就信佛，从小，奶奶就牵着郭玉蓉的手，带她到庙里烧香、拜佛。所以，王中孚嘴里冒出的“业力”“卡点”与“前世”等词儿，她很容易接受。她觉得，王中孚讲得很有道理。导师嘛，就应该是王中孚这个样子，睿智、机敏，却又朴实、稳当。

比如，王中孚讲到了“频道”这个问题。马云身边的人，哪有不发财的，哪怕就是给他开车的司机，也绝对不会跟街上开出租的是一个档次吧？听到这话时，郭玉蓉暗自把自己交往的那些朋友扫描了一遍。唉，和她一样，尽是些带娃的妈。大家一张嘴，三句话不离孩子。跟她们在一起，自己怎么可能有机会挣大钱呢？郭玉蓉就觉得，这600元钱花得值。认识一圈儿新的朋友，不就是换频道、换圈子吗？

分享“奇迹”

眼前的这个男人，和图片上、视频里反差有点儿大，皮肤黑，而且个头儿居然只有一米六左右，40岁的人，走路却驼着背，像个小老头儿。苏皖心说，这么个人怎么就成了个人气爆棚的导师了呢？

王中孚自己解释说，他和演员张嘉译一样，得了强直性脊柱炎。这种病被称为“不死的癌症”，非常痛苦。为了治病，他和爱人一起去印度的合一大学听过课。在那儿，他顿悟到了很多东西。后来，通过蹦极，他让自己获得了重生：

“现在，我已经是亿万富翁了，强直也好多了。开‘拉比天堂’，我就是要把自己的收获分享给更多朋友，让大家共同受益。”

他伸了伸脖子，又扶了扶眼镜，接着说：“人不是因为善良就有好报，不是因为努力就会成功。决定人能否幸福、能否财富丰盛的，是前世业力。一切皆有法门。法门是什么？”他走到白板跟前，拿起笔，“唰唰唰”写出三个字：断轮回！

像一个旁听别人讲课的小学老师，苏皖在静静地打量王中孚。她承认，这人口才不错，讲课很有煽动性。但他这套理论并没有引起她的共鸣。不过，这并不影响她也拼命地在朋友圈分享关于“拉比天堂”的种种“神迹”。和别的学员一样，发了朋友圈，她马上截屏，发给自己的带组教练。教练会给她加上相应的分数。

学员们报到时就十人一组分好了，每一组都有自己的带组教练。听课时，带组教练就和大家坐在一起。中午，带组教练领着大家一起去吃饭。饭是在附近饭馆提前订好了的，八凉八热。费用都出自大家上公益课缴的那笔钱里。和后面的导师班一样，上“公益课”的价钱也一直在涨。苏皖上课之前，一人 500 元、600 元，到苏皖上课时已经涨到了 800 元。吃饭时，也是一个小组一个桌儿。饭桌上，教练引导着大家，还是继续着课堂上的话题。课后，每天还有作业，也是带组教练监督大家完成。作业完成得好，也有奖励。

“‘拉比天堂’704 室就是一个能量场域，你会在这三天里被能量加持，见证奇迹。国有国法，家有家规。在我这儿上课，是要有奖惩的。”上课之前，王中孚就让大家每人拿出 100 元，交给自己的带组教练，汇总起来，作为“PK 金”，发放给最后的获胜团队。“获胜的小组，不光要发奖金，还要发奖杯！”王中孚现场举起一座金光闪闪的奖杯，告诉大家，获胜的小组，不是一组发一个奖杯，而是每个学员都会获得一座：“这叫既有荣誉，又有钱！”

各小组内，还要 PK 小红旗。按时到课堂、积极发言的，分享奇迹、感召他人的，在朋友圈转发拉比微信公众号的，报名参加后面的“导师班”的，都能获得不同数额的小红旗，每面小红旗价值 5 元钱。每个小组还有一个加分榜，积极回答问题加分，积极分享自己在课堂上发生的奇迹加分，购买王中孚那两本书，也加分。

钱虽不多，但谁都不甘落在人后，何况苏皖这样的骨子里就要强的女人。后来一小结，苏皖的朋友圈发得最多，点赞也最多。有一次，她的点赞数超过了 500 个，她成了小组里奖励小红旗最多的人。

来上课之前，客服打电话咨询时，苏皖曾经提到过，除了希望解决自己的单身问题，她还希望能通过这个机会，开拓人脉，多认识些企业家。所以，课堂上，一些企业家的分享，她就特别在意。

王中孚讲课之外，课堂上，大量的时间是留给学员们分享自己成果的。最先吸引苏皖的是一个名叫马晓光的太原人。马晓光是个大个子，五十七八岁，穿一身质地考究的西装，看上去沉稳、干练。

“我是一家上市国企公司的副总。我们经常要请客户吃饭，所以，我的信用卡常常交给我的司机，让他去埋单。谁知这家伙刷爆了我的卡后，辞职跑了。可我不知道呀。警察把我抓到了派出所，我吓坏了。你们大伙都能想明白，咱除了办身份证，从来没去过派出所。丢不起这人呀！”马晓光的普通话有口音，但苏皖听不出山西味儿，“本来，人家要刑拘我。我一急，就给王老师打了电话。王老师教了我一段咒语，让我默念，然后，他又给我作了个法。结果，你们猜怎么样？”马晓光停顿了一会儿，然后像相声演员抖包袱一般，揭晓了谜底：“警察把我放出来了。就和王老师预言的结果一模一样！”

后来，下课后，并排往外走时，苏皖特地问了马晓光一次：“你说的是真的吗？”

“那还有假吗？当然是真的。”马晓光眼睛瞪老大，看上去，可不像在说瞎话。

苏皖当然想不到，马晓光并非什么国企上市公司副总。他其实是河北唐县人，1990 年跑到山西大同，给人挖煤，做小包工头。后来，煤炭生意不好做，他改行做高速公路工程，成立了一家公司，名叫大同市政工程有限公司。再后来，这家公司改名为山西国恒建筑工程有限公司。2017 年 8 月 5 日，公司由于借贷方面的问题，被人举报诈骗，山西省太原市公安局小店分局经侦大队将他刑事拘留。由于证据不足，检察院不予批捕，经侦大队给他办了半年的监视居住。他在“拉比天堂”现身说法时，仍处于监视居住期间。

王中孚鼓励大家大胆地上台分享各种奇迹，大到签了个大单子，小到多年不联系的朋友突然打来了一个电话。于是，不断地有人登台，接过话筒发言，其中阿凡达给苏皖留下的印象最深。

阿凡达身材瘦高，长着老外一样的高鼻梁、一对招风耳，50 来岁。苏皖后来听说，他受过专业的演讲训练。他的演讲富有激情，说到后来，声音哽咽，当场飚泪。感动别人的同时，看上去，他也被自己感动得一塌糊涂。阿凡达说，在来“拉比天堂”之前，他的人生很不顺利，离了婚，事业也陷入低谷。但是，来这儿断了轮回之后，他的财富丰盛了，爱情也找到了：“请各位想一想。我是军人出身，上过警官学院。一路走来，我受的都是共产党的教育。如果王老师不能解决我的人生困惑，我怎么会相信他这套理论呢？所以，来到‘拉比天堂’，请大家尽管把自己的心门打开吧！”

阿凡达的女朋友名叫程天雨，是一个重庆女人，虽然年近50，看上去却像40岁，风韵不减。阿凡达激情演讲之后，就由她登台和学员们分享她和阿凡达的“狗粮”。“茫茫人海中，之所以能遇到阿凡达这样一个知冷知热的好男人，也是因为‘拉比天堂’。”说着说着，她也是涕泪横流。不过，谁都看得出，人家这是幸福的眼泪。

苏皖当然不知道，“军人出身”的阿凡达，其实也就是在河南巩义老家高中毕业后，到部队当过两年兵；复员后，他在老家镇子上的派出所干过一阵儿辅警。反正辅警也穿警服，于是，这段经历就成了他嘴里的“上过警官学院”了。

音乐声中，不断地有人登台，分享“拉比天堂”给自己带来的变化。

“我50多岁了，你们看不出来？”一个形象气质俱佳的女人拍了拍话筒，“我都是当婆婆的人了。对，有儿媳妇了！”女人说，她原先最大的苦恼，就是儿媳不懂事，老跟她对着干，气得她晚上睡不着，一宿一宿地失眠，都想劝儿子跟她离了。“后来，别人介绍我来‘拉比天堂’听了课，断了轮回，我觉得特别好。我给儿媳妇也报了名，她也来上了课。现在，她就像变了个人，一下子懂事儿了。我心里满满都是幸福的感觉。我怎么能不感恩王老师、感恩‘拉比天堂’呢？”说着说着，女人已经热泪盈眶了。

王中孚的小姨子张彩薇也分享了她的收获：“我嘛，别的方面都不错，就是老怀不上孩子。去年，我也断了轮回，然后，今年就生了小宝宝！”

“丁宏伟，你也说说，把你妹妹的事儿说说嘛！”王中孚点了一个学员的名字。一个中年男子站了起来，有点儿手足无措，看得出来，他并没有思想准备。

在王中孚的鼓励下，他走上台，接过话筒，分享了这样一个奇迹：他的妹妹得了尿毒症，很痛苦。上了“拉比”的导师班后，他回到长沙看妹妹。当时，妹妹刚从医院做透析回来。见面时，她声带振动不了，只能呆呆地看着他。因为做透析，脑部供血不足，她的智商已经下降很多，像个孩子。

“我就给王老师打了电话。王老师让我把妹妹的照片发过去，说要先给我妹妹发十天功试试。”

现场很安静，没有任何人哪怕发出一声咳嗽。苏皖注视着握着话筒站在讲台上的丁宏伟。这是个很阳刚的中年男子，头发有点儿花白，但并不显老。他对妹妹的这份真爱，一下子打动了苏皖。

“刚开始，效果并不明显，毕竟妹妹的病这么重，我也没敢抱太大希望。”丁宏伟停顿了一下，扭脸深情地看了一眼讲台上拿着另一只话筒注视着他的王中孚，接着往下讲，“到了第三天，妹妹的眼袋下去了，眼睛明显有了神儿。到了第六天，她身上开始冒汗了，后背、腿上都有了汗。我高兴坏了。要知道，尿毒症病人代谢不了水呀。她只能做透析，然后每个月到医院抽一次胸腔积液。第九天，她开始咳嗽，咳出了好些痰。第十天，她美美地尿了一大泡尿。王老师真的就这么神奇！”一气儿说完之后，丁宏伟走到王中孚跟前，双手合十，向他深深地鞠了一躬。这时，全场响起了热烈的掌声，许多人眼里闪耀着泪花。苏皖发现，自己也掉眼泪了。

像一块冰被投进了一盆水中，不知不觉中，苏皖已经被融化。她和所有的水汇到了一起，分不清你我他了。

“So easy!”

“你们这就叫‘能量吸引’！”瞧瞧袁瑛，又瞧瞧与她同组的刘姐，王中孚笑着跟她们说。

中午吃饭时，刘姐坐在袁瑛身边。没说几句，她们就有了共鸣。刘姐老公三年前去世的，遗传性心脏病。袁瑛很吃惊，怎么这么巧？她前夫得的也是家族遗传性心脏病呀。

袁瑛对前夫不能释怀，不只是因为他们有个儿子这么简单。

袁瑛前夫姓吕，身材高大，长得挺帅。朋友介绍他们俩认识时，袁瑛一眼就看上了他。小吕不光长得精神，还是个暖男，对袁瑛特别体贴。小吕原先在一家生产电源插座的企业当业务员，他的业务能力特别强，强到不自己另立门户出来干，别的同事都能恨死他的地步。

婚后，他们开了自己的公司。起先，就是一个小作坊，还生产插座，贴牌。创业阶段，两口子当然都很辛苦。一天晚上，袁瑛刚睡着，就被小吕的惨叫声惊醒。小吕说，他胸口疼得像要被人撕开一样。俩人赶紧爬起来，打车去了医院。当晚，小吕就被送上了手术台，植入了支架。

再往后，公司步入正轨，他们有了自己的品牌，一年赢利七八百万。他们在西安买了房，已经 34 岁的袁瑛也怀上了孩子。之前，她也怀过。可两口子正拼了命地创业，还不敢要孩子，流了，再以后又好长时间怀不上。

这时，小吕又一次心脏病发作，差一点儿把命都丢了。这回，袁瑛才知道，小吕这是家族遗传性心脏病。“我外公不到 50 岁就去世了，我外婆很健康，活到了 80 多岁。我妈妈那一辈兄弟姐妹一共六个人，大舅、二姨和我妈都是 50 多岁去世，我大姨 35 岁就走了。现在六个人，只剩下我三姨和小舅。”躺在病床上，小吕告诉了袁瑛。

“咱们谈恋爱时，你知不知道你们家有这种病?”袁瑛紧紧盯着小吕的双眼。

“知道。”小吕很坦然。

“为什么不告诉我?”袁瑛气得都想抽他一耳光。这时，她已经知道，她肚子里的孩子有 50%的可能遗传上这种心脏病。

“我喜欢你，不想失去你。”小吕扭过头，不再看袁瑛。但是，袁瑛看到他涌出来的泪水了。

儿子生下来，万幸，并没有遗传小吕家族这种心脏病。他们的日子又重归平静。袁瑛一边忙公司的事儿一边带着孩子，直到偶然间，她发现了他手机里的秘密。

他有了外遇，而且，时间不短了。那女人是他的一个客户，一个比他还大两岁的河南女人。袁瑛跟小吕大闹一场，从此，两人开始分居。拖了一段时间，二人协议离婚。原先的房子归袁瑛和孩子住，他又给袁瑛分了一笔钱。

离是离了，但袁瑛的心思却还在小吕身上。小吕也像以前一样，对袁瑛仍挺关照，来看儿子时，总会给她买点儿她喜欢吃的东西。有一次，他还给她带来了一包青团，这是袁瑛打小爱吃的东西，他是托人从上海捎来的。一次，小吕的手机在茶几上放着，人进了卫生间。她知道他的手机密码，轻松地打开手机。结果，她发现小吕已经有了另一个女人。更要命的是，他那个小女人已经怀孕了。袁瑛破译了他们的聊天记录，发现她和小吕搞到一起的时候，自己还在跟小吕冷战，并没有离婚。

辛苦打拼出来的家底儿，居然这么快就有了“接盘侠”。要知道，当初她袁瑛挺着大肚子仍在天天加班，生了孩子，月子里，她不光在家里要办公，还跑公司里去了好几趟呢。

小吕跟小女人结了婚，也生了一个儿子。尽管袁瑛死的心都有，却就是放不下小吕。她的手机里，还存着医院给小吕的历次诊断证明。

“我也是，三天两头，就会梦到我娃他爸。三年了，到现在我都恍恍惚惚的。”刘姐叹了口气。刘姐开了一家小保洁公司，挣的是辛苦钱，忙的时候，要和工人一起干。她的收入并不高。

俩女人一商量，第二天下午就结伴儿去办公室找王中孚。王老师不是能治病嘛！袁瑛想让他看看小吕的病历，想知道这种家族遗传病有没有机会治好。

“你老梦见你老公，这是业力在纠缠。你得断轮回，不然，对你儿子也不利！”听了刘姐的讲述，王中孚像个大夫在交代医嘱。

“哎哟，怎么这么严重?”看了袁瑛手机里的病历图片，王中孚看上去吃了一惊，“断轮回！没别的办法。断了轮回，你前夫的病能好！你借出去的钱，能要回来。”王中孚说话时总是笑眯眯的，“世上的病，只有两种，一种是物理病，感个冒，发个烧，大夫开点儿药，回去吃了就好了。我生病，一样得去找大夫。可还有一种病，叫业力病。医院没办法，有的连病名都弄不清楚。我呢，就专治这种病。只要是业力病，到我这儿，就没悬念，咔、咔！”王中孚的右手变成了一把刀，做出挥刀状，“So easy！”

这“So easy”，是王中孚讲课时的口头禅。见袁瑛似乎还将信将疑，他又冒了一句：“断了轮回，你们还能复婚呢。”

这怎么可能呢？人家都又生孩子了。袁瑛的话并没有说出口，只是在心里犯嘀咕。但是，这话，中听。

“咱多问几个人，要是真有这么神奇，我看，借钱断轮回也值。”出了王中孚办公室，刘姐跟袁瑛小声嘟囔。

黑色眼罩

“我啊，就是专治各种不服、不信的人的！”台上，王中孚笑呵呵地说完，然后戴上了一个黑色的眼罩。因为坐在前排，谷小清看得很清楚，眼罩就是飞机上用的那种，并无特别。

王中孚身前，坐着与谷小清同班的学员艾多多。艾多多是四川绵阳人，40出头，看上去却只有30岁。在“拉比”上课的人，因为精神头十足，好像都比实际年龄要小。艾多多的眼睛不大，和五官搭配在一起，看着却特别舒服。谷小清听说，她开了家酒吧。她的气质，也确实有些文艺范儿。戴上眼罩后，王中孚把右手搭在了艾多多的后背上。十几秒钟后，王中孚说：“你是不是用两块钱钞票擦过屁股？”

刚才还美滋滋的艾多多，脸“腾”地一下就红了。

“没关系。来到‘拉比’天堂，大家就都没什么隐私了。老师是开了天眼的人，能看到你们所有的人的卡点。别不好意思，你说有没有这事？”

“有！”艾多多的脸立即红得像芍药。她低下头去，用双手捂住了脸。

公益课只有三天时间。从第二天起，王中孚就不时给大家表演一下“开天眼”的绝活儿。

“你叫什么名字？”王中孚戴上眼罩，把手搭到了一个女人的背上。郭玉蓉感觉，这女人跟自己年纪差不多。

女人报出姓名后，王中孚沉默了一会儿，突然说：“你刚坐牢出来，对吧？”

女人紧张地扫了一眼观众席，迟疑地哼唧了一声。

“刑期还没满，是假释出来的。对不？”

现场一阵骚动，很多人在交头接耳。“嗡嗡”声很大，郭玉蓉没听清这个女人是怎么回答的。但是，她看出了她难为情的表情，是那种想找地缝儿往里钻的样子。

不是谁都可以让开了天眼的王老师给看一看的。每个小组有十来个人，只有一个人有机会让王中孚“开天眼”。郭玉蓉就没被带组教练选中，只有当观众的份儿。不过，看那几位学员尴尬的样子，她心里又觉得庆幸：多亏没让王老师当众看了。这和脱光衣服站在大庭广众之下，有多大区别呀？

那个女学员下来之后，正好坐在了郭玉蓉的身边。郭玉蓉一直不主动跟别的学员打招呼、问这问那，主要是不想让别人问她什么。可是，这会儿，郭玉蓉却按捺不住好奇，悄悄地问了她一句：“他说得准吗？”凭直觉，郭玉蓉认为，这个女人不像是个托儿。

“准。”女人跟她说完，又长叹了一声，看上去神情落寞。

“你们在老师眼里，就是透明人。”王中孚说完，自信地又戴上了眼罩。学员中，还有一对儿是婆媳关系。王中孚把手搭在了儿媳妇的后背上，然后说出了儿媳妇堕过几次胎，以及她有过几个情人。这一次，引起了更大的轰动。儿媳妇比那位刚被假释出来的女学员还要窘。她第一反应，是瞄了一眼她的婆婆。王中孚显然知道她婆婆也在座：“你婆婆也在这儿吧？不用害臊。她坐到你这位置，我也一样能把她的隐私看得一清二楚。”

顺着别人的眼神，郭玉蓉找到了那位低下头去的婆婆。她倒没想到，这位看上去挺年轻的女人，居然都有儿媳妇了。

“你告诉大家，我说得准不准？”王中孚摘下眼罩，还是不饶那位儿媳妇。

儿媳妇难为情地站起来，向王中孚鞠了个躬，算是她的回答，然后，赶快坐下了。

袁瑛班上有个江西男子，40 出头。平时，他爱围个大围巾，还挺帅，但坐在教室里，围巾一摘，就显得脖子比较长。

王中孚摘下眼罩，和这个学员对视一会儿，然后说：“你家族里以前有人被砍了头。”

“我不知道啊。”江西学员一脸懵懂。

“你现在就可以打电话问你家里人。”王中孚底气很足。

于是，江西学员现场就给家里打了电话。家中老人证实，早年间，族中确实有个长辈被砍了头。

“所以，你的脖子上现在还能看到刀口痕迹。”王中孚语出惊人。

江西学员笑了一下：“王老师，这是笑话吧？这怎么可能呢？”

“不可能？那咱现场看吧。”王中孚吩咐几名教练过来做鉴定。其中一个女教练麻利地搓起了江西学员的后脖颈，然后，大声宣告：“王老师，确实有！”

王中孚伸过头看了一眼，然后招呼学员们都上来看看。

“还真有！”多数人看过后，都这样说。

“我怎么没看出来呢？”也有人这样说。

其实，袁瑛也一样没看出来刀口痕迹。但是，她想，看不出来，很可能是因为自己眼拙，所以袁瑛并没有和别人争论一下的想法。

“现在轮到马老师了。”王中孚解释说，之所以要称这位男学员为老师，是因为他是位经济学硕士，在一家研究所工作。他把手往马硕士背上一搭，过了一会儿，说出了他用天眼看到的东西：“你家祖先有人是被火烧死的！”

马硕士的表情只剩下吃惊了。

马硕士是个明显有点儿清高的人。小组里，他跟苏皖聊得最投机，也许这和他们的经历有关，毕竟都独立运营过企业嘛。

去饭馆吃饭的路上，苏皖问他：“你祖上真的有人是被火烧死的吗？”

马硕士说：“我还真不清楚。不过，我家三个月前失过一回火，却是真的。”

马硕士有个爱好，就是做饭，手艺不错。那一次，马硕士老婆出差回来，他准备烧个肘子给老婆接风。第一道程序，是放在铁锅里去嘌呤。先一天，马硕士开了个夜车，加班写了点儿东西，这会儿犯困。开了火，得煮一会儿水才能开。他就靠在床上玩了一会儿手机。没想到，这下就睡过去了。等他被浓烟熏醒，厨房已燃起了熊熊大火。好在厨房和卧室离得远，马硕士看火没法救，赶快躲出家门。邻居早就打过了 119。救火车来得及时，很快把火扑灭。不过，他家可就惨了。厨房烧光了不说，消防车里的大水还冲了他家的其他房间。因为祸害了楼下邻居，他还给人家赔了一万元钱。既然现在的一切都是由前世的业力所决定，马硕士对祖上有人被火烧死这一点倒是深信不疑。

上公益课的第三天，王中孚开天眼时，轮到了谷小清：“你的右臂上，有一块胎记。对不对?”

谷小清的眼睛本来小，这一下，惊得她睁得老大。她下意识地伸出右手，捂住了嘴巴。她心说，这男人如果没开天眼，起码也精通《易经》，能掐会算。要不，他怎么会知道她的胎记长在哪儿了呢?

这会儿，谷小清哪儿会记得，她和张芝嘉一起泡过温泉。

三、支持场域

“听话照做”

“玉蓉，尝尝这个!”王铎善客气地用公筷给郭玉蓉盘子里布菜，“我带过的一个女娃，跟你一样，也是卖保险的。在‘拉比’上完导师班，人家回去以后，签了个大单子，一下挣了 180 多万呢!”

“真不错!”郭玉蓉点头，表示羡慕。她干保险也有些年头了，对这个行当还是知道些的。同样是拉保险，有的人挣的真是多，一单下来挣三四百万的都有。保险公司也经常用这些案例激励他们这些普通业务员。

“十三万八，其实不算啥。你签一个大单子，立马就回来了!”王铎善说的十三万八，指的是导师班的报名费。

郭玉蓉卖保险，一个月也就挣三四千块钱。在美容院，起初学手艺不挣钱，现在拿提成，一个月也就一两千块钱。本来她觉得，十三万八学费离自己十分遥远，可听了王铎善的话，又觉得这十三万八似乎又不再是个什么了不起的数字。郭玉蓉心里就像有蚂蚁在爬，痒，直想伸出手去挠一把那种。别说 180 万了，能挣 50 万，她就知足了。她并不贪，学费之外，她就想把之前亏的那些钱捞回来，再小有点儿赚头，就非常满足了。毕竟，给孩子报辅导班也花了好多钱嘛!

“上了课，把你的卡点一解决，你娃的病自然好!”王铎善用牙签扎起一小块儿西瓜，却没往嘴里送，“病好了，学习还能不上去?肯定全班前五名。”

王铎善话说得满，王中孚课堂上话更满：“没有金刚钻，也不敢揽这瓷器活儿! 你们两个月下来，不仅能赚回这十三万八，还会有个可观的收入呢。”

接下来，投影仪在墙上打出了一张国家领导人的照片。领导的身边，站着一个高个子的男子。

“站在领导身边的这位，你们认识吗?”看大家都在摇头，王中孚接着说，“他叫张西林，就是我们这儿出去的学员。这是他上完导师班之后照的。大家想想，能站在这个地方，他的人生会发生多么大的改变吧!”

不知道这张照片对别人产生了什么作用，反正郭玉蓉感到了震撼。看看身边的学员，大多衣着光鲜靓丽。看他们的谈吐，不是老板，也得是个挣高薪的白领。郭玉蓉虽然跟他们大多就是见面笑着点点头而已，交流并不多，但从内心来说，她对那些台上、台下侃侃而谈的人，其实都挺佩服的。如果他们的见识还不够，那这位站在领袖身边的人呢？人家这得见多大世面，也没见识吗？

公益课的第二天下午，王铎善看到郭玉蓉填的《家排表》时，就像害了牙疼病一样，“啧啧”连声：“你的业力太大了。”郭玉蓉打小就喜欢父亲，可是，父亲却早早离开了她。现在，王铎善就拿她爸说事儿，哪儿疼往哪儿戳：“断了轮回，你爸在那边也少受点儿罪呀。祖先都会保佑你，财富、健康这些事儿，都会顺利的。”

郭玉蓉虽然很想上导师班，可她拿不出这么多钱来，就觉得这事儿跟她没关系。上课时，王中孚可是亲口说过，导师班的钱，任谁都不能少：“我老丈人也上导师班，大家可以问问他，他的钱少缴一分没有。大家都知道，心诚则灵。不缴学费，哪儿来的诚意，是不是?”

可是，王中孚又说：“没钱，我教你们一个办法，保证明天来了都有钱!”

郭玉蓉赶紧竖起耳朵听，然后把王老师教的方法全咽到肚子里。

有的学员就在附近的宾馆开房住，但郭玉蓉不行。她得回去管娃，早起，还得给她家小向做饭呢。小向白天上班辛苦，每天晚上10点多，就扯起了呼噜。平时，郭玉蓉这会儿也困得不行，灯一关就能睡着。可这天晚上，她一点儿都不困，一直挨到12点钟。她悄悄地披衣起床，来到阳台上，轻轻地拉上阳台门。借着外面路灯的光，她找地方跪下来，然后打开手机，照着王老师发在群里的祈祷文，默念起来。王老师要求大家“听话照做”，否则，“业力会反噬你的”。按王老师的要求，郭玉蓉一气儿念了20遍，这才钻回被窝。没睡几个小时，闹铃一响，她又赶紧爬起来，去厨房做饭。

POS 机来了

第二天下午，POS 机就进了学员们上课的704了。第三天上午，郭玉蓉发现，POS 机又多了两台。她的卡上仍然只有两千块钱。半夜，圣诞老人并没有来，奇迹并没有在她这儿显现。

“你微利贷上有多少钱?”王铎善在问她。

郭玉蓉觉得，他的三角眉毛特别长，像电视里演过的某个政治人物。

“啥叫微利贷?”郭玉蓉把焦点从王铎善的眉毛往下移，停在了眼睛上。

王铎善就要过了她的手机，在上面点了起来：“你的信用额度还挺高的嘛！有两万八呢。”

郭玉蓉觉得自己真的好土，自己的信用额度，怎么自己却一无所知呢?

两万八，这离十三万八还是差得远。王铎善又问郭玉蓉有没有信用卡。郭玉蓉倒是有张光大银行的信用卡，这是她一个朋友推荐她办的。人家给她介绍过一单保险小生意，所以，人家张了口，她就不好意思不办。不过，办了卡之后，她也一次都没用过。

“这张信用卡，可以刷一万二!”王铎善领她问了那个手持POS机的女工作人员，人家试了一下，如此答复。

“谁还能支持一下郭玉蓉的场域?这可是积善积德的事情呀!”王铎善向学员、教练们大声吆喝着。

“我借她五万!”女教练程天雨第一个响应。

程天雨就是看门人阿凡达的女朋友，小五十的人，看上去比自己还显年轻。郭玉蓉觉得她长得很漂亮，而且特别有活力。程天雨也曾跟学员们分享过奇迹：她离了婚，日子曾经过得一团糟。后来，断了轮回之后，她什么都顺。儿子送到了美国读书，还找到了爱她爱得要命的阿凡达。

“我回到家，什么都不干的。拖地、抹屋子、做饭，都是阿凡达。怪他！不是我懒，是他不让我干。”郭玉蓉记得，她说这话时，还和阿凡达互动了一下，相互放了一回电。

在程天雨的感召下，郭玉蓉同组两名学员也答应借给她钱。一个替她刷了两万元，另一个刷了八千元。“我再借你两万二，咱补齐十万元。”最后，王铎善出手了。

被感动着、被温暖着。像幼儿园里一个一直不被人注意的小朋友，突然之间受到了所有人的宠爱，郭玉蓉内心深处升腾起一种麻酥酥的感觉：自己何德何能，让这些以前素不相识的人肯借钱给我？她可是知道，跟人借钱这事儿有多难。前两年，看西安房价开涨，她和小向着急，也打算买套房。手上的钱不够付首付，就得问亲戚朋友借一些。打了十个电话，他两口子没借来一分钱。虽然面子上有些难堪，但郭玉蓉是个懂道理的人。即使最好的亲戚朋友，也是救急不救贫的。有房子住，再另外买房子，毕竟不能算急事儿嘛。

买房不算急事儿，那上导师班呢？对于别人来说，就更不算急事儿了。何况，借出去的钱，都有收不回来的风险。亲戚朋友不肯借钱，虽说有各种各样的托词，但肯定都有这样的考虑。那这些教练、学员们呢？他们就不怕吗？非亲非故，却都这样慷慨仗义，就让郭玉蓉有了强烈的归属感。能和这些人为伍，这不就是前世修来的福分嘛！

人，是需要有感恩之心的。王老师讲课中，也经常强调，人要懂得感恩。报上了导师班之后，郭玉蓉就一直在琢磨，怎么答谢一下这些支持了自己场域的人。在万达广场的一间商铺里，郭玉蓉看上了一种小巧的钱包。她觉得，是个女人，都应该喜欢这款钱包的。钱包打折下来，小二百元一只。对于郭玉蓉来说，她是不会给自己下这么重的手的。但是，送给需要感恩的人，她觉得，这钱就必须花出去。程天雨和两位借给她钱的女学员，她一人给买了一个钱包。王铎善呢？看来看去，确实没合适的东西。她干脆给他发了一个二百元的红包。

还好，三个女人收下她的钱包，都夸钱包漂亮。那俩学员开始还不肯收，跟她推让了一番。王铎善倒是痛痛快快地收下了红包。

和公益课一样，“拉比天堂”导师班的报名费前后是不一样的，价钱一直在涨。谷小清比郭玉蓉早，那会儿，导师班的报名费是十二万八。

“你为什么不给自己一次绽放的机会呢？这钱花出去，你就绽放了。我不光自己上了导师班，还给我儿子报了少年班呢。结果咋样？我的财富翻了好几倍。”谷小清的带组教练姓范，看上去50岁出头，一个待人友善、说话诚恳的男人。“上了导师班，还能出国旅游一次呢。你看，你能要回外面客户欠你家的账，能改善与你婆婆的关系，还能出去开开眼界，为啥要放弃这机会呢？”

“可是，我卡上只有一万多呀。手上真没那么多钱。”谷小清心是动了，但她知道，没钱是上不成导师班的。

“只要你想上，我们帮你想办法。”范教练马上把谷小清领到站在POS机跟前的王铎善身边，跟他说明了情况。

“这样，你先把你卡上的钱刷了，我再给你想办法。”王铎善这样交代。

谷小清就照他的吩咐，先刷卡上的钱。

这时，王铎善叫来一个女的。谷小清跟她不熟，但知道她总在张罗事儿，应该是名女教练。女教练一听，二话不说，就在POS机上刷了五万元。

“小杜，你再给想想办法呗。”王铎善冲着拿POS机的女工作人员说。“她是我们‘拉比天堂’的会计。”王铎善转过脸，跟谷小清小声说。

“看好了，这是我自己的卡。我先替你垫上一部分。”说完，小杜用自己的银行卡，给谷小清补齐了余下部分。

让人家替自己垫钱，总是令人不安的。第二天一早，谷小清就拿着现金来，把钱交给了会计小杜。女教练的钱，她也还了。

袁瑛这一期，王中孚在公益课上声称，导师班每人128万元，但现场报名，只收十万。

“我卡上还剩下五万二，不够呀！”袁瑛这么一开口，就被视作思想工作做通了。

“支持场域，我们先借给你。”带组教练王文某和光头贺朝阳一左一右，架着她两只胳膊，几乎是脚不离地把她带到了POS机跟前。袁瑛先刷了五万元，然后，财务把一张十万元的收费条子交给了她："他们俩已经用手机银行把另外五万元转到我们账上了，记着还人家啊。"

钱一交完，袁瑛就后悔了：她老娘在帮她带孩子。这一家老小，眼下就剩下两千块钱生活了。没钱，这日子往下可怎么过？哪儿还有安全感呢？

四、断轮回

接管意识

报了导师班之后，郭玉蓉是哼着小曲儿回家的。可重新面对柴米油盐时，她像个从宿醉中醒过来的人一样，一时有点儿蒙圈。慢慢地，她回过味儿来了：她和小向都不是有钱人，这么一大笔钱，可怎么还呀？

她可是打了借条的。借条上有还钱的日期，给了她二十天的时间。可是，家里挖地三尺，上哪儿去找这十几万块钱呢？一连三四天，她吃不下睡不着，终于忍不住，把穆兰叫住，悄悄地跟她说了："我不想上导师班了。压力好大呀。我手上哪儿还有钱还呀。"说着说着，郭玉蓉还是忍不住抹了眼泪。

她把和"拉比天堂"签的那份合同也从手机里调出来，给穆兰看了。合同上写着，如果违约不上课，十天之内，扣2%的违约金。2760元，这样一笔损失，她认为自己还承担得起。可是，如果超过了十天，违约金可就涨到了30%。这可是41000多元，差不多就是她卖保险的全年收入了。她怎能不焦虑呢？

"你甭着急，我先给常洋佳打个电话。我跟她关系还不错。"穆兰安慰着郭玉蓉，把一只纸杯递给了她。

常洋佳是王中孚的秘书，负责"拉比"的宣传推广，三十七八岁，皮肤白净，一个很有书卷气的女人。穆兰一说，郭玉蓉就想起她来。她老端着个照相机，跑来跑去的。印象最深的是她在讲台上的一次分享。她说，来"拉比"之前，她跟老公离了婚，经济窘迫，人生陷入低谷。后来，上了导师班之后，她和老公又复了婚。现在，他们在曲江买了房子，而且能给两个孩子想要的一切。当时，郭玉蓉心里就一酸。每次去超市，孩子想要什么，她都是一看价签就赶紧哄孩子说，这是垃圾食品，然后拉着孩子就走。其实，做母亲的，谁不想尽量满足孩子的要求呢?

穆兰当场打通了常洋佳的手机，说了郭玉蓉要退钱的事儿。常洋佳听了之后，说让郭玉蓉听电话。

手机里传来一个女人清脆的声音，态度和蔼。郭玉蓉就把退钱不上了的事儿又说了一遍，强调了自己的难处。

“这样吧，我跟财务说一下，甭管你什么时候退钱，都只扣2%的违约金。我的意思是，断轮回时，你先去看一看。如果你还想退，那时候再退。你觉得好不好?”

王中孚说过，报导师班，就送断轮回。也就是说，不报的人没有资格去亲眼目睹人家的断轮回。穆兰说得没错，常洋佳确实是个在“拉比天堂”说得上话的人物。人家这可是给足了她面子了。何况，郭玉蓉只是因为经济压力大，才准备退学费的。对于断轮回，她可并不排斥。甚至可以说，她巴不得早点儿去断了轮回呢。能有机会先见识一下，这不就跟先尝后买一回事儿嘛!

借人家私人的钱，那是要尽快还人家的。郭玉蓉一气儿办了七八张信用卡，用倒出来的钱，赶在二十天倒计时结束之前，总算把程天雨、王铎善他们四人的钱给还了。

郭玉蓉还钱这天，正好有学员断轮回。因为缴过钱了，她有资格进入现场。

门口，有阿凡达在把守。进入导师班的人，在四十人左右。进入704室之前，所有学员都必须把手机等摄像录音设备交给带组教练，教练再交给守在门口的阿凡达。“拉比天堂”的理由是：这些电子设备会影响、干扰场域的能量。郭玉蓉觉得自己很笨，打算录些东西回家反复学习；再说，她说不定还要退钱呢。因此，她倒是偷偷把手机带了进去。

进了会场，教练先领着学员们绕场三圈，并对着墙上的“咒语”大声地念上三遍：“亲爱的宇宙源头，亲爱的弥勒佛高我，这么多年我已经体验够了烦躁……亲爱的高我，从现在开始，我决定修改我的灵魂计划书，请您接管我的意识，让我想要的体验自动发生，谢谢你，我爱你！”

然后，大家齐刷刷跪在地上，开始向四周跪拜。

这就是断轮回的第一步，接管意识。

王中孚在课堂上解释说，断轮回是宇宙意识科学的实战运用。根据意识科学的理论，所谓“业力”，就是其他意识的纠缠。它分为内在的业力系统和外在的业力系统，其中，内在的系统是正在发生的，而外在系统是已经发生过的。断轮回，就是解除你的前世和家族其他意识对你意识的纠缠。

郭玉蓉对他的说法似懂非懂，就瞪大眼珠，努力把他说的每一句话都像小学生背课文一样，都记下来。

“从小，打你生下来那天起，你实际上就活在了轮回中，一直轮回了几十年，只是你不知道而已。你的两个业力，就是说你祖先的业力、前世的业力，阻碍了你的成功，妨碍了你获得财富。轮回不断，努力白费。所以，你们要不要切断轮回呢?”王中孚用煽情的语气高声问大家。

“要！”同样煽情的音乐声里，人们激昂地大声应答。

“那好吧，让我们一起努力！”王中孚说话的声音，郭玉蓉感觉像大合唱里那个领唱的人。

接下来，全体学员开始按照王中孚的要求，大声高喊：“切断轮回，重装系统；开启灵商，丰盛天下。”如此这般，连喊五遍。然后，学员之间互相拍一拍：“朋友，不要再轮回了。”像一片泡腾片遇到了水一般，在富有节奏感的音乐声中，郭玉蓉变得像别人一样激动。她拍了她左边一个女学员，也拍了右边一个男学员，对他们说了相同的话。她看到，那两名学员也双眼放射着光芒，仿佛遇到了天大的喜事。

人生如戏

临近春节了，街上的车越来越多，人们的脚步也越来越匆忙。但这一切，跟袁瑛毫无关系。断轮回那五天，袁瑛是在“拉比天堂”附近的一家快捷酒店住的。按规定，这五天导师班学员是不能回家的。袁瑛就跟班上一个女同学拼了个房，费用自理。

平时上课，教室里的椅子是一排一排摆放的；断轮回时，学员们坐的椅子是摆成U形的。落座之后，大家开始抽签，决定断轮回的顺序。

抽签之后，要再次填《家排表》。父系、母系，家族三代以内的长辈，都要写上。这些人员，谁发生过车祸、失火、自杀等，都要写清，越详细越好；而自己生活中遇到过的重大挫折，诸如因何破过财，都要写出来。王中孚要求大家“听话照做”：“谁不听话，就让业力去找谁吧。”在这儿，这就是句狠话了。大家掏了这么多钱来，为的是不再让业力缠身。谁敢不照规矩去做，再把更多的业力招惹来呢？后来，从大梦中醒过来之后，袁瑛琢磨过来，她许多个人隐私就是在填表时又一次泄露出去的。

上台断轮回的人，这时候被称为“案主”。轮到哪位案主，他或她首先得进行宣誓：“亲爱的宇宙，我是某某某，请接管我的意识。”一套词儿念完，就由案主在现场挑选一些学员，扮演自己的家族成员。他们可能是父母、祖父母，也可能是姐妹、兄弟、丈夫等。这些被挑到的学员，也需要进行宣誓。比如他叫李四，扮演张三的父亲，就说：“亲爱的宇宙，我是李四，我接管了张三母亲的意识，真实反映家族业力真相，为案主百分之百负责，为案主家族财富丰盛助力。”

等主持教练一声令下，扮演家族成员的人就开始在场地里走动。像击鼓传花一样，主持教练喊一声“停”，大家都站在原地。这时，主持人就开始解读。比如，扮演儿子的人站在了父亲的前面，主持人就会告诉大家，父亲应该在前，儿子在后。顺序错位，导致父子不和，也导致了案主家庭关系及各种事情的不顺利。

袁瑛被震撼到，是在第一天的晚上。这天，接近午夜时，轮到给一名四川籍男学员断轮回。四川学员原先在考古队工作，而且当上了一个小领导。有一次，他发现他们雇的小工在烧他的名片，边烧边念念有词："不是我要挖你的墓，都是这个人让我挖的。要找，你就找他吧。"四川学员很生气，把那个无知的家伙臭骂了一顿。但打这儿以后，他就接连遇到几件倒霉事儿：他先是一脚踩空，跌进了六米深的墓坑里。好在下面有虚土，没要命，居然也没有骨折。半年后，他儿子又突然得了暴发性心肌炎，幸好抢救及时，保住了一条命。这以后，四川学员就不想再干考古了，找人调到了一家事业单位，坐办公室里喝茶去了。

给四川学员断轮回时，现场放的是阴森的鬼音乐。不知是暖气停了，还是有人开了门，袁瑛冷得直哆嗦。只听见长吊灯上的灯坠儿在叮叮当当地响，阴风瘆得人头发都能竖起来。袁瑛身边一个一米八的大个子男学员，都吓得不停地在喝热水。

王中孚给四川学员下了结论：他的前世，是个盗墓的。

第二天晚上，差不多同样时间，轮到给袁瑛断轮回。袁瑛完全被震慑住了，音乐才一响起，她就膝盖一软，给扮演大护法的女人跪了下去。这一跪，就跪了三个小时。

那女人是王中孚的小姨子张彩虹，据说很小时就开了天眼，和王中孚一样，能看到别人的前世今生。在前面，端坐着一脸肃穆的王中孚和张彩虹。

断轮回之前，王中孚摘下眼罩，开始解读袁瑛的前世：袁瑛的祖上很有钱，她的前世是个大家闺秀。

听到这儿，袁瑛就想，难怪自己老是喜欢那些小耳环、小卡子之类的东西，原来，根儿在这儿。

王中孚说，她前世"财富能量很高"，旺夫旺子孙那种。这位前世被一个大家公子相中，但她自己不喜欢这个人，而是另有心上人。于是，两个有情人就一起逃婚。可是，给她前世下聘礼的这家位高权重，势力很大，他们把袁瑛前世的心上人抓住，五脏六腑都打了个稀烂。

“你是不是救过你前夫的命？”王中孚问袁瑛。

袁瑛想，那天若不是她打车送小吕去医院及时，小吕可不就活不成了，就说：“是！”

“知道了吧，你不光欠人家的情，还欠人家一条命呢！”王中孚说完这话，就让她选人。

在“拉比天堂”，是不用“扮演”这个词儿来说事儿的。用王中孚他们的话，叫“代表”。接下来，他让袁瑛在学员中选择第一拨儿人：她前世、前世心上人，以及那个下了聘礼的达官贵人等。

一曲悲凉的音乐响起。“大护法”张彩虹开始重新讲述袁瑛前世的故事。袁瑛选中扮演她前世心上人那位学员，是个一米八几的汉子，大块头。说到前世心上人被人家打烂了五脏六腑的时候，大块头男人突然痛哭失声，捂着胸腹部弯下腰去。他说，他整个胸腔都很疼。扮演她前世的女学员，以及袁瑛自己，就都哭成了泪人。

后来，袁瑛清醒过来之后，回想那个大块头的学员，也不觉得他是个“托儿”。他是外省人，和她一样，也是头一次上导师班。断轮回的现场，营造出一种强烈的氛围。在这种氛围内，参与其中的人很难再保持独立思考。“大块头”能有那样的生理反应，应该是入戏太深的结果。

之后，让她再选“业力”和“金钱”。其实，这不用袁瑛选，人是王中孚指定的，都是“拉比天堂”的教练。用王中孚的话说，那是因为“他们有灵性”。业力包括“前世业力”和“家庭业力”，分别由景兰和赵一冰扮演。前者能歌善舞，后者很强势，敢当场骂人，气场十足。而袁瑛导师班的教练党国锋，就来扮演“金钱”。

一帮人像在进行小品表演，加上“业力”“金钱”等作料，故事到此，算是完成了“业力显化”。

接下来，进入“业力释放”环节。两个“业力”一人拿一根“业力棒”，开始打案主袁瑛。“业力棒”实际上就是一根棉花棒，打在人身上倒并不疼。打完之后，便进入“业力和解”环节。

两个“业力”与袁瑛互相拥抱，了却恩怨。但是，这还没完。前世心上人不是被活活打死；没能跟袁瑛的前世结婚吗？红盖头是现成的，早就备好了。现在，它搭在了“袁瑛前世”的头上；大块头的“前世心上人”抱去了“前世”，在婚礼进行曲中，他们举行了婚礼。在场的学员们都上前祝福。前世没有完成的事情，在“拉比天堂”完成了，这就叫和业力和解了。

“你和你前夫的事儿，就此解决了。从此，你们不会再纠缠了。”王中孚宣布说。

音乐停了下来。袁瑛哭得稀里哗啦，现场围观的学员很多也哭成了泪人。

口吐莲花

现在，谷小清的“父亲”“母亲”“舅舅”“外公”“外婆”等人开始在场内走来走去。“大护法”张彩虹一声“停”，他们停下脚步，听她进行解读。还是老一套，“大护法”根据这些角色的站位，解读他们相互之间存在的不和谐之处。然后，“大护法”让案主从学员中再找一个人扮演她的“祖先”，一个扮演她的“前世”。谷小清挑选的“前世”，是一个和她年纪相仿、体态也相似的女人。按“大护法”的要求，“前世”换上了一件有“囍”字的唐装，盖上红盖头，一旁站立；谷小清挑选的“祖先”，就是那个山西人马晓光。这个自称“上市国企公司副总”的山西人，岁数较大，看上去老成持重。既然认了“祖先”，谷小清是要给他磕头的。

扮演谷小清“前世业力”的教练，也是景兰。谷小清见识过这个大眼睛女人的不同凡响。给她同班一汤姓学员断轮回时，王中孚称，汤的前世把一条修行了八百年、马上就要成精的蛇给杀了。然后，王中孚就问这个汤学员：“你有没有杀过蛇？”

这时，景兰突然就化身一条蛇，倒在了地上。她的四肢和躯体有如蛇精附体，扭动得痛苦万状。结果，汤学员承认，他原先在一家粤菜餐馆当过厨子。前些年，这类馆子门口，都要竖上牌子，标明自己专做各种“生猛海鲜”。这“生猛”往往就是放在门口笼子里供人挑选的蛇。而汤学员当年所在的餐馆里负责杀蛇的人，正是他。

如果说，谷小清之前对断轮回还一直处于将信将疑中，在看了景兰蛇精附体般的表演后，她算彻底相信了王中孚的法术。

这时候，谷小清和她“家族”成员们按要求一起躺在了地上。他们的身上被盖上了白布。另一次断轮回，谷小清当观众时，看到那位案主的“前世”躺在地上，身上盖的居然是五星红旗。王中孚后来解释说，那位案主的前世，是一位英雄，所以才有这样的待遇。

全部角色到位后，王中孚开始向谷小清发问：“你开过饭店吗？有没有发生过中毒事件？是不是集体中毒？”

谷小清老实地承认，确有其事。生孩子之前，她和老公的确开过一阵儿饭馆。是和朋友合伙开的。冬天，员工宿舍没暖气，他们弄了个蜂窝煤炉子取暖，就发生了煤气中毒。这件事发生后，他们和朋友发生了分歧，就退出来了。因为“拉比”客服问得详细，谷小清早就跟他们说过。

“你的前世长得很漂亮，但是家境贫寒，找了个婆家，谁知嫁过去不久，男人就死了。”王中孚盯着谷小清的眼睛，接着说，“所以说，你的前世就是个克夫命。你后来开饭馆，是因为你的前世就是个开饭馆的。有人欺负你前世孤儿寡母，你一怒之下，就给人家下了毒。所以，到你这儿，才会有员工煤气中毒。”

谷小清外婆家这半年来有三位亲属去世，先是舅舅，后是姨父，接下来，年近九旬的外婆也过世了。王中孚说，这是因为她前世投毒害死了好几个人，她外婆家才会接二连三地死人。

两个“业力”就手持“业力棒”来打她，这是消除仇恨、与业力和解的方式。他们打完之后，谷小清感觉脊背像做过精油按摩一般，格外舒服。

另一次，谷小清被一个学员选中，扮演她的妈妈。读完宣誓之后，她就感到头晕。扮演过程中，走着走着，她觉得腿疼，就停了下来。后来，她和那个学员一交流，吓了那个同学一跳：她妈就是高血压，如果不吃药，就会头晕；而且她妈腿脚就不大好，走不了远道儿。如此这般的经历，就让谷小清对断轮回深信不疑。

耳边一直回响着印度音乐，这让丁宏伟有些发蒙。

他是冲着给妹妹治病来的，就挑了常洋佳扮演他妹妹。在场地里走了不多一会儿，常洋佳就难受得蹲了下去。她先是干呕，一会儿，真就吐了出来。丁宏伟愣在那儿，不知道她为什么会突然生病。有人去卫生间取来了拖把、扫把；也有人端来了一杯水，一边拍着常洋佳的后背，一边让她漱漱口。

王中孚摘下了眼罩："知道这是怎么回事吗？"看了看愣在那儿的丁宏伟，又看看围观的学员们，王中孚接着说，"你妹妹的前世，和一个道士住在山上。你呢？住在山下。你妹妹为啥住山上呢？找道士治病。可是呢，道士医术有限，也治不好。你妹妹喝药喝得都恶心了，你都不忍心再让她喝了。你刚才也看到了，教练给你妹妹前世拿水喝，其实是你在给你妹妹寻医问药。"

断轮回时，往往会有多个主题，很多人参与扮演案主的亲属。丁宏伟的另一段"小品"演出之前，王中孚给出的脚本是这样的：丁宏伟爷爷的前世是个造飞机的。飞机造好后，他的一个好朋友非要开开这个飞机。结果，飞机失事，朋友摔死了。丁宏伟爷爷为此很内疚，而这种内疚就转世到了丁宏伟的身上。

丁宏伟觉得，王老师说的是对的。可不，他不就为不能救治妹妹，一直在内疚嘛。但是，对爷爷前世造飞机这事儿，丁宏伟也不曾有过丁点儿怀疑。

中国最早的飞机设计师兼飞行员，名叫冯如。此人 1883 年生于广东恩平，十来岁时到美国，半工半读。此人对机械、电学兴趣浓厚，受莱特兄弟制造飞机成功的影响，决心也要研制并驾驶飞机，为华人争口气。1907 年，冯如和几个华人朋友一起，在奥克兰租厂研制飞机。经过屡次修改后，1909 年 9 月，冯如驾驶自己设计制造的飞机，在奥克兰派得蒙特山丘上试飞成功。他的飞行高度达到了 210 米，时速 210 公里，最长飞行距离为 32 公里。第二年，冯如又驾驶自己设计制造的一架双翼机，在奥克兰试飞成功，受到了孙中山先生的称赞。

1912 年 8 月，冯如驾驶自己的飞机来到广州梅塘试飞，不幸飞机失事。于是，冯如又成为中国第一位驾机失事的飞行员。

再往后，一直到 1954 年 7 月，中国第一架自己生产的飞机“初教-5”才在南昌试飞成功。

这造飞机、开飞机的事儿，跟丁宏伟爷爷能有什么关系呢？

不再犹豫

看了一天断轮回之后，郭玉蓉就不再惦记着去退导师班的钱，而是像其他学员一样，像小孩子数着日子盼过年一样，期盼着快一点儿轮到自己。

其实，公益课之后，郭玉蓉还往“拉比天堂”跑过一阵儿。

那天，报了导师班之后，“拉比”的教练赵一冰跟她说：“我带了一个少年班的课，能解决家长的一切困扰。比如孩子学习不好、调皮捣蛋不懂事儿，在我这儿都能解决。报名费就 600 元。名额有限啊！”

“拉比天堂”有少年班的海报，海报上印的就是赵一冰的大照片。赵一冰穿着职业装，光彩炫目，看上去绝不逊于大明星，尽管她已经 50 岁了。郭玉蓉也见过同学、女伴儿们拍的写真，那水平比手机的美颜功能好不了多少。和人家这照片相比，就是石头和玉的区别。“拉比天堂”摆放这样照片的人，除了王中孚，也就赵一冰了。见到赵一冰本人，虽然没觉得那么漂亮，但郭玉蓉仍然觉得，她的气质特别好。为了孩子，600 元钱算什么？所以，给儿子报名，她压根儿就没犹豫。

正好是暑假里，儿子反正待家也没什么事儿。不像自己去上课，偷偷摸摸，生怕小向知道；给儿子报名，是为儿子好，这一点，她和小向想法是一致的。少年班的课，是家长陪孩子一起上。讲一些道理，但是形式却像做游戏一样。儿子本来就懂事儿，对上课一点儿也不排斥。但郭玉蓉没想到，三天课上完了，人家又推广一个“家族序位课”，让家长和孩子接着上。听赵一冰的口气，要想真正改变孩子的现状，不上后面的课，肯定是不行的。

这就是老鼠拖锨了。后面的大头，得 15800 元。郭玉蓉回去跟小向汇报，小向抽了一根烟，没吭声。小向工作忙，早出晚归的，俩孩子的事儿都是老婆在管。郭玉蓉说得头头是道，而且远远超出了小向的见识。孩子的病既然医院也看不好，总不能放弃这样一次机会嘛。于是，小向跟他弟开了一次口，筹到了这笔钱。

这回，和王中孚一起端坐前面、担任“大护法”的人，就是赵一冰。

很多人对鬼魂附体之类的事儿根本不信，但郭玉蓉却深信不疑。她十岁时候，她家一个邻居家里盖房时，主妇被楼板压死了。这件事对她妈刺激很大。结果，有一次，她妈说话的神态、语气突然变得跟那个死去的婶子一模一样。大家都说，那个婶子的鬼魂儿附在了她妈的身上。这会儿，断轮回时，郭玉蓉就不断地看到这样的鬼魂儿附体。还记得那个被王中孚开天眼时看出堕过胎、有外遇的同组女学员吧？她婆婆断轮回时，就突然变成了一个吊死鬼，面目狰狞，伸着长舌头，比鬼片还要吓人。郭玉蓉心说，这样的轮回不断，怎么得了呢？

和上公益课时一样，断轮回之后，也不断有人在分享自己的奇迹。别的人，郭玉蓉不熟悉，但四川的老赵她却比较熟。老赵上公益课时跟郭玉蓉在一个组。他是个房地产公司的老板，从穿着到气质，都让郭玉蓉仰慕。关键是，老赵这人没架子，爱开玩笑，这就让不主动跟人接近的郭玉蓉，无形中跟他走得更近一些。老赵说，来听课之前，他欠了好些外债，有人扬言找到他要卸他胳膊、卸他腿儿呢。可是，断轮回之后，第二天，他回去就签了一个1.5亿的大单子。再回到“拉比天堂”，郭玉蓉专门跟他求证了这事儿。老赵有点儿不屑地扫了她一眼：“这还有假？真的！”四川椒盐普通话，落地干板硬脆。郭玉蓉点了点头，除了对老赵更加仰慕，也有了自己的判断：这么有能耐的人，能随便上当吗?!

给郭玉蓉断轮回，排在了第五天，也就是这一期的最后一天。

郭玉蓉刚上去，她组里的一个女学员就抽搐着倒在地上，不省人事了。

“你看看，她这样子像不像你儿子?”一身白衣、头戴白冠的“大护法”赵一冰跟她说。

上少年班期间，郭玉蓉的儿子也曾发过一次病。赵一冰是亲眼见过的。和导师班一样，少年班的课也分为线上和线下。儿子上课那会儿，每天晚上 8 点半，赵一冰在线上讲课半小时课，孩子们在手机上听。每天有作业，家长们要督促孩子完成。上课那会儿，郭玉蓉和别的家长一样，都巴不得多跟赵老师多说两句话。这个女人就是那么优雅、和蔼、富有亲和力。

王中孚告诉郭玉蓉，她的前世是个护士，用错了药，一针下去，把人打死了：“这个人就投胎成了你娃，专门找你来索债的。”

这天，郭玉蓉哭着给晕倒的那个学员道了歉。被“业力棒”抽打时，她觉得畅快、通泰、舒坦；和“业力”和解时，她在被别人拥抱时，泪流满面，却双颊发烫，像痛饮了美酒一样，幸福得晕晕乎乎。

五、“拉比”团队

总裁其人

“王中孚，1977 年出生于山西，中国著名企业家，中国拉比天堂总裁灵商教育集团董事长……”

关于王中孚，“百度”“360”等搜索引擎上搜出的结果，全都是这样的。但是，王中孚只是一个化名，他的本名叫王允海。

1977 年 12 月 4 日，王允海出生在河南省焦作市济源市邵原镇北寨村。这个距离济源县城 60 公里的村庄，是个 2000 多人的大村子。村子北高南低，人均耕地不到六分，老百姓以种植业和养殖业为生。种植业以白菜为主，另外有辣椒、核桃和棉花；而养殖业，主要是养猪。这是个著名的贫困村，王允海的父母都是村里的农民，家境贫寒。王允海有个哥哥，名叫王允山。在“拉比天堂”，他的化名叫“王铎善”。

王允海自幼在家乡读书，1995 年毕业于济源二中。之后，他考上郑州大学成人教育学院。半工半读期间，他卖过袜子、雨伞、软盘，还做过别的推销工作。后来，王允海应聘到郑州人才市场当信息员。还是因为没钱，在成人教育学院上了三年课之后，他最终还是辍学了。再后来，王允海开始进入人才市场的培训部，给自己的员工以及外来单位做人员培训。后来，面对警察的讯问，王允海称，1997 年，他找一个算命先生算了一卦，人家替他改名为王中孚，从此对外就称王中孚。但是，和山西八竿子打不着的他，为什么却又自称山西人呢？反正，他的话，眼珠一转，张口就来。

1999 年，王允海来到深圳创业，开了一家做保健茶叶买卖的公司。时间不长，公司倒闭。这时候，王允海还检查出了强直性脊柱炎。这“不死的癌症”，夜里痛得他常睡不着。有一阵儿，他每天都得靠吃止痛药维持正常生活。针灸、按摩、拔火罐，外加中药，什么都不管用。2000 年，郑州骨科医院大夫在给他确诊这个病的时候告诉他，这病只能维持，根本治不好。

如果没有后面的诈骗犯罪，那么王允海简直就是一个自强不息的“励志帝”。忍着病痛，一个没爹可拼的乡村青年一直在刻苦学习、不断奋斗，以顽强的生存能力，非要在都市坚硬的柏油路上踩出自己的脚印。

在深圳，卖茶叶失败之后，王允海开始接触培训行业。他应聘到一家培训机构，做培训师。灵商教育的概念，最早就是从深圳开始出现的。这是个投资少、来钱快的项目，很快就在全国各地火了起来。王允海摸熟了其中的弯弯绕绕，便回郑州开了一家“超人营销策划有限公司”。但是，开了公司他才知道，不是谁干这事儿都能发财。用陈佩斯小品《吃面条》里的经典台词来说，叫“您还嫩点儿”！但是，王允海认准这是条光明之路，不断学习行业的最高水平。关了自己的公司，他又应聘到有实力的培训公司，继续做培训师。包括行业内有名的北京海灵格，他也去做过讲师。他这张能把死人说活过来的嘴，其实就是在这些培训机构里练出来的。

王允海的妻子张彩玲也是河南人，高中毕业后，一直在美容行业打工。2004 年，认识王允海后，她开始进入培训行业。2005 年，二人结婚后，他们在西安开了个名叫“中智”的培训公司。两年后，他们的大儿子出生。

培训行业的门槛不高，但竞争相当激烈。和别的同行相比，他们的公司并无优势可言。2014 年，夫妻俩在西安又开设了“西安拉比企业管理咨询有限公司”，代理北京的培训公司“拉比俊”的业务，沿用“拉比俊教练智慧”的培训模式。为了开阔视野，王允海夫妻俩曾一起到印度合一大学参加了一期培训班。

后来，“拉比天堂”火了之后，王允海还带着他公司的骨干成员去合一大学培训过。所以，讲到这里，有必要把印度合一大学的背景给读者解读一下。

印度合一大学是由阿玛巴关创立的。阿玛巴关不是一个人，而是一对夫妇。丈夫是巴关，妻子叫阿玛。

巴关本名叫维杰·库马，1949 年出生于印度南部的泰米尔纳德邦。他原本是一个安分守己的小市民，毕业以后一直在推销保险。40 岁的一天，库马突然声称自己获得了神的旨意，知道了自己的真实身份。原来，自己就是骑白马的迦尔吉！迦尔吉何许人也？印度教三相神之一、毗湿奴的第十个化身。从此，库马不再叫库马，改名为迦尔吉·巴关，而巴关在印度语中，意指神圣的父亲。巴关开始和小他五岁的妻子阿玛一起，召集信众，建立了合一教会。不过，像他们这样的在世大神，在宗教活动不受制约的印度，大大小小有的是，并不稀奇。

合一大学于 2008 年 4 月落成于印度南部金奈市一个偏僻小镇，四周全是农田。这所主要针对外国人的灵修学校，说是不收学费，但食宿费用却相当昂贵。网上有人吐槽，2010 年 8 月去这里时，这里收费标准为：空调双人标准间，每个床位每天 7825 卢比，合 175 美金；空调十二人宿舍间，每个床位每天 4515 卢比，合 100 美金。而当时在这里工作的警卫，每月工资为 5500 卢比，还不包吃住、没有假日；普通工人每月工资则是 4000 卢比。现在，据说收费标准更高了。

这些年来，阿玛巴关有了上百万名追随者，阿玛巴关也因此聚敛了大量的钱财。网上有报道，2019 年 10 月 18 日，接到关于阿玛巴关抢占土地和逃税的指控后，印度税务部门在巴关多处房产和办公室内，查获了10.6亿卢比的资产，其中包括4.5亿卢比现金，价值4.1亿卢比的黄金首饰和钻石，以及价值2亿卢比的外币。

据后来跟随王允海去过合一大学培训的教练们讲述，在那儿的一周时间内，他们就是听听同声翻译的课，然后坐在瑜伽垫上冥想，实在谈不上有啥收获。但对于有想法的王允海夫妇，合一大学不光开阔了他们的眼界，还给他们镀上了一层金。后来，他就将合一训练师的财富课程和健康课程，演变为“家族财富丰盛”，把合一深化课程演变为“企业班”，将合一大学的“各种神通轶事+音乐冥想”教学模式，移植到“断轮回”的“意识接管”中。

阿玛巴关的黄金球，王允海也复制到了“拉比天堂”来。断完一个班学员所有人的轮回之后，王允海会让扮演家族成员或者接管过动物意识的所有学员和教练集合，然后把黄金球放在供台上，点上香、放着印度音乐，要求所有学员跪在地上，叩拜三次黄金球，然后就地跪着闭眼半小时。这个环节，被称为“大超度”。

当然，王允海还不忘用黄金球直接生财。黄金球的画片，他说是能带来高能量，一张两百元，卖给了学员们。就这样，王允海传承了阿玛巴关的空许诺言，也传承了阿玛巴关对财富的贪婪。

阿玛巴关的合一教，其实是印度教、佛教以及印度其他宗教一些教义的大杂烩。王允海的“拉比天堂”，也并非完全克隆阿玛巴关的东西。他不是在北京海灵格工作过吗？他的那套教材，就是依照海灵格的课程内容和公司运营模式为蓝本，自己编出来的。他把德国海灵格的家庭排列理论改变为“家排表”，以及“断轮回”与“重装生命系统”。美国的阿卡理化认为，所有生命体死了，但其灵魂不死，进入无限空间。到了“拉比天堂”这儿，就演变为“开天眼”“意识接管”和“大超度”。再把中国传统的妖魔鬼怪装进去，“拉比天堂”自己的“品牌”，就算齐活儿了。

家族势力

打虎亲兄弟，上阵父子兵。王允海俩儿子，大的小学没毕业，小的在上幼儿园，都还派不上用场。但家族成员中，能来公司帮忙的，可都来了。

首先，“拉比天堂”就是个夫妻店。张彩玲掌管着财务大权。“拉比天堂”赚了多少钱，只有她最清楚。大明宫万达广场甲字1号写字楼704号教室，就在张彩玲的名下。王允海平时不回家住，就住在万达广场。说是为了第二天上课方便，但也有学员反映，他常常留宿女学员。对此，没人听说张彩玲跟王允海闹过仗。在人前，张彩玲永远都称王允海为“王老师”。张彩玲不在“拉比天堂”担任教练，但是，据说王允海遇到困惑时，替他进行心理疏导的人，就是张彩玲。

因为之前在西安成立“中智”培训公司时，王允海被工商部门列入了黑名单，2014年，王允海成立“西安拉比企业管理咨询有限公司”时，法人代表是张彩玲。但是，后来他们又把法人代表变更为张彩玲的父亲张茂盛。张茂盛也上过“拉比天堂”的导师班，王允海多次跟学员们说，即使是老丈人来上课，学费也一分钱不能少。至于是不是真有这回事儿，就不得而知。但是，很多学员都在“拉比天堂”的课堂上见到过张茂盛的身影。他起码以这种方式，为女婿放出的话做了背书。

和丈夫一样，张彩玲在“拉比天堂”也使用化名。很多人只知道她叫宋金玥，并不知道她的本名。张彩玲有俩妹妹，大妹张彩虹，小妹张彩薇，都在“拉比”公司干。起初，配合王允海断轮回担任“大护法”的人，就是张彩虹。后来，为利益问题，张彩虹与姐夫闹翻了，从此离开了“拉比天堂”。这以后，才有了赵一冰出面担任“大护法”这回事儿。

张彩薇原名宋翠华，生于1982年，比张彩玲小五岁。2005年，姐姐、姐夫在西安开了培训公司，她就从河南来到西安，给姐姐、姐夫帮过一阵儿忙。不过，那会儿王允海两口子的公司还挣不上什么钱，张彩薇没待多久，就回了河南。2015 年，王允海夫妇再开“西安拉比”，又把张彩薇叫来。王允海断轮回时，不是有个案主“亲属”们走位的环节吗？担任现场主持的人就是张彩薇。她负责根据学员们走位情况解读案主的家族关系。

“拉比天堂”的股份，为九个人共同持有。其中，王允海持有 60%，张彩玲持有 20%，四名骨干教练和一名财务人员各持有 1%，法人代表周桦持有 10%，张彩薇持有 5%。

张彩薇在公司里，担任的是总教练一职。每一期“公益课”开课前一天，张彩薇要把所有带组教练召集到公司，开一个“定向会”，给大家分配任务。她给教练们一人发一张表，表上公益课的学员姓名上，标注着是谁介绍来的。接下来，她拿着名单，给教练分组，交代“注意事项”。比如，她会要求教练在与学员吃饭时，要分享以前老学员在这里上过课后的成功案例，并收集本组学员们听课的收获；如果有学员对课程不满，不能让他们走掉，要想办法把他们都拉回来。教练要弄清楚学员在三天的课程中需要达到什么效果、想要解决什么问题。通过有效的沟通，要化解学员们的负面情绪。晚上，教练还需要给本组所有学员发短信，继续与他们进行沟通。收集好各种信息之后，发到教练们的微信群里。这样，王允海、张彩薇他们就可以了解每个学员的状况，方便达成后面的交易。

项庄舞剑，意在沛公。三天的“公益课”，目的是让更多的学员“成交”后面昂贵的导师班。“拉比天堂”有骨干教练，也肯定有一些是第一次带学员的“菜鸟”。张彩薇会耐心细致地告诉教练们，如果有些学员交不起钱，要分类对待：一分钱都拿不出的，说明根本就没这个意愿，放在一边。那些能交一部分钱的，教练可以先借给他们钱，让学员打借条，先报名。反正，不还钱，他们上不了课。当然，她还会告诉教练，“成交”一名学员，他们会得到什么好处。

后来，警察在“拉比”公司查获的《休学申请书》《退款申请书》《皇冠学员赠送名额消费奖励确认单》《名额转让声明》等文书上，都有“总教练张彩薇”字样的亲笔签名。但是，尽管如此，张彩薇仍然拒绝承认自己是总教练。张彩薇2004年毕业于河南公安专科学校。虽然并没有正式干过公安，但毕竟穿过警服。对于警察的质询，她大多一问三不知，态度傲慢。

王允山的化名“王铎善”，肯定是2018年年初来到“拉比”公司才起的。王允山从小书读得比弟弟王允海好得多，90年代的理工科本科毕业生，在深圳一家大公司工作，一级建造师。因为他来得太晚，对公司贡献有限，王允海并没有分给他哪怕1%的股份。“拉比”公司旗下成立过好多子公司，王允海交给他一个。这家“拉比天堂”教练文化有限公司西安分公司，法人代表就是王允山。公司牌子挂在万达广场甲字1号写字楼702室，房子是租的。不过，还没等王允山有所作为，“拉比天堂”就树倒猢狲散了。在“拉比天堂”，王允山看上去就是一个普通的教练，靠拉人头拿提成、靠做个案收红包的主儿。利用导师班“成交天下”的机会，他也卖点儿“生命源液”之类的直销产品，赚取外快。

王允山为什么要舍弃好好的工作，来到“拉比天堂”呢？他有他的难言隐痛。王允山的女儿有智力障碍，十多岁了，还不会自己擦屁股。为此，这些年，他老婆压根儿没法出去工作，只能天天围着这个女儿转。王允山想多挣几个钱，给女儿留着。可能也是因为这个原因，他对待别人时心就硬得像铁石。比如，为拿提成，对郭玉蓉这样的人，他照样下得去手。

傀儡法人

周桦比王允海大三岁，原先是金融行业的一个白领高管，年薪要拿三四十万。2014年，周桦摊上了一件烦心事儿：妻子得了抑郁症。为了给妻子治病，他开始四处求医。因为医院和心理医生都没解决问题，他决定自己参加心理辅导教练班，学会后，给妻子治疗。2013年，他曾报过一个心理训练班，结识了担任教练的王允海夫妇。王允海成立西安拉比企业管理咨询有限公司后，周桦又报名听过他代理的“拉比教练智慧”课，线上、线下，将近半年。因为对路数，王允海喊他来自己公司工作，周桦就答应了。妻子有病，孩子在上小学，家里的事儿拖累他也没法再去远处上班。在“西安拉比”，周桦给王允海当助理，兼职司机。因为西安注册培训机构管理较严，“西安拉比”并没有获得开设培训项目的资格。在代理“拉比俊”的时候，“西安拉比”还只是收取场地费、咨询费等，一人二三百元而已。合作半年后，因利润分成的问题，王允海跟“拉比俊”闹翻。那两年，“西安拉比”还在爬坡。到了 2016 年，才算进入正轨。

2017 年 7 月，王允海告诉周桦，他打听到，陕西韩城的工商所可以注册有培训项目的公司。于是，他让周桦跟他哥哥王允山到韩城注册了“陕西拉比企业培训有限公司”，由周桦担任法人代表。王允海跟周桦解释说，他之前在西安注册过的“中智”公司上了工商部门的黑名单，所以没法再出头当法人代表。有了这家“陕西拉比”，之前那家“西安拉比企业管理咨询有限公司”就注销了。反正，这些公司，包括后来又注册的一些子公司，对外宣传都是“拉比天堂”公司。“陕西拉比”实际控制人仍然是王允海夫妇，挂名法人代表的周桦并没有因此多得一分钱。用周桦自己的话说，他就是负责办公室的用品、工作人员平时吃饭的开销、学员缴费的退款等事务性的工作，还继续兼过一阵儿王允海的司机。当然，他也是一名教练，主要是上早课和一对一的个案。

每期断轮回的时间并不确定，导师班学员等电话通知。有的是先断轮回，再上课；有的则是先回家上线上课，接了电话，再回公司断轮回，然后再接着上线上课。所谓线上课，为期 49 天，被称为“高能量早课”。每天早上 6 点至 8 点，王允海会和几名教练一起，通过微信或者电话，给学员们上课。内容主要是心理咨询、心灵鸡汤之类的国学课。其实，网络平台上这类公开课有很多，都是免费的，“拉比天堂”的“高能量早课”也并无稀奇之处。断轮回之外，这 49 天中，学员们还要回“拉比天堂”一次，集中线下学习三天。其中两天上课，另一天，则是到未央湖蹦极，称为集训。这 49 天的线上早课，主要是王允海、张彩薇和周桦来讲课。

“你本来就该拥有精彩的人生！你本来就该拥有你喜爱和渴望的每件事物；你的工作本来就该让你振奋，而且你本来就该实现所有你想要实现的一切；你和家人及朋友的关系，本来就该有满满的欢乐；你本来就该拥有要活出一个充实、美满的人生所需的金钱；你本来就该实现梦想——你所有的梦想！如果你想去旅行，你本来就该去；如果你想开创一项事业，你本来就该开创……”这是澳大利亚女作家朗达·拜恩畅销书《力量》里的内容。周桦的早课，主要就讲这本书。

如果导师班结束，学员却没有实现财富爆棚、人际关系好转，肯定有人要找王允海纠缠：您开出的空头支票都没兑现呀！这时候，王允海会让学员耐心等待，过个半年、一年，财富就会显化，好事就会降临。可是，等来等去，学员还是没等到期待中的结果，怎么办？王允海的解决办法，就是由教练给学员做个案。所谓个案，无非是一对一的心理疏导。可以面对面，也可以打电话。个案就像您受了委屈，找个闺蜜、哥们儿来宽宽心一般。个案没解决问题，怎么办？没关系，“拉比天堂”有的是教练，换一个就是。对于学员来说，“拉比天堂”的个案是不收费的。但是，王允海反复给学员灌输，人应当有感恩之心。没有感恩之心，什么好事儿也轮不上你。学员怎么向教练表达感恩之心呢？就是发红包。所以，做个案时，教练常常会收到学员发来的红包。

从金融白领，改行做了培训教练，周桦前前后后花了 30 多万元培训费。从他的内心来说，他并不是冲着挣钱这个唯一目的去的。“拉比”教练借钱给学员，让他们来让课，这种事儿周桦也干过。但他要看学员是什么人。

2014 年，周桦在北京邮电大学的一个总裁培训班上认识了马晓光。当时，马晓光的企业已经不行了。2015 年，马晓光在西安注册了一家环保公司，仍没什么生意。闲来无事，他常来“拉比天堂”找周桦聊天。2016 年的一天，周桦动员马晓光上“拉比天堂”的导师班。马晓光当时没钱，周桦就替他垫了 69800 元学费。于是，马晓光就成了导师 8 班的学员。上完课，马晓光把学费还给了周桦。

发现教练们为了拿提成，纷纷把钱借给学员，而一些学员经济条件并不好，最后借各种网贷、高利贷偿还学费之后，周桦开始感到于心不忍。在“拉比天堂”，他不仅是法人代表，还是名义上的总经理。导师班学员如果要成为教练，是要跟周桦签一份代理商协议的。毕竟是个受过高等教育的人，是非观念还是有的。他曾经劝说过王允海，但王允海并没有把他的话当回事儿。

导师班开课前，借钱的学员如果还没有还钱，“拉比天堂”是不会让学员上课的。公司会把借的钱一分不少地退给借款人，把学员的钱扣除违约金后退给学员。如果这个学员最终上了导师课，那么教练会得到1000至2000元的现金奖励。这就是教练们积极鼓动学员，甚至借钱给学员，让他们上导师班的秘密所在。

“拉比天堂”之所以能火起来，当然是因为王允海的“断轮回”“开天眼”。对王允海突然具备的这种能力，周桦当然不信。王允海“开天眼”时，随口说一些学员前世是猫狗畜生、屠夫、强盗，周桦也看不惯。周桦是王允海夫妇代理“拉比俊”时就入伙的，当时，周桦投了三四十万元。因此，王允海给了他“拉比天堂”10%的股份。2018年，王允海拿出500万元现金分红，周桦一次就分了50万元。他也劝过王允海，不要玩儿这种邪门儿的东西。可是，随着公司营业额越来越高，王允海已经膨胀得像个气球，而且霸气十足，听不进不合心意的意见了。周桦也清楚，公司就是靠这“邪门儿”路数发展起来的。作为受益人，他干脆选择了当“鸵鸟”，尽量不在“断轮回”“开天眼”的现场出现。奉王允海之命，他还找删帖公司，花钱删过所有“拉比”公司的负面新闻。这就是丁宏伟他们为什么在网上看到的，全是为“拉比”公司唱赞歌的帖子。

2016年年底，周桦曾告诉马晓光，上了王允海的课之后，妻子的病情好多了。但是，2018年，他患抑郁症的妻子还是跳楼自杀了。

2019年7月3日，周桦以涉嫌诈骗罪被刑事拘留。民警将他上小学四年级的女儿安顿在周桦弟弟家，并且费了很大周折，帮她办了转学。

持股教练

“我叫贺朝阳，来自导师1班，现在在‘拉比’做专业教练。在整个导师班，我是带学员最多的教练。感谢王老师给我这次机会！在这三天里，我会用我的管道，把财富和能量传递给每一个人。”

这是光头教练贺朝阳在一次公益课担任带组教练时的开场白。

贺朝阳，西安本地人，高中毕业后学了烹饪，然后到著名的同盛祥饭庄当了厨师。本来，一直干下去，在这样的年纪，他应该早就是个名厨了。可惜，他脑瓜太活泛，只干了三年，就辞了工作，要自己开饭馆。不知道是学艺不精，还是不懂经营，反正饭馆生意不好，最后赔了些钱，关门大吉。这以后，他还做过餐饮、开过文具店，像许多普通人一样，没发财，也还没难到过不下去。十几年时光就像他文具店年底总要摆出来卖的台历一样，哗啦、哗啦就翻了过去。直到2015年，贺朝阳才发现，自己的人生原来也可以迎来春暖花开的。

一次，贺朝阳刷朋友圈，发现有人在推荐营销课程，推荐词儿写得相当诱人，就让贺朝阳走了心。那段时间，他没做什么事儿。老婆要上班，每天接送儿子、给儿子做饭，就是他的工作。等儿子高考完，他突然就闲下来了。40来岁的大老爷们儿，总不能就这么在家闲着呀。

那就去听听课，长长见识呗。讲课的人，就是王允海。当时，他在高新区一家酒店租的房子。这一听，贺朝阳就听进去了。王允海的那些鸡汤，让做过厨师的贺朝阳很是咂吧出些滋味儿来：原来，人与人之间的沟通，可以是这个样子。贺朝阳本来就是个话痨，课间交流时，就往王允海跟前凑，并且留了王允海的电话和微信。“回头，我们还要办一期导师班，有兴趣，你来听听！”王允海就跟他做了课程预告。

果然，年底，王允海给他打来电话，导师班要开班了，让他报名。这时候，“拉比天堂”已经搬到了大明宫万达广场。掏了19800元，贺朝阳就成为导师1班的学员，也是王允海的铁杆粉丝。

毕业不久，贺朝阳再次接到王允海的电话，问他愿不愿意到“拉比天堂”来工作。贺朝阳哪有不去的道理，“沧海一声笑，滔滔两岸潮”哼哼了一路。

在“拉比天堂”，贺朝阳是客服部负责人。没课的时候，他要整理学员信息，通知学员来上课，并且把每一期的名单与财务上进行核对，看交钱的学员与上课的学员是不是能对上。有课时，除了当带组教练，他还负责准备上课学员的签到卡、每个人的胸牌；摆椅子、清理场上卫生，他也参与。至于“热烈欢迎亚洲第一能量导师王中孚亲临授课”那类横幅，也是他负责挂起来的。

王允海是从导师7班开始，加入“断轮回”“开天眼”这些内容的。对此，贺朝阳和周桦一样，并不相信。他采取的办法，也是尽量回避参与，往门外面躲。但他躲在门外，却并非藏起来。有时，“门神”阿凡达忙不过来，他会去帮忙当门卫，不许学员带手机进现场“干扰场域”。

心里明得像镜子一样，却并不妨碍贺朝阳积极鼓励，甚至借钱给学员报名导师班。尽管“拉比天堂”给他开的工资并不高，但主要靠奖励和提成，这三年他的收入保守地估计，也超过了30万元。这和他之前做餐饮、开文具店相比，既无成本风险，又不那么辛苦，当然好太多了。他能没个比较吗？不过，至于持有1%的股份，贺朝阳对此有自己的理解：虽然2018年分过一次红，得了5万元，但是，他是掏了10万元本钱入股的。他理解，这10万元不是入股，不过是他的职位保证金罢了。

另一位教练杨小静，情况跟贺朝阳类似。杨小静是导师6班的班长。当带组教练时，她自我介绍时就说，她毕业时，有过两个称号：“爱神”和“成长最快奖”。

杨小静的人生并不如意。高中毕业后，她在一家宾馆当过几年服务员。结婚后，就在家带孩子。可是，32岁时，丈夫病故了。这以后，她在好几个地方打过工，就这样一个人把女儿拉扯大。如今，20 几岁的女儿还没有找到工作。2016 年去“拉比天堂”上班之前，她有两年时间没出去上班，而是在家照顾年迈的父母。杨小静的老母亲瘫在床上了。杨小静有个哥哥。按说，照顾老娘，是她做女儿的本分。但杨小静在“拉比天堂”忙得两只脚不能同时落地，给老娘端屎倒尿擦身体，只能由她哥哥上阵。当然，杨小静在经济上的支持也是不含糊的。每次去看老娘，她手上都是大包提着、小包拎着，沉甸甸的。当哥的，当然要问问妹妹在忙啥。一听说“拉比天堂”的情况，哥哥就挺不安：“这‘拉比天堂’不会是个传销组织吧？你可小心点儿，别陷进去啊。”“哥，你不懂。你不知道在这儿挣钱有多容易！”50 多岁的杨小静尽管总是素面朝天，眼睛却放着光，像服了兴奋剂的运动员一样，浑身都有使不完的劲儿。

“断轮回”时，第一个环节，就是“意识接管”。全体学员绕场三圈，然后念三遍咒语：“亲爱的宇宙源头，亲爱的弥勒佛高我，这么多年我已经体验够了烦躁……从现在起，我决定修改我的灵魂计划书，请您接管我的意识……”每一次，像宣誓入党一样带领学员念咒语的人，就是“拉比”教练部负责人杨小静。

“拉比天堂”把每一门课程都称为一个项目。“断轮回”项目最早的负责人是周桦。由于周桦不想干，2017 年年底，项目负责人就变成了杨小静。王允海对她的信任，由此可见。从警方审查“拉比”公司的财务支出上看，杨小静是所有带组教练中挣钱最多的人。不到三年的时间里，不算来自学员的红包，她从“拉比天堂”就领到了 40 多万元。

贵阳学员丁宏伟断轮回时，挑选教练常洋佳扮演他妹妹。结果，没走几步路，常洋佳就痛苦地蹲在了地上，而且当场呕吐。有她这样的铺垫，才引出王允海关于丁宏伟妹妹的一套词儿，唬得丁宏伟一愣一愣的。当民警质询她，断轮回现场为什么会有这样的表现时，她声称，她也不知道当时怎么会那样难受，事后她才知道丁宏伟妹妹生重病这回事儿。她还特别声明，她不认为断轮回的过程是在骗人。按她的逻辑，千方百计不让郭玉蓉退导师班的学费，也是真心实意为郭玉蓉好了。

那么，常洋佳说的是真话吗？

据断轮回时担任“大护法”的赵一冰交代，断轮回时，一进入现场，有人会交给她一张学员资料表。表上的内容，就是这些学员的诉求。她看完后，再把表交给王允海看。这时，案主上场，在学员、教练中挑选角色之后，张彩薇会一一核对每个人扮演的角色无误，然后让大家在场地里自由走动。

这时，并排坐着的赵一冰和王允海就会从场地里出来，一起来到隔壁办公室。关上门，王允海会让赵一冰记录下每个学员的核心词。比如，学员离了婚、财富不足，或者家里失了火之类。对于丁宏伟，核心词肯定是：妹妹，尿毒症！王允海心里有数后，才会和赵一冰一起回到现场，给案主断轮回。

那么，给赵一冰递上学员资料表的人是谁呢？是商倩，也就是化名“常洋佳”的这个女人。

在“拉比”公司，除了担任教练，商倩还负责“拉比”的宣传。除了拍照片、留视频资料，她还负责发“拉比天堂”的公众号。至于内容，当然还是王允海说了算。但是，王允海一般只定个标题，下面的内容，就都出自她的手笔。不得不承认，商倩是个有些文才的人。商倩对王允海心存感恩，也是他的铁粉。来“拉比天堂”之前，她离了婚，正处在人生低谷。听了王允海的课之后，她的心态发生了改变。之后，她与丈夫复了婚，家庭生活幸福。从经济上说，她也不是那种特别渴望发财的人。王允海让她掏 10 万元、给她 1%股份，她理解为王允海是想留住她。因为她有两个孩子，在“拉比天堂”上班很忙，顾不上照顾孩子，她老公希望她回家当全职太太，早就不想让她再干下去了。

捞到最大实惠的人，是另一名教练程天雨。重庆人程天雨生于 1969 年，结婚很早，离异，两个儿子都 20 多岁，小的在重庆，大的在北京。这些年里，她开过美容院，卖过服装，来“拉比天堂”之前，在干直销。2016 年，程天雨在朋友圈里看到了“拉比天堂”

的宣传之后，就跑到西安上了导师6班，和杨小静成了同学。回去不久，她就认识了追求她的河南巩义人黎江斌，陷入情网。黎江斌比她大四岁，身材瘦高，鼻子高、嘴巴大，一对招风耳。后来，一到“拉比天堂”，他就被学员们称为“阿凡达”。阿凡达上“拉比天堂”的12.8万元，是程天雨替他掏的。“我对他不够了解，想让王中孚看看他。”后来，程天雨跟警察这样解释她让阿凡达上“拉比天堂”的初衷。那会儿，她也是王允海的铁杆粉丝，真的相信王允海是开了天眼的人。

除了做带组教练，断轮回时，程天雨是四个扮演“业力”的“主要演员”之一。其中，她和景兰出场最多。前文已经说过，程天雨演“业力”时，敢打、敢骂、敢撒泼，有如恶鬼附体。不这样吓人，怎么让人对“业力”生出恐惧感呢？王允海要的就是这样的效果。后来，当警察问到她是否相信“断轮回”时，她明确表示，她压根儿不相信。

不光她不信，阿凡达就更不信了，而且，从来没信过。但是，上完“拉比天堂”的导师班，阿凡达就决定，留在西安发展。怎么发展呢？他们俩看好“拉比天堂”这个平台。此时，程天雨已经是“拉比天堂”的教练了，而王允海并没有也聘请阿凡达当教练的意思。那不当教练，来做不要工钱的义工，总行吧？于是，阿凡达就成了“拉比天堂”的门卫，断轮回、开天眼时，负责在门口没收学员的手机。此外，他还经常作为老学员，登台分享他自己上了导师班后的巨大变化。当然，这些活儿也都不白干。借“拉比天堂”这个平台，他要卖他自己的东西，这才是他和程天雨的真实出发点。

据办案民警介绍，“拉比天堂”的财务支出显示，程天雨、黎江斌二人一共从这儿领走了200多万元，成为王允海夫妇之外最大的赢家。

皇冠学员

“我是毕业于导师10班的班长，同时是皇冠学员赵一冰，担任本次一组的教练。我将用满满的爱，和全心全意的陪同，用‘允许’支持你生命。在这三天里，全员绽放，达到成果！”

“各位亲爱的学员，大家下午好。我毕业于导师帝王 11 班，我是闫某青，本次是 9 组的教练。我是在坐教练当中最年轻的教练，我也会带着我们 90 后最阳光、最积极的能量，领引着我们 9 组，成果为王、能量爆棚。”

这是某期“公益课”开班时，两位教练在台上的开场白。没人能猜到，赵一冰与阎某青，其实是一对母女。

赵一冰，本名黑琴琴，生于 1967 年。她的口才好，应该跟她原先的职业有关。高中毕业后，因为形象气质不错，她被西安一家著名博物馆招去做了讲解员。但是，这份工作不养老。干到 40 岁时，她选择了内退。后来，黑琴琴离了婚，并且没再结婚。但是，这并不妨碍她给别人做改善家庭关系之类的心理咨询。来“拉比天堂”之前，她就在培训行业中干过。所以，导师班一毕业，王允海就立马将她收入麾下。

先解读一下她的皇冠学员的身份吧。所谓皇冠学员，就是能“感召”九名学员上导师班。只要有了十五六个人，一个导师班就可以开课了。由于皇冠学员对“拉比天堂”的贡献巨大，后来的导师 19 班、20 班和 21 班，学员都超过了 40 人。王允海对皇冠学员也予以大力鼓励，除了可以获得一个价值两三万元的黄金打造的皇冠，皇冠学员还可以获得一个免费上导师班的名额。这个名额，你给亲戚朋友也可以，卖掉也可以。赵一冰的女儿阎某青上的是导师 11 班，想必就用的是她这个免费名额。尽管面对警察，她声称她这个免费名额一直没有使用。此外，皇冠学员还可以有一个价值两万元的出国旅游机会。赵一冰利用这样的机会，去过澳大利亚，也去过印度的合一大学。成为皇冠学员之后，黑琴琴还拉过两名学员上导师班。根据“拉比”公司的规定，她总共拿到了 2.5 万元的提成。

王允海拉黑琴琴入伙，是打算成立一个少年部。黑琴琴加盟之后，王允海于 2017 年 8 月，以他的司机曹某运的名义，注册成立了“拉比富足公司”。据黑琴琴交代，2019 年 3 月，王允海告诉她，以曹某运名义注册的另一个公司出了问题。为了不连累“拉比富足公司”，就把法人代表变更为她的名字。“拉比富足公司”实际上就是“拉比”公司的少年部，专门办“少年班”。讲课的老师，就黑琴琴一个。

据办案民警了解，因为不断有发觉上当的学员要求退钱，2018年底，王允海就打算关了“拉比天堂”。事实上，到锒铛入狱之前，“拉比”公司已经给学员退了3000多万元学费。王允海已经预感到了危险在一步步逼近，但是，黑琴琴不同意就此散伙，鼓动他再办几期。说到这儿，不禁让人想起唐朝胡曾写的那首著名的《咏史诗·上蔡》来：“上蔡东门狡兔肥，李斯何事忘南归。功成不解谋身退，直到咸阳血染衣。”王允海是个小人物，和他河南老乡李斯当然不能比；他干的勾当上不得台面，也算不得什么成功人士。但客观地说，能招来牢狱之灾，是不是还是因为他太贪婪了呢？

自打黑琴琴加盟，“拉比天堂”继“王中孚”之后，又打造出另一个金字招牌“赵一冰”。谁家的孩子调皮捣蛋、成绩不好，教练会鼓励其给孩子报个“少年贵族能量班”。1.98万元，家长和孩子一起上三天课，就像郭玉蓉那样。

孩子叛逆，和父母关系不和谐？得，这是家族续位出了问题。要解决，再报个“家庭续位DNA”班嘛。2.98万元，保证三天见成效。

这一期接着一期，黑琴琴共办了15期少年班，一共有200多个孩子上过她的课。

黑琴琴每个月的工资其实只有4000元，但是，加上提成与红包，就有两万多元了。除了挣钱之外，黑琴琴也是打心眼儿里喜欢“拉比天堂”的氛围。在这里，她一个只有高中文凭的人，却可以让许多受过高等教育的家长顶礼膜拜；她一个50开外的女人，却可以像女神一样光彩照人，有她明星一般的大照片为证。更重要的是，原先，黑琴琴跟年近30的女儿关系紧张，但是，女儿来“拉比天堂”当教练之后，她们娘儿俩找到了共同语言，关系完全改善了。

一个女人，还要怎么才算成功呢？

六、黑土地　盐碱地

成交天下

胡晶晶也是导师6班的学员。她个子高，形象不错，因此，一毕业，就和杨小静、程天雨一样，被“拉比天堂”留下当了教练。

胡晶晶两口子在大明宫建材市场开了个店，卖厨具，生意挺好。她正在延安开店时，接到了“拉比天堂”客服的电话。这电话，从年头打到年尾。她有点儿烦，也有点儿不好意思，就说，好吧好吧，我报名就是了，不就是4.98万嘛！

大概在七八年前，有一次上教练技术课，胡晶晶认识了张彩玲和王允海。教练技术，也就是LP，教练型领导力。说是教人“认识、突破和提升”，但因为收费很高，能上这种课的人还是得有些经济基础的。胡晶晶知道，王允海、张彩玲又开办了“拉比天堂”，微信上说得挺热闹。胡晶晶店里，也有四五十名员工。有团队，就得有管理。她觉得，自己也有必要去充充电，就去了。

教练班结束，胡晶晶觉得还是挺有收获。比如，她觉得，王允海管理团队的这套体系，诸如争“小红旗”的机制，就值得学习。遇到不顺心的时候，为什么不能换个角度来思维呢？在自己身上，她也能感觉到变化。比如，原先她爱睡懒觉，自打上早课之后，整个生活习惯都健康多了。因为还想再多听听课，王允海让她来当教练，她就一口答应了。

甭管外面多么光鲜艳丽，其实谁家都有不开的壶。胡晶晶的姐夫家暴，经常殴打她姐姐。为此，她外甥女跟爸爸有了血海深仇。她嫂子本来在家做全职太太，但她不甘心，老跟她哥干仗，闹着要出去工作。为了家庭和谐，胡晶晶自己掏钱，给外甥女和嫂子都在“拉比天堂”的导师班报了名。这俩女将上了课之后，心态有了调整。外甥女跟爸爸关系有所缓和，而嫂子也想通了，不再整天闹着要出去找事儿做，就安心在家里待着了。

变化最大的，其实还是胡晶晶自己。对于店里的生意，她不再那么上心了。因为上课期间不能开手机，她一连好几单精装房的生意都放跑了。过去的业务关系，慢慢地不再跟她联系。有时候，人家联系她，她的兴趣也不大。她的胃口变得越来越大，总是想着“挣钱像呼吸一样容易”。

可不，“拉比天堂”就有这样“呼吸”的机会。导师班上，就有个“成交天下”的课。王允海鼓励学员们登台，成交自己的商品。当然，能来成交东西的，都得是导师班的学员；而且，得是皇冠学员。王允海收的是导师班的人头费，至于学员们卖的是什么，他不管。于是，有人卖女性私护产品，有人卖面膜，有人出售起步就得数万元的公司股份，还有人卖理财产品。

胡晶晶班上有个名叫时英梅的女学员，推销一个“稳赚不赔”的理财投资项目——马来西亚 MFC 公司的易物点，名叫 MBI 集团公司。投资 MBI，从 700 元，到 37500 元，有不同金额的套餐。每个人可以投资多份套餐。“一年到一年半，就可以收回全部成本，并且有可观的收入。关键是，省事儿。你不用拉人头，不用卖产品，只涨不跌。一年分两次红！”时英梅 50 出头，衣着讲究，保养得很好。她邀请一些同学去过她的私人会所，品红酒、吃牛排。会所在胡家庙万和城一号楼的 20 层，装修得相当气派。而且，看得出来，这地方人气很旺。“放心，投资出了问题，我把会所卖了赔给你们。跑了和尚跑不了庙，对吧！”时英梅的样子，就像电视剧里的女强人直接从电视机里蹦出来了一般。

那天去的人，就都动心了。胡晶晶给时英梅指定的账户打了 14 万元，时英梅当下帮她注册了一个网络投资平台：“好了，你现在就可以看到你的收益情况！”打开手机 App，胡晶晶的名下却不再是 14 万元，而是 25 万元。如一只喜鹊落上了枝头，她的心头不禁一颤：“这数字不对吧？”

“怎么不对？都是你的，包括本金和收益部分。”时英梅冲胡晶晶笑了笑：“只不过，没到时间，你现在取不成。明白不？”

“那当然！”胡晶晶点着头，觉得自己就像那只喜鹊，有了叽叽喳喳歌唱的欲望。在家里，她老公跑业务，她管钱。她赶快把能调集的资金都往出调，银行的理财产品之类，能赎的，赶紧都赎了。这样，又凑了 96 万元，一起转到了时英梅那个账户上。果然，手机上的数字，变成了 196 万元。

“成交天下”实在是一个令人兴奋的场域。王老师不是说了嘛，一个人发不了财，是因为财富管道不够粗。而且，你不花钱，怎么能赚到钱呢？在王允海的主持下，每一个登台推销的人，都变成了一个成功的演说家。坐在下面，胡晶晶就感觉自己变成了一只八爪鱼，每只爪子都想抓住一个人家推销的东西，好像那些东西不要钱似的。有个女人推销一种名叫“懂你”的女性私护新产品。听了她的激情演说，又看了现场的抢购劲头，完全没弄懂“懂你”是啥玩意儿的胡晶晶，一时冲动，就买了 20 万元的股份。

算算那些投资出去的钱会生多少崽子，当然是件开心的事儿。这种算术作业带来的后果，就是她花钱的手脚越来越大。她跟着王允海他们去过一次印度合一大学。虽然那小破镇子真没啥可买的，可回来一算账，她也开销了八九万元。

在“拉比”的教练，做头一百个个案，公司是不给钱的。这之后，每例个案可以拿到二三百元。胡晶晶做个案，拿了两万多元；感召学员，挣了五六万。问题是，其中俩学员是她外甥女和嫂子，连学费都是她掏的。这提成，就成了猪八戒啃猪蹄儿了。还有俩学员，是看了她的朋友圈后，来上了公益课、报了导师班。人家是一对男女朋友，都跟她很熟。想了想，她把提成退给了人家俩。

但是，当教练，胡晶晶还是尽职尽责的，绝对对得起“王老师”的。

有个山东临沂女子，30 来岁，家在农村，离了婚，能看出来，经济条件很不行。当时，胡晶晶就是她“公益课”的带组教练。饭桌上，胡晶晶分享她自己上“拉比”后的变化，还说了好多别的案例。看得出来，临沂女子很想断轮回。那个时候，导师班等费已经涨到了 15.8 万元。临沂女子也是真的拿不出来，包括胡晶晶在内，没有一个教练肯借给她钱。胡晶晶给她介绍一个人，这个人帮着她刷完几张信用卡，又借了一堆网贷，包括“360 借条”“有钱花”“信用贷”“平安普惠”“借吧”，以及微信和支付宝转账，总算交完了学费。根据“拉比”公司的规定，介绍临沂女子来“拉比天堂”上课的一个老乡拿走了提成；而作为带组教练，胡晶晶还是得到了 1000 元的奖金。

临沂女子以为，断轮回之后，马上就能挣到钱。起码，先把学费解决了。但财富好像跟她有仇，在她这儿就是迟迟不显现；而贷款公司却早早露出獠牙利齿，天天都在催债。离婚后，她的孩子被法院判给了前夫。每个月，她得给孩子 300 元扶养费。可这会儿，她已经有一年多没给孩子抚养费了。不客气地说，她穷得连自己都养不起了。自己没有工作，父母又在农村，身体还不好，根本帮不上她。为了还债，她只好去血浆站卖血了。

她曾经给王允海打过电话。当时，她姐姐生病，急需钱住院。她想把学费要回来，给姐姐看病。但是，王允海没等她絮叨完，一句“我还忙着呢，回头再说吧”，就挂了电话，态度像白开水一样淡。

后来，“拉比天堂”出事前后，好像有谁推倒了多米诺骨牌，胡晶晶投出去的钱全都收不回来了。时英梅的手机打不通，会所也已经铁将军把门。算一算账，她差不多亏掉了 300 万。她老公知道后，气得暴跳如雷，骂声如晴天霹雳，在狠狠地摔了七个碟子八只碗之后，指着鼻子正告她，要不是看在俩孩子的份儿上，就让她有多远滚多远！

遭遇“灵商”

2017 年，西安的房价在一年之内就涨了 68%。好地段的房子，翻一个斤斗往上涨的，有的是。清明节前后，全国各地的炒房客，都在急匆匆往西安跑。当时西安房屋均价不到 7000 元一平方米，在二线城市里，明显是块凹地。有些在一线城市买不起房的人，在西安这边的楼盘连实地都不考察，就直接打订金。一时间，西安有房的人乐开了花；有钱的人，赶紧想办法再买房。

可是，在三个月前，袁瑛刚把自己住的房子卖掉了。房子地理位置极好，地铁口，一环边，90 平方米的高层，只卖了 48 万元。她用其中 5 万元，还了带组教练贺朝阳借给她的报名费。这是她结婚时的婚房，也是她唯一的一套房子。打这时起，她只能带着孩子，和老娘一起到附近租了一套房，每月要掏两千多元房租。

上“成交天下”课时，她和很多学员一样，刷卡根本不过脑子。她理所当然地认为，所有登台来成交的人，都是被开过“天眼”的王老师审查过的。否则，他们凭什么利用“拉比天堂”这个平台呢？但事实上，王允海看中的是，这些人不仅掏钱上了他的导师班，还给他拉了人头；而这些人则利用这个平台，去赚远比导师班学费更多的钱。

“什么叫最高的成交境界？就是当别人还不清楚你卖的东西是啥的时候，就把卡刷了。这就要看你们的本事了！”在讲“成交天下”这门课时，王允海这样讲完，就邀请一些学员、教练登台演示。

不是什么人都有资格登上“成交天下”的讲台，来卖自己代理的东西的。他们都必须是“皇冠学员”，也就是说，每人要“感召”九名学员上导师班。如果大家都是“皇冠学员”，那么，王允海又会把机会给那些拉来学员更多、贡献更大的人。王允海总会让学员们在任何场合都形成竞争关系。成交学员最多的带组教练，也会有额外的奖金。这就让带组教练们也会极力怂恿本组学员上台被“成交”。

有资格登台的这几位把自己的“大力丸”推销一遍，王允海会一一指点，让他们照葫芦画瓢，再来一遍。如果阿凡达之流口吐莲花您可以不信，人家王老师的金口玉言，谁会不信呢？于是，成交业绩就从三五个人，立马能变成二三十人。

劲爆的音乐节奏，冲击着人的耳膜。有人叫卖，有人抢购。成交现场，气氛嘈杂、纷乱而热烈。这时候，谁要抽根烟，一划火柴，准能把“拉比天堂”的空气点着。像置身于劲爆的迪吧舞池中一样，不知不觉中，袁瑛就已经跟随大家一起“嗨”了起来。她先掏1980元，买了"懂你"。一个开美容院的人，竟然还不知道这样一款马上要上市的女性私护产品，这岂不是法国人不知道拿破仑、陕西人不知道羊肉泡吗？这项空白，得填补。说是什么套餐，可回家一看，嗨，就是凝胶、红糖之类的玩意儿。再看说明，是治痘痘的。可自己又不长痘痘，这有什么用呢？就往不碍事儿的角落里一撇，像家里那只土都干透了的空花盆。

还有一种保健品"生命源"，说是美国的高科技产品。这个，袁瑛一开始真没打算买。可是，看她发呆，她导师班的女教练推了她一把。于是，她也就糊里糊涂上去，被成交了。五小瓶，花了4980元。回去喝了，啥作用没有。

"一吃黑"，就是一种类似黑芝麻糊的东西。说是一吃，白头发变黑、没头发的长头发。袁瑛头发好好的，就没把它跟自己往一起联系。有人跟她说，都是同学嘛，支持一下呗。于是，她也就不假思索地买了回去，仿佛买药的老太太领到了几个赠送的鸡蛋，光记住鸡蛋没记着药，美滋滋的。

"挣不到钱，是因为你们缺乏财富管道。现在，我就把财富管道给你们铺好。不投资，哪会有收益？你们说，是不是？好吧，王老师现场给你们'调频'。"王允海鼓励完卖家，又接着鼓励买家。

一个名叫"金凤凰"的资金盘，袁瑛投了10500元；另一个叫"派"的资金盘，她投了10万元。后来才知道，那几个推销资金盘的主儿，和王中孚一样，用的都是化名。

应人事小，误人事大。袁瑛班上有个济南学员，姓李，和袁瑛一起投了"金凤凰"。李学员是位网络精英，据说曾在阿里巴巴干过。他开过好几个公司，挺有成就。有人公司都要上市，却欠他1700万元不肯给。他来"拉比"上导师班，目的有两个，其一是改善夫妻关系，其二就是要回这笔钱。为此，他专门咨询过王允海。王允海跟他说，他的"时空角"还没到，现在要不回来。最好两年以后再去要。什么叫"时空角"呢？简单说，就是在对的时间、对的空间，去做对的事情。李学员对王老师的话深信不疑，等"拉比天堂"被查封才清醒过来，赶紧去找律师。律师告诉他，合同已经失效了，要打官司，会尽力去为他争取，但不能保证钱一定能要回来。

在时英梅会所，袁瑛给她的 MBI 项目也投了 14 万元，手机 App 里当下看到，14 万元变成了 25 万元。当然，和胡晶晶一样，这钱从此看得见，却再也摸不着。

“成交天下”从课上延续到课下；从“拉比天堂”，延续到不同的会所。和时英梅一样，班上同学张艺雯推销一个什么众筹：“你掏了钱，入了股，就是股东。以后就啥也不用管了，等着分钱吧。”张艺雯的会所在龙首村附近，阵势没时英梅那么高大上，但看上去也相当体面。袁瑛投了两万多元，不久，收到了一套床上用品。一看是张艺雯寄来的，忙给她打电话。“你留着，那是给股东的赠品。”后来，好多人发觉受骗，找张艺雯退钱。袁瑛也去了，张艺雯退了一些，还差 7000 多元没退。袁瑛好不容易打通她电话，问她。“那套床上用品，高档得很，就值 7000 多呢。”这会儿，张艺雯不说是赠品，而是声称，卖出去的东西不能退。原来，她是个干传销的。再跟同学一打听，张艺雯也是个化名，没叫张艺谋，算谦虚了。袁瑛气不过，专门去了她的会所。物业上一打听，张艺雯自称自己买的写字楼，其实是租的。这会儿，人去楼空。

上过导师班之后，袁瑛开始变得神叨叨的。每天早上一起来，她就会按王老师教的那套词儿先祈祷。不管干什么事儿，哪怕去超市买点儿东西，她也要再念一遍经。几乎所有跟她打交道的人，都觉得她有点儿不对劲。见她老动员自己去“拉比天堂”上课，电话里，她嫂子冷冷地怼了她一句：“你好像是被人洗了脑吧？”袁瑛一愣，就说不下去了。

更要命的是，去店里上班，袁瑛老能看到一个披头散发、穿一件白衣的女人。这个女人，似乎是在“断轮回”的现场见过，但又想不起是谁。因为恐惧，她干脆把店也转让了。

到“拉比天堂”被警方查封时，那些拿“派”“金凤凰”“MBI”等忽悠人的“灵商”，前前后后都不见了，仿佛空气中刚洒过的酒精，味道还有，但踪迹全无。袁瑛连生活都陷入了困顿，若不是前夫小吕还帮她一把，她都不知道日子该怎么往下过。

袁瑛的儿子却是个机灵鬼。当初，袁瑛给他也报了“少年班”。一回来，他就跟她闹，不想再去：“念那祈祷词儿就能考好，我还写什么作业？这不是骗人嘛!”由于已经掏了钱，袁瑛硬哄着娃把三天的课上完了。

现在，儿子有时候还会拿她开心：“妈，我要考试了。要不我就不复习了，你给我祈祷一下咋样？”

千金散尽

谷小清并不胖，但5000元一箱的减肥果汁饮料，她却买了一箱。当然，这是在“成交天下”课堂上。

乱七八糟的东西，她买了一堆回去。包括五六千元一对的乳胶枕头，2000元买回王铎善也就是王允山推销的“生命源液”，等等。王中孚的那两本大作，她也买了上千元钱的。也没什么人可送，都在家里扔着呢。

“花得越多，挣得越多!”这是王老师讲“成交天下”时常说的一句话，“教士有知识，但不挣钱。为啥？因为他不花钱。商人肯花钱，所以才能挣到钱。”谷小清觉得，人家王老师站得就是高，说得真在理儿。

上过“拉比”之后，谷小清变了，变得像当初她眼里的张芝嘉一样了。过去，她衣裳虽然也不少，但都是打折时买回来的。不打折，再喜欢她也不买。她的衣服，特别是夏天的裙子、T恤之类，三五百元钱就是一堵墙。但是，现在，她不这样了。

王老师说，万事万物，都是有能量的。他曾经举例说，一位日本科学家做过一个实验，一个人接了两杯一模一样的水，每天对着一杯水说赞美的话，而把各种咒骂对着另一杯水说。后来发现，这两杯水冻成冰之后，一只杯子里是美丽的结晶体，而另一只杯子里出现的却是离散丑陋的形状。王老师放了两个杯子前后的画面，这还能有假吗？连水都有能量，那么衣服就更是有能量的了。要不，张芝嘉凭什么脱胎换骨，人变得自信满满，生意做得顺风顺水呢？

在谷小清看来，从根儿上讲，就是她的衣裳给她加持了不同的能量。

一件短袖，三四千块钱，谷小清也敢买了。当然，回去她老公问她，她还说是三四百。衣服如此，吃饭也不再马虎。过去，谷小清一家四口出去吃顿饭，也就花一百来块钱，大家还都吃得高高兴兴。现在，她根本不去过去那种“苍蝇馆子”了。餐馆环境要好，服务要好，味道更要好。她发现，自己的嘴也越吃越刁。四五个人一顿的饭，她通常会花两三千。而且，只要她在，全是她埋单。有时候别人说了要请客，她半道儿装着上卫生间，就抢着把单买了。朋友们都觉得她很有钱，她能体会到，他们看她的眼神，和当初她看张芝嘉时，差不多。谷小清脸上的笑容比过去多了，话比过去多了，下巴也比过去抬得要稍高那么一点儿了。朋友们的眼神以及直截了当的恭维，让她眼角、眉梢都绽放出自信来：原来，人真的是可以换种活法继续往下活的。

敢花钱，是因为谷小清相信，她的财富管道比过去粗了，而且不只粗了一两个毫米。

还在“拉比”上课期间，一天，谷小清接到一个女人的电话。女人报出自己的家门，原来是王铎善的老婆。她说，王铎善让给她打这个电话，说有个投资项目很不错。这也是个资金盘，名叫“龙爱量子”，非常赚钱：“老王说，你们二十多个开过天眼的学员都看过的。绝对没问题！”

对开过天眼的同学，谷小清可是服气的。

上“开天眼”课的时候，一个广东小伙子就坐在谷小清的旁边。被开过天眼之后，他声称，已经能够进入谷小清的意识空间了。戴着眼罩，学着王老师的样子，他手搭谷小清的肩，然后说：“你们家的大门，是酱红色的，而且，门口挂着两只灯笼。”接下来，他说出了谷小清家的房屋结构，和真实情况八九不离十。

班上两个开过天眼的同学先后跟谷小清说，她们进入了她的意识空间，发现她的前世是个凤凰。谷小清十分吃惊。因为小时候，妈妈就常说她，眼睛长得像凤凰。尽管她自己无论怎么努力，都进入不了别人的意识空间，但她觉得，这是自己的悟性不够。也因此，她对开过天眼的同学格外高看。

谷小清打了几个电话，问了几个开过天眼的同学，他们说，已经交过钱了。这个项目，是王铎善与阿凡达带来的项目。照王铎善老婆交代的细节，第二天，谷小清专门取了现金，提到阿凡达租住的房间。阿凡达领着她，来到一家银行，让她把钱存进了他的一张银行卡上。接下来，阿凡达又将钱转入了程天雨的卡上。钱转完之后，阿凡达要过谷小清的手机，给她注册了三个账户，每个账户 8.5 万元。没错，这就是谷小清交给他的钱数。“王铎善老婆跟你说过了吧？三个月，可以收益 300 万！”阿凡达笑着跟谷小清说。谷小清也第一次感觉，阿凡达的高鼻、阔嘴、招风耳，统统不再那么难看了。再看看手机，三个账户上都显示出总资产、股权以及投资额。看到账户上已经多出了 3 万多元，征得阿凡达同意，谷小清临时决定，再掏 4 万多元，又凑了一个 8.5 万元，开设了第四个账户。

没想到，谷小清投资后仅仅半个小时，“龙爱量子”就关网了。她赶紧打电话问阿凡达，这是怎么一回事儿。阿凡达告诉她，不要紧张。“龙爱量子”准备上区块链技术，所以要关网。等一个月，升级后的系统就又可以使用了。

一个月后，谷小清迫不及待地又问阿凡达。阿凡达建了个“龙爱量子”群，他是群主。群里，一共有一百五六十个人。“龙爱量子”的门槛不高，850 元就可以加入。不过，几乎所有人投资都不止这个数儿。问的人多了，阿凡达解释说，“龙爱量子”是个国家项目，要低调运作。现在，国家正在对所有资金项目进行宏观调控，“龙爱量子”怎么敢再那么张扬呢？大家少安毋躁，再等等。

一天，群里有同学告诉谷小清，阿凡达已经把“龙爱量子”群给解散了，谷小清吃惊得下巴差点儿掉地上。一开始，阿凡达还接接电话，跟人满嘴跑舌头地编些故事。大概是质问他的人太多了，后来，甭说电话不肯接，谁要是私信联系他，他就会马上删掉谁的微信。有人去他家找过他，他和程天雨已经搬家，手机也换了号，完全找不着了。

各种项目花出去50多万元，血本无归，谷小清有些急了。她又去南二环的那栋写字楼找了张芝嘉。

张芝嘉也是“成交天下”的常客。谷小清上课时，王中孚就给她站过台，推荐张芝嘉代理的消费返利平台“蚨来购”，并且称张芝嘉是“拉比天堂”的显化代表，说上了“拉比”之后，张芝嘉在西安已经买了四套房子了。在王中孚的鼓动下，张芝嘉大获成功。几乎所有“拉比天堂”的学员，多多少少都买过“蚨来购”。当时，谷小清也为张芝嘉猛劲儿鼓了掌。她骄傲，因为和别的学员相比，她早就认识张芝嘉，可以称得上闺蜜了。

像“二战”时德国的隆美尔将军在使用坦克，又像是红了眼的赌徒在使用最后的筹码，谷小清把能筹集到手的最后的一笔钱全部投在了“蚨来购”上。现在，她只是祈望能够在本金之外，收回之前折出去的那50多万。

可是，绳子总从细处断。发现“蚨来购”突然关网，谷小清就再也联系不上张芝嘉了。当然，和所有在“拉比”遇到的骗子类似，张芝嘉也只是个“艺名”。谷小清投在“蚨来购”里总共有60多万，收回了不到一半，还有30万又血本无归了。

以前，谷小清管钱。老公只管跑业务，不操这个心。要用钱，跟她说，她再转到他卡上。手上没钱之后，老公要用钱，谷小清只好编瞎话，一天天拖着。晚上，她整夜整夜地失眠，人都快要疯掉了。“拉比天堂”带给她的一场美梦，彻底演变成一场噩梦。最后，实在扛不过，她只好如实跟老公招了。

“以后，你就老老实实在家管娃吧！”说这话之前，老公有多愤怒，谷小清跟谁也没好意思说。她觉得，老公挣钱那么不容易，平时生活那么节俭，遇上她这么个败家娘们儿，就是家暴她，都是应该的。那天晚上，谷小清流了很多眼泪。一半是悔恨，另一半却是如释重负。

从此，谷小清就丧失了家里的财务权。要用钱，她得跟老公申请，看人家的脸色。

祸不单行

在“拉比”上完课，郭玉蓉内心被恬静、平和与幸福的感觉填充得满满的。她不再去拉保险，也不再去美容院。除了接送孩子，就是在家做做饭，干干家务。干活儿的时候，她不由自主就会唱起歌儿来。家里就她一个人的时候，她会静静地看一看窗外的灰喜鹊，看它们在泡桐梢上蹦跳，听它们叽叽喳喳。她甚至挺纳闷儿，这么漂亮的鸟，她以前怎么就没注意过呢？

当然，更多的时候，她除了照王老师教的方式祈祷，还在读书、做笔记、写作业。虽然，作业不用再交，也没人再给她批改了。“拉比”导师班结业的时候，她专门问过常洋佳。常洋佳说，这两三个月里，你啥差事也别干了，就好好读王老师的两本书，把他在课堂上讲过的东西好好复习和消化。郭玉蓉清楚，自己的文化水平与那些谈吐不凡的同学有多大差距。“吃透学懂以后，你无论干什么，都会很顺的。”常洋佳这么跟她说。“拉比”的教练，每个人都那么善良、友好。但是相比而言，郭玉蓉还是最喜欢常洋佳。要是没有她的一再劝说，自己还能上导师班吗？不断了轮回，自己的人生怎么会像现在这样洒满阳光、充满希望呢？

可是，郭玉蓉的好心情仅仅持续了20天。这时候，家里出事儿了：外甥骑摩托，把一个老头儿给撞死了。

郭玉蓉是周至九峰人，姐姐嫁到了邻近的哑柏。那天晚上，八九点钟，外甥骑摩托车经过镇子时，一个老汉在他前面横穿马路。外甥摁了喇叭，也减了速，却还是剐了老汉肩上的一只装矿泉水瓶子的垃圾袋。老汉快80了，耳朵完全失聪，人送到医院，就没能救活。

郭玉蓉的外甥刚19，听话，懂事儿。打小，郭玉蓉娘家所有人，没有不喜欢他的。姐姐说，出这么大的事儿，娃都吓傻了。这会儿，人还让交警扣着呢。电话里，姐姐说话断断续续，光是哭。郭玉蓉赶紧给王中孚打电话。王老师可是说过的，轮回一断，不光是自己会好起来，对整个家族都有益。家里怎么还会出这么大的事情呢？

王中孚倒是接了她的电话。他并没有像当初帮马晓光那样，答应给她外甥发发功，而是“唉”了一声：“这是他个人的福报，跟你没关系。”

郭玉蓉心里就挺别扭。姐姐来电话，是想让她给凑一点儿钱。可是，她手头哪儿还有钱呢？上导师班借的那些钱，都有很高的利息的。眼下，她是靠几张信用卡来回倒，才勉强把当月的利息还掉的。她心心念念做祷告，就是在等着财富显化，先把上导师班的这笔钱给人家还了。

姐姐家的事情还没了结，妹妹家又出事儿了。

妹夫在饭馆喝酒，跟人打起来了。人家人多，他打不过，就搬起椅子朝人家乱砸。砸了人家的大鱼缸，玻璃“哗”地一下落下来，又砸死了一只大乌龟。乌龟是人家的镇店之宝，说是只千年老龟。

郭玉蓉赶紧又给王中孚打电话。王中孚说：“这都是他们的业力在迸发，跟你没关系。”他再不提断了轮回，整个家族都会顺利这话茬儿了。

虽然王中孚又一次让她失望，但郭玉蓉内心深处还是把他当神供着的。可是，时间是一把杀猪刀。这把刀也杀到神座跟前来了。眼见得常洋佳说的两三个月到了，郭玉蓉的财富仍没有丁点儿显现。还债的压力早已经把她最初的幸福感驱逐一空，郭玉蓉开始天天失眠，饭都吃不下了。

想来想去，她终于还是忍不住，又给王中孚打了一次电话：“王老师，我的花期究竟什么时候才能到呀？”

上课时，王中孚跟学员们说，消除业力之后，财富就会像一粒种子一样，种在你的土壤里。至于什么时候花期到，则因人不同：“你们看，迎春花春节时就开了；桃花呢，三月下旬了；牡丹漂亮吧？它开得更晚。对，还有更晚的。菊花，秋天才开；冬天，不是还有腊梅嘛！”

“别着急呀！我不是说过了嘛，每个人的情况不同，花期也不同嘛。”这次，王中孚没收郭玉蓉发来的红包。这也是郭玉蓉跟他打电话后，他唯一一次没收红包。

郭玉蓉也咨询过赵一冰好几次。儿子上了少年班回来，身体没见好转，学习也没有进步。每次做个案后，郭玉蓉都会按“拉比天堂”的规矩，给赵老师发红包。尽管也知道郭玉蓉儿子的情况，每次 66.66 元、88.88 元或者 100 元、200 元的红包，赵一冰却照收不误。

王中孚没收红包，让郭玉蓉突然回过味儿来了。王老师课上说得很清楚。财富这东西，不光有“管道”问题，有“频道”问题，还有“土壤”问题。有的人是黑土地，种子扔进去，管都不用管，它都会生根发芽，长成参天大树；有的人，天生是盐碱地，甭管多好的种子，种在这儿什么也长不出来。难道自己就是一块盐碱地？

郭玉蓉就又给几个导师班的同学打了电话，结果发现，他们没有一个财富显化，有的因为在“成交天下”乱投资，现在也已经债务缠身了。

这时候，郭玉蓉的老娘突然脑溢血，住进了医院。医生告诉守在医院的三姊妹，手术下来得两三万元。这时候，姐姐刚给被撞死的老头儿家属赔了十几万元，妹夫给饭馆也赔了十万元。普通人家底子都薄。姐姐、妹妹都已经借了上债，再想借钱都借不来了。郭玉蓉当然也一样，拿不出一点儿钱来。三姊妹再没任何办法，只好把老娘从医院接回了家，听天由命。

八天后，老太太去世。这时候，郭玉蓉才彻底醒悟过来。

七、对簿公堂

另有说法

小平头，黑皮肤，还有点儿驼背。眼前这小个儿男人，太不起眼啦。王博一时怎么也无法把这个人和什么“亚洲能量导师”之类光芒四射的头衔联系到一起。

王博，三十四五岁，中等个头儿，孔武壮实。他是未央分局大明宫派出所刑警队的一名中队长。这是2019年4月23日的上午10点，窗外，春光明媚。王博注意到，隔着两张写字台，一双过于灵动的眼睛正在扫描着他和他的同事小朱。眼神里，透着心里藏事儿的人才会有的那种紧张。

一个月前，王博接待了一名报案群众。女人40岁左右，短发，干练。一张口，语速快，重庆味儿的普通话让王博仿佛闻到了火锅味儿："我来举报'拉比天堂'公司诈骗！骗了我十五万八的学费。什么'开天眼''断轮回'的，把我哄成了哈宝儿！"

王博从重庆女人情绪化的讲述中，摘出他想知道的内容来："拉比天堂"并非子虚乌有的假公司，而是有营业执照的合法公司；学费虽贵，但当事人是自愿交的费，并没有人逼迫她。至于什么"开天眼""断轮回"，王博一时还有点儿蒙。他心说，你又不是个没文化的农村妇女，这种跳大神一样的把戏，怎么就信了呢？

"举报别人违法犯罪，是要有证据的。"王博说。

"有，有证据！"女人从手机上翻出几张照片来。由于光线暗，一群看不清面孔的人围在一起，像是在做游戏一样。

"从照片上，我还看不出这和犯罪有什么关系。"王博把手机还给女人。

"照片是我偷偷拍的。人家不让把手机带进去，照片确实没拍好。"听了王博的话，女人说，她回去再联系别的受害人，看看别人那儿还有什么证据。

重庆女人再没回来。王博明白，她来所里报案，主要是想让民警帮她要回那笔学费。也许，她已经去找过工商部门了吧。大明宫派出所是个大所，发案数、破案数都是分局的头一名。王博忙着办别的案子，以为这事儿翻篇儿了，没想到，20多天后，吵吵嚷嚷又来了一拨儿人，还是告"拉比天堂"的。王博选出一个人作代表，给他做了笔录。和重庆女人说法类似，但这些人也没什么证据。

王博心里有点儿没数，因为这和他平时办的刑事案件都不一样。给所长一汇报，所长也挠头，赶紧给分局法制科打电话，让专家把把关。“这是不是案子，还不好说。你们不能只听报案人的一面之词，也得听听对方怎么说。”法制科的专家说，这种高收费的培训班有很多。有的地方收费比“拉比天堂”还贵得多，照样有人去：“当事人如果认为学费花得不值，达不到预期效果，或者这家公司挂羊头、卖狗肉，用虚假广告骗人，按程序应该找工商部门申诉。虽然虚假广告罪是由公安机关受理，但也得工商部门调查后，移交给我们的。”

王博就给王允海打了电话，约他来所里，听听他怎么解释的。

“说说你们的公司架构、收费情况吧。”落座之后，王博和同事按程序问了王允海的个人情况，然后问到了“拉比天堂”的情况。

“那我可说不清楚。我在公司，就是个讲课的。”王允海抿了抿嘴唇，“公司法人不是我。”

“学员上课有收费标准吗?”王博问。

“没有明确标准，就是随行就市。人多了，定高点儿；人少了，定少点儿。我们从两万多，到现在的十五万八，是慢慢涨上来的。”王允海答道，“你问钱交哪儿去了呢？应该交到公司里了吧。具体我不知道。”抿嘴，转眼珠，王允海每回答一个问题，都要先想一想，“至于我上课的费用，有时一堂课几千块钱，有时是免费的。公司负责人或者财务会发给我。”

“有学员反映你们有门课叫‘断轮回’，这是怎么回事儿?”

“噢，我们没这门课，是学员把我们的‘家族财富丰盛’称作‘断轮回’的。我们通过这门课把学员过去的负面情绪解决了。断掉之前的恩怨，后面就不出现了。所以，学员们喜欢把这门课称作‘断轮回’。”

“那你们的‘开天眼’是怎么回事儿呢?”

“这门课其实名叫‘灵商定天下’，也是学员们私底下叫成‘开天眼’的。这门课，我是这么上的：我先讲理论课，比如什么是高能量、低能量，以及怎样和自己进行心理链接等。这些，我的PPT上都有。讲完这些，我会让学员们观看电影《超感》《阿凡达》等，通过电影启发学员们的灵感。接下来，我让他们坐成一个圆圈，然后让学员提出他们生活中遇到的问题。比如，有人提出她老公出轨，我就让她坐中间，所有学员闭上眼睛。我会说些‘亲爱的宇宙源头，亲爱的高我，现在请你帮我打开万有意识空间’之类的话。我让那个女学员说出她的问题出在哪儿，别的学员从不同角度替她分析。这个训练，就是从不同角度来看待问题、解决问题，发散思维。”王允海又转转眼珠子：“这门课要求专注、安静，所以才让大家闭上眼睛。”

“我们在网上，可是看到你们有‘断轮回’‘开天眼’的宣传，你怎么解释？”王博将证据摆在王允海的眼前。

“噢，这都是学员们自己做的，为了让人过来上课，赚小红旗，用‘断轮回’‘开天眼’吸引别人眼球。小红旗，是我们给学员的一种奖励机制，鼓励大家好好听课、完成作业。小红旗可以兑换奖品，电饭煲、电冰箱、旅游之类。”

并非结局

王允海的云山雾罩，并不能阻止警方的调查。民警接触到越来越多的受害人，也就一点点看清了庐山的真面目。

从 2018 年开始，陆续有些学员找到“拉比天堂”要求退款。有的学员不好惹，一副白道黑道通吃的架势，王允海心里一毛，给其中一些人退了款。包括那位最早报警的重庆女学员，王允海也老老实实给人家退了钱。风声透出去后，就有越来越多的人要求退钱。苏皖也成为“拉比天堂”受害人一个维权微信群的群主。

和很多从“拉比”出来的学员一样，苏皖的生活已经由当初的“小资”变成了“难民”。当初报导师班时，她也像郭玉蓉一样，借了乱七八糟一堆网债才凑够学费。为还债，她又办了好几张信用卡。办卡时，要填担保人。苏皖就把八名和自己最亲近的亲戚、朋友的名字、手机留下了。因为“成交天下”把手里的一点儿钱都折腾尽了，到时间她还不上债，这八名亲戚、朋友就都收到了催债电话。苏皖是个要面子的人，混到这份儿上，就等于把她赖以生存的社会生态给毁了。一个曾经的企业家沦落到借钱还不了，她还怎么在社会上混呢？尽管最后她哥哥替她还了所有的债务，但她知道，名誉上的损失已经很难挽回了。

丁宏伟也加入了维权的群。

尽管当初他曾经登台分享过她妹妹病情好转的故事，但事实上那只是医院治疗的一个阶段性成果。再往后，妹妹的病在进一步恶化。

“拉比天堂”的“公益课”，丁宏伟夫妻俩一起听了。俩人都成了王允海的粉丝，对他深信不疑。看媳妇很想上导师班，丁宏伟悄悄给她报了名；没想到，妻子也背着他，给他也报了名。加上在西安吃饭、食宿和交通费用，上个“拉比天堂”，两口子花了40万元。回到贵阳后，没等来财富爆棚，却等来催债电话铃声不断。万般无奈，他们只好卖了还在按揭的房子，开始像袁瑛一样租房子居住。

有位四川广元的妇女，四处求医，仍一直怀不上孩子。大夫给她下了结论，她属于先天性输卵管扭曲，没法儿要孩子。如果怀孕，她甚至会有生命危险。可是，一个女人没有自己的孩子总是一件让人难以释怀的事情。何况这个妇女家境又很不错。眼看已经年过四旬，她仍不死心。在网上看到，“拉比天堂”的王中孚能治大夫治不好的病，她就让丈夫陪她到“拉比天堂”来了。王允海动员她上了导师班，口口声声说，她完全可以生孩子。上课期间，这位妇女果真怀孕了。王允海还让她登台和别的学员分享过她的这一显化成果。学习结束，这位妇女才到家就肚子疼到脸煞白，惨叫连连。送到医院一检查，宫外孕。最后，她的输卵管都被摘除了。

苏皖、丁宏伟、郭玉蓉、袁瑛、谷小清还有那位广元妇女，一个接着一个，民警们找到的受害人，累计达到了52个。与此同时，这起案件也一级级报上去，引起了市局、省厅和公安部的高度重视。2019年5月23日，西安市公安局将此案确定为“506”专案，由市公安局副局长李剑博担任专案组组长，抽调市局刑侦支队和未央分局民警共同组成专案组，开展侦查工作。公安部将此案列为“精神传销”案件进行督办，代号“506”。

7月2日，专案组以涉嫌诈骗罪，对“拉比天堂”的11名骨干成员开始实施统一抓捕。当天，张彩玲、周桦和商倩在西安被抓获；准备回深圳的王允山在西安咸阳国际机场被抓获。此后，民警将躲在西安的张彩薇、逃到北京的黑琴琴、逃到黑龙江的景兰等人相继抓获。

张彩玲一被抓，王允海就被惊动了。一周前，王允海心里不踏实，跑到宝鸡普度寺烧香。因为他是这里的居士，就在这里住了下来。这天下午，等民警得到消息赶到时，王允海的手机、钱包及所有私人物品都还在他住的客房内。寺里的僧人说，他应该不会走远。可是，等到凌晨时分，却仍不见王允海归来。一打听，当天下午，有个小和尚曾看到王允海一个人在外面打电话，神色紧张。

原来，张彩玲被警察带走后，帮他们带孩子的岳母就给他打了电话。放下电话，王允海就给一个女学员打了个电话。这个20多岁的女学员家在甘肃天水，平时就住在大明宫万达广场楼上的公寓里。接了王允海的电话，她立即打了辆出租车，赶到宝鸡长途汽车站附近他们约定的地点。俩人在夜市上吃了饭，当晚入住宝鸡市渭滨区高新大道一家快捷酒店。第二天清早7点，工作了一个通宵的西安民警让服务员敲开房门，将还躺在床上的王允海抓获归案。

尽管王允海遭人痛恨，但在一些人心目中他仍像神明一样被供奉着。且不说那位挺身而出、美人救“英雄”的女学员；像胡晶晶这样的人至今也是一口一个王老师。景兰从看守所被取保候审出来，仍声称从“王老师”这儿受益多多。连丁宏伟这样的受害人虽然也想讨回自己被骗的钱，但当民警到贵阳找到他时，却又百般纠结，口口声声对王允海“一日为师，终身为父”。

“这起案子，看来我的律师要出名了！”直到进入看守所半年后，面对办案民警，王允海仍态度傲慢，不肯低头认罪。他不服有他自己的逻辑。在培训行业，他混了十几年了。比他挣钱多的人有的是，没听说谁为此坐了牢。现在凭什么要拿他祭旗呢？

2018年12月，最高人民法院、最高人民检察院、公安部联合出台了一个《关于办理“精神传销”有害培训刑事案件适用法律若干问题的意见》。“拉比天堂”案的侦破，极大地震动了教练培训行业。据说，一些有“精神传销”性质的公司，已经将阵地悄悄转移到了国外。

被抓获不久，王允海、王允山、张彩玲、张彩薇、周桦、黑琴琴、贺朝阳、杨小静及商倩等九名犯罪嫌疑人已被批准逮捕；马晓光、黎江斌、程天雨、景兰被取保候审。拉比天堂案也因此成为全国首例犯罪嫌疑人被批准逮捕的精神传销类案件。

2020 年 12 月 25 日，西安市未央区人民法院开庭审理了这起案件。2021 年 8 月 12 日，未央区法院一审判处王允山有期徒刑 14 年 6 个月，没收个人全部财产；判处张彩玲有期徒刑 10 年，没收个人全部财产；判处周桦有期徒刑 6 年，并处罚金 30 万元。其他骨干成员分别获刑 6 年至 3 年半不等。

（本文除办案民警为真名外，其余涉案人均为化名）

舌尖护法

佛经上说，佛陀顾虑末世会有诽谤正法、破坏寺塔者，就派请四大声闻、十六阿罗汉等，护持佛法。

佛法无边，尚需护持；人间正义，就更需要有人来伸张了。近年来，与老百姓健康息息相关的食品、药品，一再被犯罪黑手染指。仅靠食药监等部门的行政执法，已经不能斩断血腥的利益链条。2014 年 6 月，陕西省内第一支食品药品犯罪侦查支队在西安市公安局应运而生。三年来，西安的食药侦警察是怎样替老百姓的舌尖“护持”的呢？近日，食药侦支队二大队正参评市局的“汪勇式先进集体”，那就让我们随二大队民警去回顾一下他们办过的几起案子吧。

一、病牛

1

“深喉”是个男人，有名有姓有年龄。但他究竟是谁，警方会一直为他保密，因为这涉及他的人身安全，即使在破案之后。

在西安市公安局食药侦支队，二大队民警何旭是最早和“深喉”接触的人。时年27岁的何旭是西北政法大学毕业的刑法学硕士，挺帅的一个小伙子。来食药侦支队之前，何旭是雁塔分局长延堡派出所的一名社区民警。何旭的父母都在第四军医大学西京医院工作，他父亲还是位名气很大的口腔科专家。本来，何旭似乎应该子承父业才对。可打小泡在医院这样的环境里，倒让何旭早早对学医全无兴致。上初中那会儿，何旭对《“12·1”枪杀大案》这类警匪片着迷得不得了，希望自己以后也能风风火火地破大案。不是有人说，一个人想成为什么样的人，最终就会成为什么人吗？这不，这话在何旭这儿就算应验了。

2014年9月下旬，何旭在市警察培训学校参加司晋司培训时，就接到过这位“深喉”打给他的电话。食品药品犯罪侦查支队成立的时候，西安市公安局在公共场所搞过宣传活动，鼓励市民积极提供相关的犯罪线索。现场解答市民有关的法律咨询，是何旭的强项，所以，领导也让何旭去了。那天，“深喉”来现场，随便咨询了点儿法律问题，然后要了何旭的电话，说回头有线索会跟他联系。果然，他打电话了。

“深喉”爆料，省内一家大型奶牛养殖场，偷偷地把淘汰病牛在未经检验检疫的情况下，卖给了西安一家屠宰场，问题牛肉应该已经流入了鲜肉市场。“深喉”说，他会继续关注这件事的进展，并且把最新情况告诉何旭。从“深喉”找何旭爆料这一细节，我们不妨想象一下，“深喉”也许是个和他年纪相仿的小伙子。

10月17日上午，“深喉”再次打来电话。何旭约他到市公安局大院见面。点燃一根烟，“深喉”告诉何旭，那家提供淘汰病牛的奶牛养殖场名叫江山牧业有限公司，位于陕西省某县境内，有上万头奶牛存栏；而成批购入病牛的屠宰场名叫“多多牧业”，位于西安市熊家湾。案情重大，何旭马上向领导作了汇报。副支队长王建武、二大队大队长王新宏和何旭一起，把“深喉”领到了支队长袁萍的办公室，关上房门。

“深喉”说，江山牧业淘汰病牛染上的，应该是布鲁氏病和结核病。这两种病都是人畜共患的。按规定，得病的牛不仅要立即隔离，全部进行扑杀，并且要通过焚烧、深埋等方式，进行无害化处理。可是，养殖场、屠宰场为了牟取暴利，竟然让这样的牛肉上了老百姓的餐桌。“深喉”说，作为一个良心还没有被狗吃掉的行业中人，他不能眼睁睁看着那些人挣黑钱。爆出这样的猛料，就是挡了别人的财路，“深喉”也知道他会给自己惹来什么样的麻烦。“深喉”的面孔绷得像雕像一样，像是怕沙发不稳，他的手紧紧抓着扶手。看得出来，他挺紧张。

“你的情况，就我们几个知道，不会再扩散了。放心说吧。”袁萍真诚地向他保证。

西安市公安局食药侦支队尚处于建章立制的草创阶段，刚刚从市局各单位调来的 40 名民警，相互之间也处于磨合状态。且不说有民警压根儿没搞过案子，就是办过案的，谁也没办过食品药品案件。病牛的取证应该怎么进行？是宰杀后切上一块肉，还是活着时抽上一管血？谁都说不清。接下这么一单“生意”，大家心里都挺没底儿。

这天是星期五。“深喉”一走，王新宏马上派何旭和他的搭档罗宵先去趟熊家湾。如果要立案侦查，仅靠“深喉”的一面之词是不行的。

当天下午，按照“深喉”的指点，何旭、罗宵来到了熊家湾。这里有一片合租厂房，主要是家具厂和屠宰场，老远就能闻到牲畜屎尿发酵后的臭气。往里一走，二人却晕了头，因为屠宰场不止一家，又都不挂牌子，不知哪一家是多多牧业。那不会去打听？当然不行。干违法犯罪的事儿，搁谁谁都格外警觉。要是把人家惊动了，岂不坏了菜？反正厂房也大，二人装着走错了路，钻进了一排屠宰场，逢人却问家具厂怎么走。在甲字一号屠宰场，他们发现牛棚里有还没被宰杀的活牛，黑白相间的颜色告诉他们，这是奶牛，而不是黄牛。“深喉”说，这里有八家屠宰场，多多牧业是最大一家，只有多多牧业有活牛养着。在这里，哥儿俩忍着恶臭，小心翼翼地转悠了半个小时。罗宵在外面警戒，何旭抓紧时机赶快取证。

一边开始调查取证，食药侦支队的办案民警们一边就开始酝酿头脑风暴。市农委首席兽医师、防疫处处长刘崇林，市动检所所长查卓越二位专家被请到市公安局，分别给参战民警解说了《动物防疫法》相关的内容，以及“布鲁氏病”“结核病”的认定方式等。布鲁氏病又被称为“懒人病”，它的特征就是浑身没劲儿，看上去懒洋洋的。它可以通过皮肤、黏膜、消化道以及呼吸道感染。得病的奶牛怀孕后，会发生流产；公牛会发生睾丸炎、附睾炎，生理器官会隐性坏死；而结核病的病菌可以随鼻汁、痰液、粪便和乳汁排出体外，通过被污染的空气、饲料、饮水等传播出去，以肺结核、乳房结核和肠结核最为常见。人得病后会咳嗽，患病的牛也会长期顽固性地干咳，而且容易疲劳，逐渐消瘦，严重的还会发生呼吸困难。当然，如何给病牛取证，专家也会讲到的。

办牛的案子，不光要懂牛，当然还得懂法。案子下一步要往检察院报捕，支队还提前请来了检察官。民警和专家、检察官共同探讨了对这类行为违法、犯罪的界定，有时候大家都争论得面红耳赤呢。

2

19 日，情报显示，第二天多多牧业要到江山牧业来拉走一百头牛。据前期侦查，这批淘汰牛中应该就有病牛。20 日一大早，何旭就和同事前往江山牧业的奶牛养殖场。照“深喉”指示的路线，下高速走了不到十公里，半开的车窗就飘进了浓重的牛粪味儿。公路边，成群的奶牛在悠闲地吃着草，俨然一派田园牧歌景象。

把车停在两公里之外，何旭与同事溜溜达达地来到了江山牧业的大门口。一番观察后，他们找了一个不起眼的角落隐蔽起来。

下午 2 点，安安静静的江山牧业开始热闹起来，大卡车一辆又一辆地开进了院子。过了一阵儿，又开来一辆黑色奥迪。何旭扒着墙头看到，车上下来三个男人。为首的穿一身黑西装，老板模样；另俩人穿得不讲究，和当地农民没啥两样，一看就是干活儿的。仨人往里走了一百来米，停在了一个一米多高的水泥台跟前。那些带护栏的大卡车，屁股抵着水泥台停着。卡车有蓝色的，也有红色的，并不整齐。水泥台与卡车的车厢等高，看得出来，淘汰的奶牛将会通过这个台子上车。何旭举起长焦照相机，悄悄地对准这里。一会儿，他看到有人在给牛换耳标，但耳标的颜色却看不清楚。“黑西装”进去之后，工作人员开始将奶牛过磅装车，前后大约有两个多小时。下午 5 点半，黑色奥迪打头，十辆卡车相继驶出养殖场；何旭他们驾驶的地方牌照汽车也远远地跟了上去。

一得到奶牛已经开始装车的消息，王新宏就派罗宵随二大队副大队长赵建波从西大街的市公安局出发，驱车前往熊家湾村。

赵建波时年 30 岁，长得有点儿着急，头发白了不少，看上去完全是个沉稳的中年人。他原先就是灞桥分局灞桥派出所的民警，搞案子是一把好手，尤其擅长讯问。多多牧业在灞桥区，案子需要灞桥分局的配合。市局食药侦支队刚成立不久，各分县局的食药侦大队都在治安大队里套着呢。走在路上，赵建波就给灞桥分局食药侦大队长打了电话，约了见面的地方。到熊家湾会了面，他们发现，只有躲在多多牧业对面的一个搅拌站里，才能够既能看到多多牧业又不会被发现。接下来，就是漫长的等待。那边，何旭一路通报着拉牛车队行进的情况。可是，车队会从什么地方下高速，却是个谜，因为在灞桥区境内有好几个高速出入口呢。赵建波与灞桥分局的同行分析后判断，豁口离熊家湾最近，只有三公里，车队应该会从豁口三岔口拐回来。果然，天黑之后，十辆大卡车一辆辆开进了这条路，又都开进了多多牧业的大门。

警方的行动定在了晚上 11 点。这个时候，十辆大卡车已经全部卸完车，驶出了多多牧业。按规定，活牛进入屠宰场后，六小时内不能宰杀。可是，听得出，多多牧业早就开始杀牛了。食药侦支队和灞桥分局十几辆大小警车悄悄地开到熊家湾。怕惊扰了多多牧业的人，警车开近时，连车灯都没敢开。随着袁萍一声令下，便衣民警先上前控制住门卫，一百多名着装整齐的民警随后一起冲了进去，紧接着，一群身穿白色生化服的工作人员也大步走了进去。原来，食药侦支队还邀请了市农委动检部门的专家们一起联合行动。

因为晚上临时通知上任务，二大队内勤女民警李静忘了换下高跟鞋就跟着上了车。到了多多牧业，李静深一脚、浅一脚，血水、污泥早溅了一裤腿儿。突然冲进来这么多警察，屠宰场里的人又没被孙悟空施定身术，当然能溜就溜，能跑就跑。一个穿着白色长筒胶鞋的大汉正要溜走，被李静一声断喝制止。有男民警上来协助检查随身物品，一把一尺多长的杀牛刀“唰”地从他雨靴里拔出，惊得李静眼都直了。

人都扣下了，就得问谁拿事儿。一个身上穿羊毛衫、脚上却穿着拖鞋的男人摇晃着，往前走了两步。男人看上去有小 50 岁，头上已经谢顶。他自报家门，他是屠宰车间主任王鑫。多多牧业就是个屠宰企业，业务上，屠宰车间主任啥都管。除了杀牛，王鑫还负责收牛、报检疫、查检疫证明，并向各地发货。总之，老板懒得管的事儿，王鑫都管。王鑫说，他的老板叫李水平。王新宏让他马上给李水平打电话：“就说公安来检查，让他马上过来一趟。别的话不要说。”

王鑫电话打过半小时后，那辆在奶牛养殖场出现过的黑色奥迪轿车开了进来。车上下来的人，正是那位“黑西装”。此人手上拎着一只黑色的公文包，打眼一看，公文包和西装一样，质地考究。

“我就是李水平，咋啦?”来人不怯场，看上去还牛哄哄的，“我们买的牛手续都是齐全的，检验证、耳标啥都有，犯什么法啦?”说着就打开了他的公文包。

果然，李水平拿出了一沓子奶牛的检验检疫合格证。这种证只能用动检部门的电脑机打，若是假的一眼就能看出来。李水平拿出的证都是制式的真证。

3

从午夜到次日凌晨，参战民警都忙了一个通宵。第二天，别人可以喘口气儿，二大队民警还得连轴转。

21 日下午，赵建波、祖国栋等人驱车来到江山牧业销售部，和十几名员工逐一谈话。问到先一天这批淘汰奶牛的销售情况，员工们谁都说不清，能说清的只有销售部经理程林。

程林矮矮胖胖，戴个眼镜，说南方普通话。程林老家在安徽，大学里学的就是畜牧。对于出场奶牛应该有什么手续，他当然门儿清。在多多牧业，民警现场查获了一份多多牧业与江山牧业签的合同，双方的签字人就是李水平与程林。

民警们此行目的，就是要调查这批售给多多牧业的奶牛的耳标、检验检疫证的来源。按规定，江山牧业应该向当地的动检所申报。程林声称，他找过相关检疫部门，要求对江山牧业的牛进行检疫。如果出场的牛检出病牛，那也是行政机关不作为的结果。那么，程林说的究竟是真是假呢？

赵建波二人来到县动检所，一位姓王的副所长接待了他们。王副所长说，江山牧业根本就没有按规定对奶牛进行检验、检疫。一边说着，王副所长已经打开了电脑，指给西安民警看："看到了吧？江山牧业根本就没有跟我们提交过动物检疫申报单。"果然，电脑上没有江山牧业的任何检验、检疫的记录。

江山牧业动检业务隶属元山镇兽医站管辖。民警也去了元山镇，见了该兽医站的孔站长。一提江山牧业，孔站长就一肚子气。按职责，他本该定期去奶牛场检查，可他却不受人家的欢迎："江山牧业是县上的利税大户，人人都当神敬着呢。说句丢人的话，后来我去，人家连门都不愿让我进了。"

2014 年上半年，县动检所对江山牧业的奶牛养殖场进行过一次例行检查，结果发现了一头未经检验、检疫准备出场的奶牛。在动检所工作人员的现场监督下，养牛场扑杀了这头牛，并且将牛焚化掉，作了无害化处理。孔站长唯一一次被允许进场，就是这次跟随县动检所去检查。

在多多牧业，民警从李水平那儿查获的制式机打检验、检疫票证，落款是“扶风县段庄镇兽医站”。根据这个线索，王新宏和民警高翔二人去了趟扶风。他们先去了兽医站的上级部门扶风县动检所。所长一听，非常重视，亲自陪二人一起来到了段庄镇。

扶风县的段庄镇和元山镇就隔一条渭河，段庄镇在北岸，元山镇在南岸，相距也就十几公里。段庄镇兽医站的卫年贤站长时年55岁，是个身高一米八三的大个儿。兽医站就他一名工作人员，他和他老婆就住在兽医站，以站为家。警察追到门上来找他，老卫却挺淡定。看得出，有人已经把风声透给了他。

给不在本辖区的奶牛违规出具了检验检疫合格证，这事儿老卫认账：“但我是到养殖场里看过奶牛的呀！”老卫一边给来人让烟，一边替自己辩解。

“那你说说，江山牧业有没有病牛？得的是啥病？有没有病牛隔离区？”王新宏问他一些细节。

他说不清，看糊弄不过去了，只好一声长叹，承认他并没有去过奶牛场，是一个名叫王战利的牛贩子找他，让他开的票。一头牛他收10元钱，100头牛一共收了1000元。票据上的姓名，王战利让他写上了“李水平”。除了提供了100份制式的合格证，老卫还给了王战利100个配套的牛耳标。合格证与耳标他一起装在了一只塑料袋里，由王战利提走。

对于李水平来说，这些检验检疫合格证和耳标可是非常重要。如果没这些手续，拉奶牛的大卡车既上不了高速，也走不成国道，没法运到西安去。10月20日中午，在去江山牧业之前，李水平经过元山镇，就先从等候在路边的王战利手上接过了那只塑料袋。

本来应该被扑杀的病牛，却也可以卖上钱，对于江山牧业来说，当然是笔无本生意。而且，因为卖得便宜，江山牧业完全不愁销路。就是多多牧业不来，病牛照样有人收。程林跟李水平提的要求就是，他只管卖牛，检验检疫合格证和耳标，李水平得自己想办法。那么，李水平把病牛买回去，又能有多大赚头呢？程林报给李水平的价钱是，350 公斤以上的大牛每公斤 20.3 元。有病的牛不是瘦吗？低于 350 公斤的小牛，还有卧地不起的牛，每公斤只要 16.3 元。这是什么概念呢？也就是说，李水平从江山牧业买的牛，连正常黄牛一半儿的价钱都不到。到了他的屠宰场，从内脏到牛皮，牛的每一个部位都能换成钱。因为有价格优势，李水平也完全不发愁销路。且不说大的超市，连个别著名的火锅店都是他的老顾客呢。谁做买卖不想降低成本呢？

因“生产销售不符合安全标准食品罪”，李水平、程林、卫年贤和王鑫四人被刑事拘留。可作为本案重要证据的奶牛还有 82 头活着，王鑫被取保候审，负责养牛。卫年贤是作为“生产、销售不符合安全标准食品罪”的共犯被刑拘的。眼瞅着要退休的人，却为了一点儿蝇头小利丢了工作，老卫在看守所里彻夜难眠，悔得肠子都青了。三个月后，王新宏再见到他时，原先一头黑发的中年人一下子变成了个满头白发的老头子，背都佝偻了。

4

本案取证的一个重要环节，就是运输。警方查封多多牧业的时候，拉奶牛的大卡车已经开走了。现在，必须挨个儿找到这十位卡车司机，证实他们运送过这批牛。

本来，行动之前，民警们把这十辆卡车的车牌号都记下了。现在，通过公安网，就可以查到车主的电话。这种拉货的卡车，一般来说，车主就是司机本人。打电话让他们到市公安局问个笔录，不就完了吗？负责这项工作的民警是罗宵和高翔，他们一上手才知道，这活儿远不像当初想象得那样简单。

这些大卡车有东风康明斯，也有解放 147，分别来自西安、渭南、宝鸡和杨凌。罗宵他们把查出来的十部车主手机打完一圈儿发现，除了一位之外，其余的都已经不是车主了。卡车卖掉了，只不过没有过户。这九辆车，张三卖李四，李四又卖王五，有的已经倒了四道手了。好容易联系上了要找的那十位司机，这些人又都正行驶在天南地北的道路上，没法做笔录。

车主买卡车，为的就是拉货挣钱。卡车可以由两个司机轮流开，人歇车不闲。拉完这批奶牛之后，这些卡车有的连夜又接了别的活儿。再说，李水平被抓之后，他的家属找了媒体，对此案进行过大肆渲染。照他家属的说法，多多牧业的牛是掏钱买来的，出了问题，也是养殖场的事儿，凭什么找他们的麻烦？卡车司机们虽说到处跑着，却早从手机上知道，他们运过的那批牛出事儿了。警察找他们调查，他们就有顾虑。把他们叫公安局去做笔录，不就得耽搁他们的生意吗？所以，当罗宵他们电话打过去，司机态度都挺冷淡，都说，人在外地，一时回不来。“这样，等我过两天到西安，给你打电话。”有些人留下句客气话。可别说过两天，罗宵他们等了一周，也没一位再联系他们。

罗宵二人一商量，工作先从那个唯一没有卖车的车主那儿做起吧。车主家在礼泉县，二十来岁，是个上门女婿。罗宵他们登门时，他正好在家休息。本来，他对警察也挺有戒心，可没想到，两位民警就是问了他 20 日运那批奶牛时，在哪儿装车、在哪儿卸车、时间、路线等问题，不一会儿就问完了，完全没有为难他的意思。车主放松下来：“不瞒你们说，这十辆车里，除了我自己这一辆，另有三辆都是我帮忙介绍去的。两个是我的朋友，一个是我小舅子。”礼泉车主当场给三人打电话。俩朋友都正在外省拉货，但他小舅子却在家。于是，他让小舅子马上来他家，让民警顺利地把笔录也做了。

罗宵原先在市公安局治安局工作。这个胖胖的民警要是不穿警服，别人一准儿会猜他是个出租车司机、国企工人或者送外卖的，就是不会往警察那儿猜。罗宵为人低调，外表憨厚，可他三两句话就能跟人家找到共同语言，甭管人家是干什么的。打过一次交道后，礼泉那位车主和他小舅子对罗宵都挺认可，愿意跟他多说几句话。这拨儿货车司机之间，其实相互都是通气儿的。知道警察不会为难他们，罗宵二人再打电话，他们说话就有了诚意。把他们都叫到公安局问话不现实，罗宵他们就尽量就着人家的方便。只要他们路过西安，甭管是夜里还是凌晨，罗宵他们都会早早等在约好的高速公路收费口。转眼间，已经进入冬天了。有一回，早晨6点，雾霾特别大。罗宵借着路灯在警车引擎盖子上给那位司机做完笔录，手都冻僵了。笔录入卷后到了检察院，检察官还跟送卷的民警开玩笑说："这份笔录怎么写得歪歪扭扭的？你们同事什么学校毕业的？"

关于从江山牧业运输奶牛到多多牧业的经过，卡车司机的说法都是一致的：10月20日下午3点，他们在江山牧业装车时，牛的耳标都已经打好了，检疫证是牧场工作人员给他们的。下午5点半，车队从江山牧业出发，晚上8点到达多多牧业。进大门时，司机们按规定交了检疫证。

虽然牛贩子从段庄镇兽医站站长老卫手上买了100套检验检疫合格证和耳标，但李水平实际上只买了98头牛，其中4头是小牛犊。屠宰场不杀牛犊，一位杨凌来的大卡车司机就以每头5000元的价钱，把这4头小牛犊买下了。卡车司机自己也是个牛贩子，一头牛犊如果养大，一年后他能卖到2万元。因为要把刚买的牛犊送回家去饲养，这哥们儿就没去西安。给他做笔录，罗宵是伏在牛棚外一只磨盘上完成的，那字写得也不咋样。

4头小牛犊中，经杨凌动检工作人员检验检疫认定，有两头已经染病。这两头小牛犊当天就被扑杀、无害化处理了。

5

案发后一个月的时间里，何旭到江山牧业一共跑了20多趟。从兽医、饲养员，到采购、销售人员，江山牧业的员工差不多他都谈过话。他想弄明白，程林涉嫌犯罪是个人行为还是企业行为？他有没有同伙呢？

发案后，何旭与同事来到江山牧业，让驻场兽医配合，将养殖场上万头牛的电子档案全部调取回来。结果发现，这些牛从2013年开始，一直到案发前，分五批全部打过了疫苗。这就奇怪了，按说，打过疫苗的牛终身都不会得布鲁氏病和结核病，可是，西安市动物疫病预防控制中心对警方在多多牧业查获的82头活牛进行检测，却发现，其中37头布鲁氏病抗体呈阳性，5头结核病呈阳性，染病的牛中有3头两种病检测都呈阳性。那么，江山牧业的这些牛是怎样染病的？淘汰牛是怎么挑出来的？公司采购回的疫苗数量究竟有多少、质量有问题吗？兽医是不是给每一头牛都注射过疫苗？

对于专案组来说，面对这么多问题，要一一弄清楚，需要耗费大量的精力，而且需要相当长的时间。可是，几名犯罪嫌疑人已经被刑拘，需要在规定时限内走完从批捕到起诉的法律程序，容不得民警慢慢学习、推敲。这样，工作进行了一段后，专案组决定，将侦查视线仍放回到案件本身来。至于那些比较专业的工作，还是委托动检部门去做吧。

经查，程林是江山牧业投资发展中心区域主管，主要负责场区的证件办理、淘汰牛合同签订和日常销售的监督。程林交代，2013年5月，他接手公司淘汰牛销售业务，主要是通过招投标的方式，将不符合生产要求的牛销售给有屠宰资质的屠宰场。多多牧业中标后，跟他们签订了半年的销售合同。从2014年10月1日起，他们向多多牧业一共销售了约150头牛。

“9月份，我就跟李水平说过，我们处理的奶牛在布鲁氏病菌检测中，可能会出现阳性。相应的检疫耳标和检验检疫合格证我们不提供，得多多牧业自己去想办法。10月22日，李水平来时，我看他拿来了耳标，就让员工拿去给牛打上去了。”程林跟民警说。

“你就没问他，耳标哪儿来的吗？”

听民警这样问，程林解释说：“问了。李水平告诉我，耳标是元山镇兽医站开的，我也没再仔细察看。”

“按规定，要出场的牛应该由牧场的兽医对牛进行采血、验尿，将符合健康标准的检验报告递交当地动检所，由人家出具正式的检验检疫合格报告，再由他们转交买方，带回屠宰场。是这样的程序，对吧？但你们江山牧业却只有过磅单，没有检验检疫合格证和耳标。这你怎么解释呢？”民警再问程林。

“集团公司统一有规定，检验检疫合格证和耳标由买方想办法。”程林这样解释。

如果江山集团公司有这样的“统一规定”，这就是个违反国家《动物检疫法》的规定。可是，程林却拿不出任何证据来支持他的说法。这样，专案组只能视作他个人的一面之词了。

程林说，公司淘汰牛的筛选由兽医和繁育部门负责。繁育部门向厂长打报告，厂长批准后，要报集团总部，由总裁亲自签字同意后，方可销售。而他只负责牛的数量和重量的核查，在过磅单上签字。但是，民警调查后发现，卖给多多牧业的牛根本没有经过兽医和繁育部门的把关。对集团总部，程林只报告了淘汰牛的数量，并没有汇报牛有可能已经染病这样一个重大情况。程林这样做的目的，就是提升他的销售业绩。没有证据证明，他的行为也是公司的企业行为。

李水平交代，多多牧业成立于 2012 年 12 月，股东是他和他两位朋友，他是法定代表人和总经理，平时公司由他全面负责。公司的业务就是宰杀牛并销售。他认为，检验检疫合格证是他委托牛贩子王战利办理的。至于兽医卫年贤是怎样进行检疫的，他是外行，并不清楚，所以，他不存在违法办理检验检疫合格证的行为。但是，民警从王战利那儿证实，10 月 20 日早晨，李水平给王战利打电话，让他帮忙将买到的牛装车。王战利和岐山县安乐村的高志明一起来到元山镇街道，见到李水平后，李水平问王战利，认识不认识开检疫票的人。王战利当场给卫年贤打了电话，谈好开检疫票的价钱，然后和高志明一起去找卫年贤。高志明同样证实了这一情况。何况，李水平作为屠宰行业的资深从业人员，对国家相关法律法规不可能不了解。有这样的证据，李水平的说法就站不住脚了。

因为王战利不是动物检疫从业人员，并不了解国家有关法律规定，且他在这件事情上并没有从中牟利，警方因此没有追究他的法律责任。

卫年贤承认，他没有资格向江山牧业开具出售牛的检疫证明和耳标，是为了挣点儿小钱才这么干的。可他认为，自己的行为属于行政违法，并不构成刑事犯罪。专案组认为，非法取得检验检疫证明和耳标，是本案能够成立的一个重要环节。卫年贤的行为虽然属行政违法，但其后果却导致了犯罪的发生，因此，卫年贤是这起案件的共犯。

本案是以“生产、销售不符合安全标准的食品罪”立案，也是以同样罪名对程林、李水平、卫年贤和王鑫刑事拘留的，检察院、法院也是以相同罪名对他们批准逮捕和判刑的。2016 年 8 月，陕西省高级人民法院作出终审判决：程林被判处有期徒刑三年半，并处罚金 25 万元；李水平被判处有期徒刑两年，并处罚金 15 万元；卫年贤被判处有期徒刑一年两个月，并处罚金 10 万元；而王鑫被判处有期徒刑一年，缓期执行一年，并处罚金 8 万元。

2017 年 3 月，本案从西安市中级人民法院 2016 年度受理的 15 万起案件中脱颖而出，被评为“2016 年度推进法治西安建设十大诉讼案件”。以二大队民警为班底的专案组也被西安市委政法委、市综治委共同评选为 2016 年度的“优秀专案组”。

这起案件的侦破，强烈地震动了陕西的牲畜屠宰行业以及奶牛养殖行业。时至今日，陕西类似的案件再没发生一例。陕西省畜牧兽医局总兽医师高巨星后来激动地跟袁萍说：“这么多年来，我一直在呼吁行业内大家要遵纪守法，可有些人就是当耳旁风。你们办一个案子，比我唠叨多少年都管用呀。”

二、名医

1

对于刚刚挂牌成立不久的食药侦支队来说，2014 年的年终岁末注定格外忙碌。二大队民警们还在忙着办奶牛案的时候，就有一起案子又转到了他们手上。

西安市民邓大爷 20 年前发现患了糖尿病，经人介绍，三年前来到莲湖区西北一路 116 号西安泽安中医诊所。给他看病的，就是著名的张泽安大夫。糖尿病人怕血糖升高，一般都得注意控制饮食。但张泽安却并不劝病人忌口。吃了他开的三种胶囊后，邓大爷的血糖正常了，胡吃海喝也没事儿。但是，最近一次体检时，邓大爷却检出了脑萎缩，脑动脉出现了斑块。邓大爷怀疑，这是泽安诊所开的降糖药的副作用，遂向食药监部门进行了举报。

来自渭南的方大爷也反映，吃了三个疗程张泽安开的降糖药，耳朵突然聋了。除了突发性耳鸣，方大爷的肠胃也出现了问题。他怀疑这药有问题。

接到这些举报之后，2014 年 4 月，西安市食品药品监督管理局稽查分局工作人员对西安泽安中医诊所进行突击检查。工作人员现场查扣了兴胰粉胶囊等七种中药产品。这七种产品中，有六种为食品，而兴胰粉胶囊为保健品。这些产品包装盒上全部印着“陕西秦晋中医糖尿病研究所生产”的字样。检验证实，这种兴胰粉胶囊含格列本脲、盐酸二甲双胍等国家明令禁止在保健品中添加的西药。

格列本脲与盐酸二甲双胍都属于治疗糖尿病西药的主要成分，而且属于处方药。糖尿病人需要在西医的指导下，按剂量服用。服用中药及保健品的病人，很可能还会服用西药降糖。如果中药或保健品里盲目掺入西药，很可能会危害到人的身体健康。因此，法律有明文规定，往保健品中非法添加禁用名单上的西药，不论后果如何，都属于违法，情节严重的恐怕就涉嫌犯罪了。

经前期调查，食药侦支队于 11 月 19 日决定对此案立案侦查。

市食药监局查获的兴胰粉胶囊只有一小瓶，50 粒，这样的药量即使查出问题，也不一定构成犯罪。这种兴胰粉胶囊究竟是偶然有问题，还是普遍存在问题呢？专案组首先得取到足够的检材来送检。

这种包装上印着“陕西秦晋糖尿病研究所”出品的胶囊，可不是随时可以开出来的。西北一路的泽安中医诊所，其实是张泽安的一个巡诊点，他一个月也就坐诊一两次。只有凭张泽安亲自开的处方，病人才能买到这种药。那么，是不是谁来看病都给开呢？也不是。泽安诊所旁边住的一老汉，老在诊所门前晃来晃去，看张泽安出诊的时候门口排队的人挺多，也挂了个号让他看。老汉明明也有糖尿病，但张泽安号过脉后却说他没病，就是不给他开药。得，人家不挣他的钱！

西安泽安中医诊所的墙上，挂满了“中华名中医”“全国百姓放心医院”之类的金字牌匾，“妙手回春”之类的锦旗就更多了。看病的人上岁数的居多。排队时，大家相互一交流，都说这儿的药疗效不错。食药侦支队副支队长王建武是一个胖胖的中年人，从体态上看，倒是像个糖尿病患者。在张泽安坐诊这天，王建武也挂号、排队，一脸的虔诚样。眼前的张泽安留着花白的长头发、长胡须，一眼看上去，像个七八十岁的人，有点儿仙风道骨的意思。

“血糖啥时候开始高的？”张泽安一口山西味浓重的普通话。问过病情、号过脉，张泽安给王建武只是开了中草药。“张大夫能不能给我也开点儿咱的特效药呀？您看，我一天应酬多，也管不住嘴。”王建武希望能开到这儿的降糖胶囊，张泽安却一口回绝：“你先把这药吃上，再观察观察。”

另一位岁数大些的民警也去排队试了。张泽安开出的仍然只有中草药，没有胶囊。后来，民警从那些开了胶囊的患者那儿了解到，张泽安根本不给生人开胶囊。新来的病人至少要找张泽安看过三次、吃够三个月的中草药，在他对患者心里有数之后，才会开胶囊。

要弄到胶囊，就得另想办法。二大队民警雷红浪人称“雷老师”，原先是西安武警学院的教师。转业后，他到未央分局干刑警时，袁萍正好在未央分局当分管刑侦的副局长。几个案子下来，袁萍对雷红浪青睐有加。食药侦支队竖旗时，袁萍特意把他招入麾下。雷老师白白净净，还戴个眼镜，让他去排队挂号开药，更没戏。他也去诊所，却在外面待着。瞅准了开了药准备离开的外地人，他会尾随过去，跟人家搭腔：“我家老爷子也有糖尿病，可人家张大夫不给开那种特效药。反正您还能再去开，要不，您把您开的这药先让给我？我出高价。”人家排了半天的队开来的药，凭啥给他？谁差他这点儿钱？第一时间，人家就会拒绝他。可谁也想不到，这位眼镜儿男却是块儿牛皮糖，粘上就没完没了。有人都到了火车站，还是被他说动了，把胶囊转给了他；也有人都回到了宾馆，听门铃响，开门一看，咋还是这个一副可怜相的眼镜儿男？就算十个人里，有八个生性固执，总有那么一两个会心肠一软吧？就这样，雷红浪从别的患者手上又弄到了几瓶胶囊。

张泽安是山西定襄人。民警们还跑到太原、忻州等地，在他的巡诊点外，以同样办法，从患者手上买到了一些兴胰粉胶囊。这些收集来的兴胰粉胶囊被再次送检，结论和第一次送检时都一样：所有的胶囊中，都含有格列本脲、盐酸二甲双胍这两种化学成分。但是，每批次胶囊的含量却大不相同。专家分析，这说明在添加这两种西药中间体时，生产者随意性很大。大量服用格列本脲、盐酸二甲双胍，会对人体的肝、肾功能造成很大危害。检测中发现，有的胶囊中的含量竟然超过人体可接受标准100倍。西安泽安诊所的法人代表种建华不光负责西安诊所的事儿，还在张泽安手下负责医务纠纷处置。

2

雷红浪他们去山西查案子，一入忻州境，就在高速公路边的巨幅广告牌上，看到张泽安的大照片；在忻州市中心的繁华地段，电子广告屏幕上，滚动播出着“百年老店天富生国医圣手张泽安”的广告；打开电视机，那个留着长发、长胡须的男人也会在娱乐节目间隙冒出来，醋熘普通话说得掷地有声：“福泽家乡，保佑安康。愿我医术，回报桑梓。我叫张泽安。”

看上去岁数很大的张泽安，其实生于1959年。他的名字前，最常规的头衔是“博士”和“教授”。网上查一下他的背景资料，更会吓人一大跳：

> 张泽安先生1994年荣获国际科学与和平周贡献奖和医学技术研究奖；荣获中国传统医药华佗金奖；荣获国际医学科学研究会1995年第四届东方健康博览会科技进步金奖；同年荣任世界中医药学研究会专家委员。在1996年健康美容质量行活动中被评为“特色医疗专家”；1997

年任世界医药研究中心研究员及特约顾问、编委，及中国疑难病治疗研究会专家委员，同年荣获当代世界传统医学杰出人物；1998 年被新华通讯社陕西分社评为“陕西新闻人物”，同年荣获美国世界传统医学科学院颁发传统医学博士学位，同年加入民进党派；1999 年任香港国际传统医学研究会理事，同年获得美国首届世界华人医学大会“仲景杯”一等奖，同年经世界传统卫生组织学术委员会评审获得为传统医学事业做出突出贡献获 WTHO 圣塔莫尼卡明星人才中青年专家奖；荣获 2000 年度世界华人医坛杰出中医奖；2001 年获世界华人医学诊脉金奖，同年在首届世界中医药成果创新研讨会上获中医药学术创新一等奖；2002 年获世界中医药杰出成果一等奖；2003 年当选为西安人大代表；2004 年任陕西省九重阳老年协会会长；2005 年任北京时代学人文化研究会院士；2006 年荣获中国管理科学研究院颁发的“共和国杰出人物”光荣称号。

张泽安出生于中医世家不假，他的父亲就是一名中医。张泽安也有医师执业资格，而且是个副主任医师。可是，一个户口还在老家定襄农村的乡村郎中，怎么从 35 岁起，一夜之间就成了一个拿奖拿到手软的人物呢？难道中医行业跟体育行业一样，年年都有各种竞赛？问题就在于，他获的那些奖，不但一般老百姓听都没听说过，就是业内人士也闻所未闻。

张泽安 2000 年才把户口转到西安，确实当过莲湖区人大代表。但在自己的履历上，他写的是当选“西安人大代表”，看上去，是不是更像是西安市人大代表呢？一个山西人怎么可能在 1998 年就当选新华社陕西分社评出的“陕西新闻人物”呢？事实上，新华社陕西分社也根本不曾有过这样一个评选活动。

以泽安诊所悬挂的一个颁授单位为“中国消费者查询中心”的“全国百姓放心医院”的牌匾为例，有好事者做过调查，结果发现，国家有关部门确实颁发过“全国百姓放心示范医院”的牌匾，但泽安诊所少了“示范”二字；而所谓的“中国消费者查询中心”，则完全系子虚乌有。他诊所挂的牌匾都是同样的规格大小，要不是自己做的，怎么会这样统一呢？

可是，绝大多数到他那儿看病的患者，对张泽安都深信不疑。在他们眼里，他是名医，也是神医呢。

3

百度上输入“张泽安”，互动百科的解释至今仍然是这样的：“张泽安先生，祖籍山西，出生于中医世家，副主任中医师，就读于北京中医药大学，曾任陕西秦晋中医糖尿病研究所所长，2006 年 5 月离职，从事糖尿病及疑难病症的研究。”张泽安的履历上，从 1994 年开始，他年年都在获奖，都有各种花里胡哨的头衔在添加；而 2006 年之后，却出现一大片空白，直到 2013 年，才又“荣获中华医学创新发展促进会、中国医学专科专病特色专家”。那么，2006 年 5 月，张泽安又是为什么离职的呢？答案就在当时《三秦都市报》刊登的一篇题为《“黑药厂”藏匿西安多年挂研究所牌子造“保健品”》的报道里：

> 2006 年 5 月 16 日，陕西省卫生监督所、西安市公安局治安局执法人员联合行动，一举端掉了一个长期隐藏在城市里的“黑药厂”。检查结果令人触目惊心，这个“黑药厂”非法生产的“森健降糖胶囊”不仅违规添加西药成分，并且无检验设备。它之所以能够长期存在不被发现，是因为其产品直接销往全国 16 个城市的医院，不在药店销售，并且披有“陕西秦晋中医糖尿病研究所”的外衣，有着更大的隐蔽性，更容易使病人上当受骗！
>
> **非法生产保健品的“黑药厂”**
>
> 5 月 16 日，执法人员突击行动，一举端掉了一个非法生产保健品的“黑药厂”。非法生产保健品的是陕西秦晋中医糖尿病研究所。

当日上午10时许，记者随同陕西省卫生监督所和西安市公安局治安局的执法人员直奔现场。在西安市西北一路，当执法人员指着“陕西秦晋中医糖尿病研究所”的牌子告诉记者，就是这家研究所非法生产保健品时，令随同采访的多位记者吃了一惊。

记者看到，这个研究所临街有两间门面房，一间是“接诊室”，一间是“取药室”。“接诊室”的墙上挂满了锦旗和各种荣誉证书，诸如“妙手回春”“中国传统医药华佗金奖”“国际医学科学研究会第四届东方健康博览会金奖”“世界医药研究中心研究员”等，林林总总，令人瞠目。“接诊室”内，几位“白大褂”正在接待病人，桌子上放着厚厚的患者资料。几名宝鸡三和学院的学生被人介绍到这里正在应聘。这些给人的印象，这是一家公开对外营业的糖尿病研究所，没有人会把它与“黑药厂”联系起来。

进入后院，发现在这座单元楼一楼的一户是药品库，二楼的一户房屋中四名人员正在生产胶囊药品。这个胶囊正是所谓的“森健降糖胶囊”。执法人员现场查获数十箱成品、数十箱原料和大量产品外包装、“盗号”非法生产保健品。

陕西省卫生监督所市场监督科李西军介绍，经现场检查，陕西秦晋中医糖尿病研究所主要存在以下几个方面的问题：一、无证生产保健品；二、生产条件不达标；三、保健品违规添加了西药。

记者现场看到，这个“黑药厂”的药品库中，外包装箱上印的是“森健降糖冲剂”，里面所装的保健品盒上标签却印的是“森健降糖胶囊”。这里面暗藏有什么玄机呢?李西军解释，1997年，国家卫生部批准过“森健降糖冲剂”的保健品，而未批准这一胶囊。陕西秦晋中医糖尿病研究所生产的这个保健品，盗用的是“森健降糖冲剂”的批准文号，即卫食健（1997）第707号。这个批号的生产厂家在山西，是山西得力康实业有限公司，而“森健降糖冲剂”原名又为兴胰粉。更加离奇的是，现场查获的这些非法保健品，在这里又被分为A、B、C、D四个产品进行加工和生产。

问题产品已流向16个城市

执法人员现场查获的资料显示，这个研究所非法生产的保健品，已流向兰州、宝鸡、汉中、洛阳、开封、菏泽、济南、临沂、烟台、唐山、沈阳、长春、哈尔滨、太原、临汾、晋城16个城市。该所2006年2月20日制表的驻外门诊通讯录显示，兰州仁安堂诊所、宝鸡本草堂中医药门诊糖尿病科、汉中太和门诊部糖尿病专科、开封市第二中医院糖尿病专科、唐山昌泰医院、石家庄中冀中医医学研究所新华门诊部糖尿病专科、吉林市铁成医院糖尿病科、青岛市花莲路社区卫生服务站等医疗机构在经销这些非法生产的保健品。

生产人员无一通过专业培训

现场从事胶囊生产的四名工作人员，一人来自神木县农村，一人来自山西农村，另两人来自西安。其中，初中学历两人，高中学历一人，中专学历一人，均没有接受过专业培训。这个“黑药厂”的经理是西安某银行的退休人员崔某。崔某一再表示，他对药品、保健品生产知识不懂，他只是来此打工而已。

“黑药厂”已被查封

当日，执法人员对这个“黑药厂”的生产设备和原材料、成品、半成品及非法宣传品和包装袋、标签等予以查封。

据省卫生监督所市场监督科王兴武科长讲，该案隐蔽性强，是近年来少有的重大案件。“黑药厂”在西安已藏匿了多年，为了查处这一案件，执法人员明察暗访了一个

> 多星期，在获取大量物证的情况下，联合公安机关采取了突击行动。该案涉案金额巨大、涉及面广，非法生产时间长。据透露，陕西秦晋中医糖尿病研究所的所长名叫张泽安，是西安市莲湖区人大代表。此案目前正在进一步调查中，本报将继续关注。

遗憾的是，时隔八年，张泽安仍在行医，而他的秦晋中医糖尿病研究所也仍在生产兴胰粉胶囊。

4

专案组在调查此案中发现，张泽安一伙不光在西安被打击处理过，近五年来，他的诊所还被兰州、唐山、太原等多个地方的食药监管理部门行政处罚过。其中，长治警方曾介入调查，并对该团伙几名犯罪嫌疑人采取过强制措施。可是，案子都没有走下去，因为确定生产销售有毒有害食品罪名，必须证明嫌疑人主观上是明知的。而张泽安的巡诊点都承认销售，却不承认生产。这样，每次张泽安都侥幸过了关。

2006年被查之后，张泽安就不再担任陕西秦晋中医糖尿病研究所的所长了，所长的职务转给了他的一个亲戚。这个亲戚人在山西老家，只在他这儿每月领份工资，啥事儿都不管。张泽安在陕西、甘肃、山西、内蒙古、河北、山东、辽宁、吉林和河南9省共有30多个巡诊点，各地的诊所都由别人出面担任法人代表。忻州的地福生大药房和地福生诊所的法人代表都是张旭明。这个张旭明也有医师资格证，跟着张泽安干了十几年了。西安泽安中医诊所法人代表种建华，同样有医师资格证。诊所出了事，不管食药监局还是警察，首先要找的是法人代表。以泽安中医诊所为例，兴胰粉被查出问题后，种建华说，货是一个河南人送来的，厂家可能也在河南，他们只是销售了。根据种建华给食药监工作人员提供的厂家地址，民警到河南漯河跑过三趟，做了大量的工作，最终确定这个所谓的厂家根本不存在。秦晋中医糖尿病研究所的注册地在西安，民警们在西安也做了细致的工作，同样也查找不到生产窝点。

张泽安在山西、陕西两地生活多年，都有丰富的人脉。专案组的所有工作都必须在秘密状态下进行，以免惊动了他。不过，因为有过太多次金蝉脱壳的经历，张泽安并不把被食药监局登门查上一次当多大事儿。他仍像候鸟一样，在他的巡诊点之间飞来飞去。观察泽安中医诊所，民警们发现，诊所里平时根本就没有张泽安的那些“特效胶囊”。只有在他坐诊的时候，药房才会变戏法儿一样出现这些东西。泽安中医诊所的那十几箱胶囊，都是在张泽安坐诊的先一天晚上通过物流从山西运过来的。西安如此，别的巡诊点也是如此。雷红浪等人到山西去查过物流，结果发现，这些胶囊都来自张泽安的老家定襄县。

通过调查陕西秦晋糖尿病研究所的账目，专案组发现，研究所刚刚从山东一个厂家购买了一台打粉机，打粉机的收货地点也是定襄。由此，专案组分析，张泽安的生产窝点就在定襄。

在不巡诊的时候，张泽安一般在西安、定襄两头住。在定囊，张泽安坐一辆黑色的丰田霸道车。张泽安不会开车，是一个 30 岁左右的壮小伙子给他开车。张泽安住西安的时候，他的司机和这辆车在干什么呢？2015 年 3 月，民警雷红浪、武亚军就来山西了，这会儿，开着从忻州租来的一辆车，一直在悄悄地跟踪这辆霸道车。一次，他们发现，霸道车开进了位于定襄县神山乡的崔家庄工业园。一眼没瞅见，霸道车就不见了，不知开进了哪个厂里。

山西定囊有“中国锻造之乡”之称，锻造历史相当久远。早在清乾隆年间，定襄的铁制品就畅销绥远、包头等地。据当地人说，如今的定襄是全国乃至亚洲最大的法兰制品生产基地，法兰产品出口占到全国的 70%。崔家庄工业园就有近千家小锻造厂，其中一些厂子已经倒闭。利用废弃的工厂生产问题胶囊，完全有可能。雷红浪二人只好一家一家地查看。武亚军扒着人家的铁门往里瞧时，不止一次被人当成了小偷。崔家庄工业园烟尘弥漫，污水横流，环境污染问题明显。雷红浪戴个眼镜，像个文化人，也被当成了跑来暗访黑烟囱的记者，让一伙人围住。雷红浪解释，自己是迷路的驴友，这才在人家狐疑的眼光里脱了身。

找了两周，却没有任何发现。情况汇报到西安，大队长王新宏要求他们继续想办法找。

昔我往兮，杨柳依依。自打 2014 年 11 月起，雷红浪、武亚军二人前前后后来了山西七次。武亚军比雷红浪整整小十岁，来自特警支队，是个很能吃苦的年轻人。这次来，他们在定襄已经待了两个多月。且不说饮食生活不习惯，光是跟踪、守候，其中的滋味也只有他们自己最清楚。可是，案子破不了，所有的付出又都不足挂齿。二大队每个民警手上都有一堆活儿，他们也不希望别人来接替他们，然后再从头做起。哥儿俩只好打起精神，再继续往下找。

起初，他们以一天 180 元的价钱，租了一辆旧普桑开着；后来，他们租不起了，改租被称为“蹦蹦”的机动三轮车。蹦蹦车一天 50 元，人家开，他们坐。有时候，俩人一人租一辆，分开跟踪那辆霸道车。这样，霸道车再次开进崔家庄工业园的时候，他们终于把这辆车跟到了“家”。

霸道车离开后，他们二人就守候在那家废弃工厂门外。白天，这里静悄悄的，也再没有人来；等天黑下来，他们却发现，厂里的灯一直是亮着的。守到半夜 12 点，确认四下无人，雷红浪让武亚军放哨，自己只身进入厂房侦查。他先往厂房里扔了一块儿砖，没有动静，再用砖砸亮灯的房间的门，也没动静。于是，他翻墙进入院子里。隔着窗户，雷红浪发现，房间里堆放的正是装问题胶囊的那种纸箱。他推门进去一看，纸箱都装得满满的，共有几十箱，但是找来找去，却不见生产设备。显然，这里只是一个仓库，并非生产窝点。

5

这个时候，雷红浪他们已经掌握，给张泽安开霸道车的司机名叫余进，是定襄县人。和他交往较多的人里，有个名叫张义全的人，是张泽安的堂弟，和张泽安在同一个村。从专案组大半年来的调查看，张泽安手下的骨干成员基本上都是他的亲戚。这样，余进和张义全就成为两名侦查员调查的重点。黑窝点会不会就藏在这俩人的家里呢？雷红浪二人商量，决定想办法到他们家里去探一探。

趁余进不在家，以找错人为由，二人“冒冒失失”地闯进过余进家院子。如果黑窝点在他家里，那么，总会有些包装纸、包装箱或者生产机器之类的东西露出来。一边和余进老父亲搭着腔，俩人一边眼睛四处踅摸，却没有发现任何蛛丝马迹。看到有个发广告传单的人在张义全村子里转，雷红浪灵机一动，跟人家要了一大摞子，说要替人家发。不花钱来了个帮手，那人也就没客气，给他分了花花绿绿的一摞。这样，雷红浪就成了个口吐莲花的乡村推销员，大模大样地进了张义全家院子，可在张义全家也同样没有任何发现。

张义全开一辆白色的电动汽车，俩侦查员坐的蹦蹦车也没少跟过他。蹦蹦车司机都是当地人，人家对他们就不生疑吗？哥儿俩先编了一套词儿给人家：他们来自陕北，想在这儿找个地方，也开个法兰厂。一边走，俩人一边跟蹦蹦车司机东拉西扯，倒是了解了不少当地的风土人情。

一天傍晚，张义全的小白车开进了麻河沟村外一个小院。不过，他进去时间不长就出来，锁了门走了。等他走远，雷红浪扒着门缝儿往里看，院子里养着20来头羊，别的真看不出什么名堂。

这家院子的隔壁，是一家生产法兰的小厂。走进厂门，见一个瘦瘦的中年人像是个拿事儿的，雷红浪先给人家敬一根烟：“我是陕北来的，想在这儿弄个精加工的厂子，不知你这隔壁的厂子是做啥的？”

“原先也是法兰厂，早都不干啦！”中年人告诉雷红浪。

那家小院不光养着羊，还养着条挺凶的狗呢。不光这个院子，整个麻河沟村几乎家家户户都养着狗。趁四下无人的时候，雷红浪爬上了这个可疑小院的房顶，可是，往里瞅了半天，除了看见了以前法兰厂废弃的锅炉和煤渣，看不出有生产胶囊的痕迹。不能再翻墙进院侦查，二人就蹲在附近的玉米地里观察。他们白天、晚上都去，换班吃饭、休息，连去了三天。第三天晚上10点多，张义全的小白车忽然开来，停在了院门外。一伙人进院子后，里面就传来机器运转的声音。到凌晨 4 点，机器声停了下来。接下来，这伙人开始往小白车上面搬纸箱。

“你看，小白车装不了多少，他们还得跑几趟。你赶快去弄辆车来，一会儿把小白车跟上。我在这儿守着。”雷红浪让武亚军去找车。

可天都没亮，到哪儿去找车呢？穿过玉米地，武亚军飞快地跑到后面的公路上，看到车灯就招手拦。结果，他还真就拦住了一辆出租车。小白车运最后一批货的时候，出租车悄悄地跟了上去。结果，小白车从蒋村乡驶向了 30 多公里外的神山乡崔家庄工业园。最后，小白车驶入的地方，正是雷、武二人之前发现的那个秘密仓库。

后来，犯罪嫌疑人向民警交代，这个秘密生产窝点一个月只生产一两次，都是像这样在夜里干，干到凌晨 4 点左右收摊儿，天明之前把货运到崔家庄的仓库里藏好。张义全负责窝点的生产，至于要不要干活儿，则由余进根据仓库里的存量决定。在张泽安坐诊的先一天晚上，余进会把他需要的胶囊发到他的巡诊点。

专案组的行动时间选择在了 6 月 12 日。平时，西安泽安诊所只有几名工作人员在，他们负责给网购的患者发货。而 6 月 12 日这天，张泽安要在西安泽安中医诊所坐诊，他手下的工作人员全都在。西安抓捕组进展顺利。

在抓捕行动前夕，还发生了这样一件紧急情况：西安食药监局年轻干部张军，在山西定襄参加专案组行动。凌晨 1 点，在专案组即将开始收网行动的关口，张军因连续作战的劳累，突然心脏病发作，生命垂危。专案组赶紧呼叫急救车，拉着张军从定襄赶往太原。途中，张军心脏骤停两次。食药侦支队一边立即上报市局领导，一边派支队政委李军生紧急赶赴太原。最后，在北京开会的市食药监局主要领导敲开了山西省食药监局领导房间，紧急协调医院救治，在太原为张军进行了心脏搭桥手术。手术成功，张军终于转危为安。

在山西警方的配合下，专案组民警在忻州、定襄同时动手。打开麻河沟村生产窝点的铁门，那群山羊发出“咩咩”的叫声，一股羊粪味儿扑面而来。走进后面的一排房子，左边房子里有台绿色的机器，这就是秦晋中医糖尿病研究所从山东购来的那台打粉机。中间的一间房子里，有一台闪着金属光泽的机器，看起来很贵重。专案组里的西安食药监局工作人员告诉民警，这台机器是胶囊填充机。最边上的房间里，堆放着各种原料，有玉米粉、兴胰粉、盐、黄芪粉以及麦芽糊精。生产现场脏得让人几乎无法落脚。现场还查获两大桶白色晶体状东西，经证实，这些晶体就是盐酸二甲双胍和格列本脲。这两种医药中间体是他们分别从江苏常州和湖北武汉买来的。给张义全干活儿的，是他雇来的几个当地农民。后来，张义全交代，生产胶囊时，他们是手工往原料中随意添加这两种化学品。难怪西安食品药品监督局检验的每一批次降糖胶囊中，格列本脲和盐酸二甲双胍的含量都不相同。

这次统一行动中，警方在麻河沟村的生产窝点、崔家庄工业园里的仓库以及西安的诊所，现场查扣了 35000 余瓶胶囊。经陕西铭建会计司法事务所鉴定，张泽安一伙共生产价值约 4623. 36185 万元、销售 4514. 15496 万元假药。本案涉案总价值超过了 5000 万元。

这次行动，一共抓获了包括张泽安本人在内的 26 名犯罪嫌疑人。其中 14 人被刑事拘留，批捕 6 人，移送起诉 11 人。这起案件警方是以生产销售有毒有害食品罪立案和报捕的。因张泽安一伙是把食品、保健品当作药品来销售的，2017 年 3 月，张泽安以生产、销售假药罪，被判处无期徒刑，并处罚金 4500 万元。

2015 年 7 月，本案被陕西省公安厅列为省级督办案件；一个月后，本案再被公安部列为督办案件，并在全国发起集群战役；9 月，本案被最高人民检察院列为督办案件；12 月，本案被国家食品药品监督局评为 2015 年全国优秀案例；2016 年 4 月，本案被公安部列为 2015 年度第二批十大经典案例。

西安市公安局为以二大队民警为主的专案组报请了集体二等功一次，也为专案组的杰出代表雷红浪申报了个人二等功一次。

三、假药

1

“我跟你们说过了，是卓胜利给我们供的货。你们不去找卓胜利，老来骚扰我们，让我们怎么做生意?”面对二大队民警杨斌、祖国栋，刘夏荷脸色阴沉，话已经说得很不客气了。

2015 年 9 月 16 日，陕西省食药监局稽查局在长安区进行例行检查时发现，位于韦曲的陕西省百家药厨有限公司下属的一个药店里有一种中药饮片包装粗糙，像是假的。包装袋上写的是“荣利牌”，药店营业员也拿出了购货的发票。发票上显示，这种中药饮片生产厂家是位于陕西汉中的荣利制药厂。稽查人员没有就此罢休，而是带着百家药厨的荣利牌饮片去了趟汉中。结果，厂家说，这药根本就不是他们生产的，他们也没有过这种包装。回到西安，稽查人员就把百家药厨的经理刘夏荷叫到省食药监局去调查。

刘夏荷说，百家药厨的药材，全都是从某国营医药公司城西采供站进的货。城西采供站是陕西遥远药材集团下属的批发企业，成立于 1997 年，2003 年通过 GSP 认证。该公司经营范围包括中成药、化学药制剂、抗生素、生化药品、中药饮片、保健品及医疗器械等。与其长期合作的药企有石药集团、哈药集团、北京同仁堂等 200 多家。刘夏荷说，给百家药厨供中药的业务员名叫卓胜利，原来是城西采供站的职工，但是现在已经辞职了。给百家药厨供西药的城西采供站员工宋龙龙也证实，给百家药厨供中药的业务员就是卓胜利。可是，食药监稽查人员比对宋龙龙提供的法人委托书、随货同行单时发现，卓胜利的法人委托书是空白的，随货同行单是假的。

稽查人员从百家药厨查获的 5 公斤荣利中药饮片被认定为假药。11 月 20 日，省食药监局通过省公安厅将案子移交给市公安局食药侦支队。经过前期调查后，12 月 2 日，食药侦支队将此案正式立案，由二大队负责侦办。

侦查初期，杨斌、祖国栋他们询问药店员工时，他们的说法完全一致：不知道出事儿的中药饮片是从哪儿来的，因为每次都是不认识的人送到店里来，放下东西就走。所有送货的人都说，是一个叫卓胜利的人供的货。百家药厨墙上贴的一张纸上，确实写着他的手机号。百家药厨销售负责人刘晴和店长说，8 月份还打这个电话跟他要过货。可民警调查后发现，这部手机 2014 年就已经停机了。店里员工说，卓胜利来店里，有时骑辆电动自行车，有时开个面包车。可是，说到他的模样、年纪，每个人描述的却又不相同。

在城西采供站，民警了解到，卓胜利确实曾经在这儿干过，但早就辞职了。莫非，他仍然在冒充城西采供站的工作人员，在外面招摇撞骗？

购买药品，都要有一张“随货同行单”。民警在审查现有的文书证据时，发现一张随货同行单上有个签名是“张秀秀”。张秀秀是百家药厨的一个柜员，既然她签了字，那么，她应该和卓胜利打过交道吧？找到张秀秀，她说话支支吾吾。见警察实在不好糊弄，她才说，药是百家药厨的司机胡波送来的，她并没有直接和卓胜利打交道。

那就再找胡波。胡波说，他就是个跑腿儿的，老板让到哪儿去取药，他就上哪儿去取药。那究竟去哪儿取的药呢？又是找谁取的？胡波说，每次取药都在康复路锦绣鞋城下面的一个人行道上。人家事先等在那儿，他车一到，拿了药就走。至于对方的联系方式，他自称，不掌握，都是刘夏荷联系好之后吩咐他去取的。

可是，在对胡波的调查中，民警却意外地获得了一个信息：在 9 月 16 日省食药监稽查人员在百家药厨药店发现假药之后，胡波受刘夏荷指派去取过药，一直取到 12 月中旬。

调取监控后，民警证实，胡波所说的那个取药地点是假的。

2

仅仅 5 公斤中药饮片是假药，还是他们长期经营的这个牌子的药都是假药？再查百家药厨，民警又发现，药店里的一种甘肃省渭源县杏林馆出的中药饮片看上去也比较可疑。把这种饮片的样品交到省食药监局，稽查人员拿到厂家鉴定时发现，杏林馆从未生产过这个批次的中药饮片，也从未跟西安的城西采供站有过业务关系。

民警将刘夏荷带回审查。刘夏荷说，杏林馆的药不是从卓胜利那儿进的，而是城西采供站一个叫做“王玉军”（音）的人给店里送的。民警找到城西采供站，一查，发现有个叫“王宇军”的职工，以前就是城西采供站一个看大门的。2007 年，王宇军就退休了。这以后，单位就没人知道他在哪儿。杨斌、祖国栋费了挺大劲，好不容易找到了他。王宇军头发、胡子都白了，在家正带孙子呢。看他那岁数和状态，哪儿像在外面颠儿颠儿跑业务的人呀。民警拿一些照片让他辨认，他并没有认出刘夏荷；民警把王宇军的照片混在一堆照片里让刘夏荷辨认，她也没认出王宇军。显然，他们俩根本就不认识。

又一次说了假话的刘夏荷被刑事拘留。2016 年春节前，她被市检察院批准逮捕。春节后上班第一天，刘夏荷的律师就来单位找杨斌、祖国栋了：“前面，刘夏荷把名字记错了。那人不叫王宇军，叫王玉军!”律师从公文包里掏出一张死亡证明，把上面的“王玉军”指给杨斌看。

王玉军是 2015 年 11 月 15 日去世的。律师说，王玉军也是城西采供站的职工。死亡证明上面有死者原来的户籍信息。照这个地址，杨斌跟同事找到东关索罗巷城西采供站的家属院，但是，王玉军并没有在这儿住过。十多年前，城西采供站被遥远药材集团收购。现在，城西采供站职工的档案资料都在遥远药材集团。找到遥远药材集团，查到王玉军的资料。结果发现，王玉军 2001 年就停薪留职，离开城西采供站了。找到王玉军妻子的信息，杨斌他们追到长安，终于见到了她。王妻告诉民警，王玉军得的是肺癌，2015 年 8 月发现的。此间，他先后在西医一附院、传染病医院和省医院住过院。像这样一个肺癌晚期的危重病人，还有可能到百家药厨去跑业务吗？调出王玉军的就医记录，杨斌专门找到他当时的主治医师询问。大夫告诉杨斌，王玉军入院治疗时，就已经是肺癌晚期了，医院对这类危重病人看护十分严格，根本不会允许他往外跑。这和王妻的说法完全一致，住院期间，王玉军天天在病房里打吊针，除了转院，哪儿都没去过。杨斌他们通过对王玉军的生前活动轨迹进行研判和比较，发现他和刘夏荷没有过任何交集。

在调查王玉军情况的时候，王新宏另派一路民警去了山东。从城西采供站的员工资料中，民警找到了卓胜利的一份身份证复印件。卓胜利是山东菏泽市成武县人，大学毕业后，曾于2011年在城西采供站干过半年。这年下半年，他的妻子怀孕，卓胜利因此离职回了山东。民警找见他的时候，他和他媳妇都在济南打工。卓胜利供职于一家电子公司，在这儿已经干了两三年了。公司每天都得打卡，2015年全年卓胜利都没有缺勤。卓胜利不仅说他不认识刘夏荷，而且声称，自从2011年从城西采供站离职后，他就再也没有回过西安。民警重点查了他2015年的活动轨迹，确实没有发现他往返西安的任何信息。

也就是说，卓胜利根本不曾给百家药厨供过中药。那么，百家药厨的假药是从哪儿来的呢？

3

刘夏荷被抓后，第二天，市检察院就收到过一封举报信，说这起案子纯粹属于同行之间恶性竞争使的阴招儿，还说，公安局没立案就把人关了。问题是：举报人凭什么说公安机关没有立案呢？

自打刘夏荷被刑拘之后，百家药厨的营销主管刘晴、司机胡波就都失踪了。起初，他们的手机还只是关机，后来再打，就都成了空号。作为百家药厨的经理、法人代表，刘夏荷对药店的管理都是通过营销主管刘晴来进行的。她和下面的员工一般不直接打交道的，而受她的指派去取那些问题中药饮片的，只有司机胡波。这俩人一找不见，案子就陷入了僵局，因为别的员工更说不清那些问题药是从哪儿来的。

信息时代，找人也得通过信息手段。祖国栋是西安电子科技大学毕业的硕士生，食药侦支队的电脑高手。在寻找胡波、刘晴二人踪迹时，祖国栋曾经在不知不觉中连续工作了 20 多个小时。一天凌晨 2 点，仍坐在电脑跟前加班的祖国栋突然觉得心慌气短，脸色变得煞白，头上冒出豆大的汗珠。一起加班的王新宏赶快把他就近送进了武警医院，一查，心律不齐。打了吊针，缓过神儿来后，祖国栋很快就又回到工作岗位上，手上的活儿还在等着他呢。

在追踪一个多月之后，胡波的行踪终于被民警发现。胡波老家在陕西泾阳县，过了年，感觉风声过去了，胡波回了趟老家。赵建波马上带人赶去，趁天不亮把他堵在了被窝里。回西安的路上，胡波的神情极为沮丧。他交代，过年期间，他躲到四川去了。问他为什么要躲起来，他说，是老板让他躲的。老板？百家药厨的法人代表刘夏荷不是早就被关进看守所了吗？再问，胡波就低下了头，心事重重。

路上，和胡波交流时，赵建波故意跟他东拉西扯地拉家常，给他减压。在胡波紧绷的神经放松下来时，赵建波才跟他说："你就是个打工的，老板挣钱也不给你分，你给人家扛这么大的事，再把你连累进去，你看值得不？"一点一点，胡波钢筋水泥浇筑的堤坝逐渐开始渗漏、崩塌。面对现实，他不得不艰难地吐出了一些零碎信息。结合公安机关先前侦查的情况，初步分析，胡波开车去取货，都是城西采供站的李冬梅带他去的。

民警找见了卓胜利，也就戳穿了业务员宋龙龙之前的谎言。宋龙龙供给百家药厨的西药并没有问题，他的身份也没有问题，那么，他为什么要向警方做伪证，说本来与他根本不认识的卓胜利是他的同事，而且一直在给百家药厨供中药呢？传来宋龙龙，年轻人这回不得不交代，给百家药厨供中药的人是城西采供站的李冬梅。

继续侦查发现，让胡波关掉手机并出去躲起来的人、让宋龙龙作伪证的人，都是城西采供站的法人代表、总经理江小燕。

江小燕是个时年 45 岁的女人，圆脸，胖胖的，一身考究的职业装。民警每次在城西采供站见到她的时候，都感觉这个女人气场很足。在对刘夏荷提供的三个假上线的调查中，专案组多次到城西采供站进行取证。按说，作为一家国有企业的领导，在得知属下有涉嫌生产、销售假药的行为时，江小燕应当主动配合公安机关，哪怕从洗刷自己的嫌疑这个角度也应该这样做。可是，她的态度却很反常，不仅不主动与警方沟通，专案组找她，她也总是以各种各样的理由逃避。

这次，杨斌、祖国栋到城西采供站找李冬梅，从程序上讲，他们得跟总经理江小燕打个招呼，请她予以配合。

江小燕的态度一如既往地冷淡："李冬梅不在这儿上班。她在长安区的百家药厨上班呢。"

"能不能给她打个电话?"其实，来之前，杨斌他们已经做过功课，确定李冬梅此时就在城西采供站。

避开民警，江小燕打了个电话。"她人在咸阳呢，过来会比较慢。"回来，她跟民警如此说。

两个小时后，李冬梅"气喘吁吁"地来到了江小燕办公室。杨斌二人不客气地把她传唤到了已经搬到南二环办公的食药侦支队。

以李冬梅说过的假话为突破口，民警步步紧逼，很快突破了她的心理防线。李冬梅的交代让民警们豁然明白，原来，百家药厨其实就是城西采供站的一个零售部。也就是说，包括刘夏荷在内，百家药厨的员工也都是城西采供站的员工。李冬梅是一名计划员，有医院需要药品，量大的，她就报给刘夏荷；量小的，她就通过 QQ 直接报给一个名叫江燕妮的业务员。那么，江燕妮又是谁呢?

再调查已经彻底缴械了的胡波时，胡波说，他去取货时，曾经在库房见到过江小燕的亲哥江小军。专案组分析，假药应该就是以江小军为首的人制造的。江燕妮是江小燕老家的一个远房妹妹，就在江小军手下工作。江小燕让胡波等人出外躲藏，是希望这起案子办不下去，最终目的应该是保护她哥江小军。

最终，李冬梅不得不如实交代。她说，2014 年 7 月，江小燕成立了一个中药饮片部，自己生产中药饮片。管事儿的就是她的哥哥江小军和嫂子张冰。警方调查的那些问题中药饮片，全部来自这个中药饮片部。

虽然城西采供站一些职工也知道有这么个中药饮片部存在，但事实上，这个部门却是在城西采供站体外运行的。中药饮片部由哪些人员构成、在哪儿办公，根本没几个人知道。作为一个只有销售药品资质的企业，城西采供站不能生产药品。中药饮片部加工、生产中药饮片，本身就是违法的。

胡波把民警领到了中药饮片部位于东站路的库房，可到了地方却发现，库房早就搬空了。

4

江燕妮 30 岁出头，户口在外县，人在西安打工。她外貌普通，是个掉到人堆儿里就不好找的人。每天，她按点儿坐地铁、倒公交上下班。走路的时候，她会留意一下别人的发型、包包或者鞋子，偶尔也会多看某个人两眼，仿佛那人有点儿眼熟。坐车的时候，她大多数时间都在专注地玩手机。坐着的时候，如果发现身边有抓着扶手摇摇晃晃的老年人，她也会赶快把自己的座位让出来，请老人入座。

江燕妮无论如何也想不到，最近一段时间里，无论她走路、坐地铁、乘公交还是搭“摩的”，至少会有一双眼睛在紧紧盯着她。

根据李冬梅、胡波的交代，专案组把侦查的重点放在了江小军、张冰夫妇以及江燕妮、赵中原这四个人身上。从省食药监局调查百家药厨后仍在顶风作案、又从东站街果断转移的行事作风看，江小军是个具有很强反侦查意识的人。加上他与江小燕的血缘关系，专案组认识到，在没有掌握充分证据之前，要想从江小军、张冰夫妇这儿形成突破，是十分困难的。那个赵中原是江小军手下的司机，交接货时，胡波见过他。他开一辆银灰色的五菱面包车，车号民警已经知道。专案组试图通过寻找这辆车，找到生产假药的窝点或者存储假药的仓库。

在长时间找不到新的线索的情况下，涉世不深的江燕妮就成为民警调查的重点。在将近两个月的时间里，包括内勤民警李静在内，二大队几乎所有民警都参与过对她的跟踪。江燕妮家在三桥立交桥附近住，每天早上，她会从家步行到地铁一号线三桥站，坐 12

站到通化门站下车；然后，她会再倒公交车或者搭“摩的”，到新城区景园小区江小军家里去。也就是说，她上班的地方就在江小军、张冰家里。每天，江燕妮浑然不觉地上班、下班；她的身后，便衣民警分为几个班，一直在交替着跟踪她。民警试图通过她的行踪，发现制假药的窝点。

当然，专案组也曾考虑过，假药窝点会不会就在江小军、张冰的家里呢？这样的小作坊不需要占用多大地方，在家里生产完全能做到。但是，中药切片会有噪音，中药也会散发出浓重的味道。可是，经过这么长时间的观察，江小军左邻右舍既没听到过机器切割中药时会发出的刺耳声音，也不曾闻到过刺鼻的中药味儿。那么，江燕妮每天在江小军家干什么，始终还是个谜。

寻找赵中原和他开的那辆车的工作，也在同步进行着。从江燕妮每天到江小军家上班来看，江小军是在家里办公。赵中原是给他拉货的司机，要听他吩咐，就不应该离他太远。于是，民警就开着地方牌照的车，在新城景园小区附近寻找赵中原的车。除了在路上找，他们还去一些诸如修理厂的地方找，几乎是地毯式搜索。

6 月 28 日上午，在幸福北路一家汽车修理厂，民警终于发现了这辆车，并且看到了站在车旁的赵中原本人。这辆五菱面包车停放在一个地库里，地库里没灯。从外面看，就露了个车头。民警悄悄靠近观察，结果发现，他们找了两个月的假药窝点就在这个地库里。

是时候收网了，支队邀请省市食药监局稽查分局执法人员配合，并有新城公安分局民警参与。在修理厂地库，民警当场抓获了赵中原以及两名正在包药的女工，并查获了大量已经包装好、准备送货的“荣利中药饮片”，以及大量中药饮片包装袋、标签、封口机和电子秤等作案工具。这个弃用的地下车库窗户是烂的，上面结着蜘蛛网。大量的药材随意地扔在地上，而地上尽是尘土、污水和老鼠屎。看了这场景，在场有的人忍不住破口大骂。是啊，要是自家亲人或者生病的老人、孩子，服用过这里生产的“中药”，让人能有个什么心情呢？王新宏曾经把收缴的中药饮片请西安中药饮片厂的老师傅过目。老师傅说，这种中药饮片质量之差，连劣药都算不上。可是，百家药厨已经给多家医院、药店供过药，在暴利的驱动下，这帮人居然敢在明知警方已经立案侦查后仍然不收手。

在江小军家，民警当场搜出了十几枚假公章和打印随货同行单的电脑、打印机。在对电脑进行取证时，祖国栋发现，这台电脑和城西采供站的销售系统是联网的。原来，每天来这里上班，江燕妮就用这台电脑跟城西采供站联络。

5

“躲猫猫”的游戏，总会有结束的时候。百家药厨的销售主管刘晴还是被警察找到了。和胡波一样，她也是奉江小燕之命躲起来的。民警找到她的时候，她已经是个挺着大肚子的孕妇。其实，在百家药厨，刘晴也只是个在刘夏荷与店长之间上传下达的角色。对于问题中药饮片的来源，她压根儿不知道。和江小燕之间，她也隔着层级，无从知道百家药厨与中药饮片部的猫腻。

再说刘夏荷。自打被警察带走，刘夏荷什么都不肯交代。她知道，老板江小燕是个很有能量的人，怎么可能撒手不管她呢？在被刑事拘留之后，刘夏荷就能见到律师了，这让刘夏荷就更像一只奋力冲向天空的氢气球，满满都是不肯向警察就范的气体。

中药饮片部说起来是城西采供站的一个下属部门，实际上就是江小燕的一个家族作坊，员工全是跟她沾亲带故的人。刘夏荷能认定的死理，江小军、张冰夫妇当然更会坚信不疑：有江小燕在外头活动，这案子还有可能大事化小、小事化了；如果把她咬出来，那么覆巢之下，岂有完卵？面对警察的讯问，江小军、张冰夫妇只说自己的事儿，丁点儿不牵扯江小燕。他们手下的人都不跟江小燕直接打交道，就是想说，也说不出个所以然来。

一场电影演到剧终，演员表总得出来吧。中药饮片部人员分工是这样的：江小军本来就是医药行业里的从业人员，除了负责整个中药饮片部的生产和销售，原料购买也是他亲手抓；张冰负责收集购药信息，他们内部称为定“计划”；江小燕的姨父章安仁是个 70

多岁的老汉，负责炮制中药材；赵中原负责送货兼任库管；江燕妮协助张冰收集购药信息，并负责打印相应的随货同行单，以备检查；老家在新疆的宋进来是江小燕的表弟，负责出每一批药品的成品质量检验报告；在库房里负责包装的两个女子又另有不同分工：30来岁的程智慧负责打印标签，20多岁的凌燕负责给随货同行单上盖章、贴标签。

查抄制假药窝点后的第二天，民警就拿着搜查证，到城西采供站去搜查。江小军和江小燕一直保持着密切的联系。江小军这边一出事儿，江小燕就知道了。她已经把电脑服务器上的一些证据销毁了，但祖国栋还是提取到了一些证据。城西采供站管人事的是质管部。从质管部的电脑上，祖国栋查获了一张中药饮片部的工资表。这份工资表上，排在第一位的就是江小燕。江小军以下，包括那两名包药的女工，名字都赫然在列。

结合江小燕让胡波、李冬梅作伪证的犯罪事实，专案组初步断定，江小燕有生产、销售假药的嫌疑，将她刑事拘留。

6

警方分析，江小燕的犯罪过程应该是这样的：在担任城西采供站总经理期间，江小燕动了利用公家资源给自己捞钱的私心。她先在城西采供站搞了个对外称“陕西百家药厨有限公司”的零售部，为她卖自己的假药做准备。城西采供站是个有信誉的国企，和许多大药厂都有合作。起初，百家药厨卖给医院的中药都来自正规厂家，包括起初的“荣利牌”中药饮片都是正品货。江小燕的哥哥江小军比她大一岁，跟她一样，也是医药圈子里的人。等和医院建立起稳定的供药关系之后，江小燕就弄起了个中药饮片部，让江小军接手，开始把自己生产的假药冒充真药继续卖给医院、诊所、药店使用。不同于西药，中药用药周期长、见效慢，而且，一服中药常常是由十几种药材共同组成，其中一种饮片失效，很难看得出来。江小燕、江小军和刘夏荷一伙人钻的就是这样的空子。刘夏荷被抓，本来已经给他们敲响了警钟，但他们仍不收手，换个地方接着干，一方面是因为这个造假药营生利润大，足以让他们的贪婪战胜恐惧；另一方面，他们也真是小看了食药侦民警的决心和能力了。

但是，江小燕以不知情为由，把自己的责任推得光光的，声称她对中药饮片部造假药的事儿一无所知，对百家药厨卖假药的事儿也并不清楚。再加上，凭着自己掌握的资源，江小燕这些年建立了一个强大的关系网，她被警方刑拘，外面是否会有人为她疏通关系都难说。

检察机关在收到公安机关提请逮捕申请书之后，七日内必须做出批准逮捕或不予逮捕的决定。检察院不批捕的嫌疑人，公安机关必须立即释放并通知检察院。8 月 3 日，也就是二大队民警将逮捕江小燕的申请书提交市检察院的第六天，市检察院有关部门认为逮捕江小燕证据不足，要求市公安局食药侦支队办案民警前去就证据和事实情况进一步说明。下午一上班，副支队长王建武、法制科科长杨静和办案民警杨斌就准时赶到检察院开会。大家反复探讨、争论，最终意见仍未一致。争论的焦点是，以现有的证据是否足以证明江小燕知情。如果第二天上午 8 点半以前不能提供新的证据，证明江小燕对下属造假售假是知情的，那么江小燕就不构成犯罪，检察院将很有可能对江小燕做出不予批捕的决定。

整个案件急需要的是足以证明江小燕知情的证据，比如中药饮片部采购原材料的单据上有她的签字等。当天晚上，专案组紧急传来城西采供站的财务人员，想在有关增值税票据或者审批报告上找到江小燕的签字。可反复核实后发现，确实没有这样的票据存在。不过，一名工作人员在接受询问时无意中透露了一个重要的信息：因为自己生产的中药饮片质量太差，有一次，江小燕生了气，给中药饮片部全体人员开过一次会。这名工作人员并没有参会，只是听说而已。

以前在销售部干过的小纪家住南郊某村，因为妻子生孩子，小纪正在家休假伺候妻子。这天，赵建波、杨斌、祖国栋三人找到小伙子家时，已经到了午夜。由于提前通过电话，小纪衣着齐整地在等候他们。小纪证实了那位工作人员的说法，江小燕开会时，他就在场。“你们以后装药时，要把灰弄干净。现在这样子，也太不像话了。”江小燕当时说话的腔调，小纪还记忆犹新。结束对小纪的询问，已是8月4日的凌晨3点。出小纪所在的村子时，四野安静得像个熟睡的婴儿。可是，车里，三个民警却处于高度兴奋状态。赶在上午检察院上班之前，他们终于取到了宝贵的证据。

可是，仅靠小纪的孤证还不能形成证据链。8月4日上午，二大队民警全体出动，在市看守所同时提审赵中原、章安仁、江燕妮等六人。这六人都承认，江小燕确实给他们开过一次这样的会。

事实证明，城西采供站是一个内部生产假药、再通过合法外衣销售假药的制假售假企业。这个以江小燕为首的犯罪团伙管理严密，分工明确，层级分明。两年间，他们生产的假药销售范围遍布省内多个市县，其制假售假行为持续时间之长、销售下线之多、社会危害之大，都属罕见。

那次会是江小燕给中药饮片部开的唯一一次会，也是她和江小军以下的人唯一一次的公开业务交流。当天中午，民警将补充侦查的全部证据材料交到了检察院。当天下午，西安市人民检察院对江小燕做出了批准逮捕的决定。

2017年3月，本案被顺利起诉到西安市中级人民法院。

2017年4月，公安部给西安市公安局发来贺电，对专案组予以表扬。

以二大队民警为班底的专案组又被报请集体二等功一次，杨斌也被报请了个人二等功一次。

四、鸡精

1

2017年8月1日那天，西安下了点儿小雨。气温虽有所下降，不似前几天那种烧烤模式，但仍挺闷。有点儿发福的王新宏赶到省厅开会时，警服短袖都湿了一半儿。

说是开会，王新宏其实是去接一起案子。人家省厅挺重视，小会议室里，环食药侦总队领导坐了一长溜儿，而市局就去了王新宏和一个民警，就显得有点儿“头重脚轻”了。

这是一起假冒名牌调味品的案子。4 月 17 日，陕西新闻网发了一篇《记者走访调查西安市场假鸡精　6 家店铺中 5 家卖假货》的报摘稿件。4 月 19 日，省食药监局由食品添加剂和调味品监管处牵头，开会布置工作。

事实上，在此之前，写这篇报道的记者就和西安“穆堂香”生产厂家以及工商部门一起，组成了一个打假小组，于 4 月 13 日上午对西部欣桥农产品物流中心进行了检查。打假组对三家涉嫌经营销售侵犯“穆堂香”注册商标的鸡精进行了扣押，共查获了 143 袋 129.8 公斤，退还了记者所购货款，并且按涉嫌违反《中华人民共和国商标法》进行立案调查。当天下午，打假组又在朱雀农副产品物流中心查获了假冒“穆堂香”220 袋，并且下达了《询问通知书》。

4 月 17 日，关于假鸡精的那篇报道也上了西安市政府的《舆情情报》。当天上午，西安市食药监局就命雁塔、长安两区食药监局派员到记者提到的批发市场进行检查。得知工商部门已经对相关商铺进行了处罚，工作人员对涉事经营户也下达了改正通知书。

那么，这六家商铺的冒牌鸡精是谁供的货呢？商铺的说法几乎完全一致：送货的是到市场来的流动推销人员，人并不固定，车也不固定，并且没有联系方式。商家都说，他们是图便宜才买的。

4 月 20 日，省食药监局对西部欣桥的调味品市场进行了突击检查，对一家没有索票索证经营“穆堂香”鸡精的商户，进行了下架扣押。

5 月 12 日，省公安厅环食药侦总队接手调查。经两个多月的工作，除了又搜集了十包假冒“穆堂香”鸡精，省厅环食药侦总队还发现了一个重要线索：给那些商铺供货的是一个河南人。此人开一辆灰色的五菱面包车，可惜民警跟到石化大道时跟丢了。

“车号是多少？”王新宏停下笔，抬起头来。

“陕 A723L8！”介绍案情的省厅同志马上告诉他。

一听这车号，王新宏不由得和身边穿便衣的民警祖国栋相视一笑。

2

王新宏盯上陕 A723L8 这辆灰色五菱面包车，是在一个多月之前。

吃什么饭就得琢磨什么事儿。王新宏没看到记者那篇关于假鸡精的报道之前，就早早瞄上了假调味品。今年 3 月 20 日，西安食药侦支队破获了一起用工业醋酸勾兑食用醋的部督大案。办案期间，王新宏没少去逛西安的各大调味品批发市场。联想起春节前天津刚破的一起假冒“王守义十三香”和假酱油的案子，他就留意起调味品的包装和价格来。那种包装明显粗糙、价钱比人家便宜一大截儿的调味品，要是没毛病才叫怪呢！假冒的“太太乐”牌鸡精，就是这样被他发现的。

当时，除了正在办的假食用醋的“3·20”案件，还有另一起“4·22”部督大案正在收网，二大队民警们忙得鞋底子都要冒烟儿了。王新宏放不下假鸡精的线索，又不好意思再给弟兄们加码，就自己挑头承担了前期的调查取证。发现可疑“太太乐”鸡精后，他马上和厂家取得联系。上海“太太乐”厂家法务部派人来到西安后，证实他买到的“太太乐”确系假冒。5 月 22 日，食药侦支队正式以假冒注册商标罪对此案立案侦查。

6 月 26 日，王新宏带领一名民警、一名辅警悄悄在西二环的方欣市场内蹲坑守候。此前，他们已经通过调取多个调味品批发市场内的监控确定，给那些出售假“太太乐”鸡精的商铺供货的，是那辆陕 A723L8 灰色面包车。

网上调取这辆车的注册信息，车主是个名叫刘娜娜的女人。刘娜娜 36 岁，河南项城人，车的注册地址是胡家庙蔬菜干果批发市场。而这个市场早在几年前就已经拆掉了。

在方欣市场，王新宏终于找到了这辆车。开车的人是一个 50 来岁的男子，也是方欣调味品市场里的一个商户老板。商家要做生意，自己的姓名、电话都不对客户保密。这样，王新宏他们很容易就获悉，此人名叫刘和平，他的手机号也有了。从监控截图上可以看出，开车跑别的市场的人正是这个刘和平。于是，王新宏决定盯住他，看看他的货藏在什么地方。

这天，刘和平开车一出方欣市场，王新宏他们开的地方牌车就悄悄跟上了，一直跟到了未央区的讲武殿南村。一个村子怎么叫这么个名儿呢？原来，南北朝时期的北周以长安为都，在此地修有正武殿。后来，正武殿在战乱中被毁，等它演变成一个村子时，名字也被讹传成了"讲武殿"。讲武殿村又分为北村和南村，据说北村现存一覆斗式夯土台就是正武殿的遗址。后来，王新宏发现，省厅同事跟丢这辆灰色面包车的石化大道路口，其实离讲武殿南村只有两公里。

刘和平的库房在村旁一块收割过的麦地边。一圈儿红砖围墙围起一个700平方米左右的院子，院门是大红的铁门，透过门缝儿可以看见，院子里有三间活动板房。等刘和平开车离开之后，王新宏与民警高翔翻墙跳进院子里。三间板房都锁着门，里面放的是什么看不清。王新宏只好把手机从下面门缝儿塞进去，拍了几张照片。从并不清晰的照片上可以分辨出，房间里成箱堆积的货物，有的纸包装箱上印着红色的"太太乐"字样。

3

研究刘和平的通话记录后，二大队民警祖国栋发现，有个名叫师建钧的河南项城人定期跟刘和平联系。师建钧现年55岁，身份证上的地址是项城市湖滨路金海明月小区。因生产假冒"太太乐"鸡精和"莲花"味精，此人曾于2006年被项城警方网上追逃；2009年，师建钧在西安坐火车时，被铁路公安民警抓获。后来，因为证据不足，师建钧被取保候审，免于刑事处罚。祖国栋查询师建钧的关联信息后发现，他的名下既没有汽车也没有银行账户。什么人会连个银行账户都没有？这不能不让人对他生疑。

河南项城是著名的"莲花"味精总部所在地，项城也因此有

"味精城"之称。在项城，有许多生产味精、鸡精的小作坊。从警方掌握的数据看，项城也是生产假冒味精、鸡精高危人群的聚居地。从本案来看，刘和平是河南太康县人，太康与项城同属周口市，两个县城相距不过 90 公里。刘和平驾驶的车是项城人刘娜娜名下的。和他频繁联系的是项城人师建钧。这些信息都在提示民警，西安的假鸡精很可能和项城有着某种关系。

刘和平和刘娜娜是不是亲戚关系？刘娜娜跟师建钧是否认识？项城究竟是什么样子？带着这样一些问题，6 月 27 日，王新宏和高翔开车去了趟项城。西安这边，祖国栋把研判出来的信息不断反馈给他们。

分析师建钧的话单发现，和他联系最密切的人居然就是刘娜娜。显然，他们不仅认识，还有可能是亲戚或者生意合伙人。再看刘娜娜，她的名下居然有五辆车，除了刘和平开的那辆灰色面包车，还有一辆福田牌厢式货车，另外三辆都是轿车。王新宏他们在项城调查发现，刘娜娜名下的一辆白色的本田车，是一个五六十岁的男人在开。这个人疑似师建钧。

刘娜娜的银行卡信息也被纳入了视线。民警发现，每次刘和平和师建钧通电话之后，刘娜娜的银行卡就会有一笔进账，而给她打钱的人正是刘和平。刘和平给刘娜娜打钱都在节假日，而他与师建钧通话则在之前的两三天。这样的时间差，王新宏理解为货到付款；而打电话后，师建钧就开始给他备货了。

那么，师建钧用什么车给西安送货呢？既然刘和平开的车是刘娜娜的，送货的车应该还是刘娜娜的。这样的事儿，知道的人当然越少越好。刘娜娜另外四辆车中三辆是轿车，那么，前来送货的很可能就是那辆红色的福田厢式货车了。

如果从项城出发，把讲武殿南村设为目的地，福田车的行经线路会是怎样的呢？通过百度地图、高德地图，专案组民警们把它的路线勾画出来，确定福田车到西安必经的一个点是官厅立交，然后根据刘和平给刘娜娜打钱的时间倒推。经过耐心细致地查看官厅立交的监控，果然发现了这辆福田车的身影。根据刘和平每次给刘娜娜打钱的时间节点，一次次再往前找，果然每次都能找到这辆福田车。这给了专案民警很大的信心：估算好时间节点，在这个高速公路出口，就能够守候到来送货的福田车！

4

从项城一回到西安，王新宏就又来到了讲武殿南村。他要在这里等候那辆福田车。

6 月 30 日傍晚，刘和平开着灰色面包车，早早进了那个院子。8 点多，王新宏接到队上民警微信发来的信息：目标车辆已经经过了官厅立交！晚上 9 点，福田车果然来了。刘和平开门，把福田车接进院子里。借着仓库的灯光，从门缝儿里可以看到，刘和平和福田车司机二人在从车上往仓库里搬货。福田车司机是个 50 岁左右的人，身材偏瘦，看上去和刘和平挺熟，但俩人忙着干活儿，话并不多。

天热，下货的又是两个上点儿岁数的人，就得干干歇歇。这样，直到半夜 12 点，活儿才干完。福田车司机把车留在刘和平的院子里，上了刘和平的车。刘和平锁好院子门，开车离开。专门负责盯面包车的二大队副大队长赵建波和民警祖国栋开车跟踪灰面包车走了十分钟左右，来到阁老门村。坐在车里，他们目送刘和平和那个福田车司机进了一家小宾馆。

院子里没人了，就该进去看看福田车拉的是什么货。可是，仓库门锁着，里面黑灯瞎火，看不见。又不能惊动了刘和平他们，只能等天亮。天一亮，王新宏、高翔翻进院子里，还用老办法，把手机从门缝儿里伸进去拍照片。他们正忙着，接到赵建波发来的微信：刘和平二人离开阁老门村的小宾馆了。王新宏二人赶紧翻墙出来，刚躲起来，刘和平他们就回来了。福田车司机开上车先走了，锁好门后，刘和平也开车走了。

赵建波等人尾随刘和平，先后去了方欣、欣桥等市场。等刘和平走后，他们从刚才刘和平供过货的两家商铺里又买到了五包“太太乐”鸡精。事后，厂家鉴定后证实，这五包“太太乐”鸡精全是假冒的。

王新宏他们则负责跟踪福田货车。在服务区，他们看清了司机的模样。这是个瘦瘦的中年男人，头发已经花白了。福田车在许昌下了高速，进市区后，三转四拐，进了一个巷子。在一个挂着“福瑞汽修”招牌的地方，福田车开进了院子。王新宏用手机搜了一下，这里位于许昌市魏都区的劳动北路东段。福田司机到这儿来干吗呢？不清楚！一个来小时后，福田车从“福瑞汽修”院子里出来，继续上路。

警方和上海“太太乐”厂家接上头后，厂方专门派出打假人员，积极配合警方的行动。在王新宏他们赶到项城之前，厂方人员已经按专案组的要求，坐高铁先期赶到，并且租了一辆当地牌照的接货面包车，等候在项城。福田车回到项城时，天已经擦黑了。它一路开到了新王昶集的金石联科工业园内。趁福田车司机在路边一公厕上厕所的时候，王新宏和厂家打假人员碰面，并且决定把现有人员分为两路：他坐厂家那辆面包车，跟着福田车往有门卫把守的工业园里闯；而高翔等人留在外面，伺机行动。

后来，王新宏他们才搞清楚，工业园区白天什么车都可以进，晚上门卫就要查问一下了。好在面包车一看就是拉货的，挂的又是当地牌照，跟在福田车后面进门时，门卫并没有阻拦。

金石联科工业园院里有好多小工厂，看招牌，有生产木器的，有生产食品、调味品的，也有生产防水材料的。福田车开进院内一个没写门头的厂房里，司机从里面出来时，有工人拉上了卷闸门。

这边，高翔这一路跟踪司机，进了一个名叫“莲花新村”的小区。

5

河南是人口大省。人多了，就形形色色什么人都有。大忠、大奸、大善、大恶，都不乏其人。历史上的人物，大忠要数岳飞岳武穆，大奸就得算袁世凯“袁项城”了。

项城是一个有着悠久历史的地方。最早的历史可以追溯到公元前一千年周朝初年就有的项子国。历史上，项城也出过不少历史名人。以近代为例，除袁世凯之外，还有被人称为“民国四公子”的项城人袁克文、张伯驹。说起来，项城跟西安也有渊源。西安的肉夹馍世人皆知，可是很少人知道，这白吉肉夹馍却是河南项城袁楼村人在陕西咸阳发明的，后来，白吉肉夹馍的总店挪到了西安，如今，打着西安白吉肉夹馍招牌的店铺，在全国有成千上万家。

项城人阎汝民只是一个升斗小民，和大忠、大奸都沾不上。但要说个性特征，却也彰显着一个“忠”字。不过，他只忠于他的老板师建钧，不为别的，就为师建钧在他最难的时候帮了他一把。

阎汝民今年 48 岁，但看上去却有五十四五岁。前几年，阎汝民财迷心窍，把家里全部积蓄外带借几个亲戚的钱，全部放到了一家担保公司吃高利息。高利息拿到手上后，他也不舍得花，又投到了里面“生儿育女”。谁知一夜之间，担保公司就都跑路了。他不但把自己的钱折进去了，欠亲戚的钱也要不回来了，亲戚就成了债主甚至仇人。有一阵儿，阎汝民吓得连家都不敢回，满头黑发就是那会儿花白掉的。他跟师建钧过去有些交情不假，可有交情的人多了，到这节骨眼儿，谁肯借你钱，让你去填窟窿？阎汝民跟好多人下过话，只有师建钧答应借给他钱，让他度过了那段最难的日子。那会儿，阎汝民正失业，师建钧让他给他开福田牌厢式货车。虽说开大货车早出晚归挺辛苦，师建钧一个月只给他 4000 来块钱的工资，但阎汝民就已经非常感恩了。一般说来，开大货车跑长途都是两个司机轮流开，而且司机光管开车，并不负责卸货，但阎汝民就一个人开，而且给卸货。他不光要对得起他那份工资，还要对得起老板这个人。当然，老板挣的是什么钱，他也清楚。可是，这跟他阎汝民有啥关系呢？远的不说，就是项城人里，吃这碗饭的人也有的是啊。阎汝民痛恨那些骗人钱财然后跑路的担保公司老板，却不恨假冒人家品牌生产假货的人。别看生活在有“味精城”之称的项城，他家炒菜时从不用什么鸡精、味精。

7 月 5 日，老板接了渭南一单生意。两天时间，货已经备好，装到了车上。7 月 8 日一早，阎汝民就开着福田上了路，第一站是渭南。就像跟西安的刘和平打交道一样，哪怕打过多次交道，他也没人家的联系方式，都是师建钧和对方联系。到了西安，他给师建钧打电话，师建钧再给刘和平打电话，然后，师建钧再把和刘和平约定的内容告诉他。见过很多次面，阎汝民跟刘和平都只是搭搭话，连人家姓啥都没问过。

7 月 8 号这天，关中一带简直就像个大火炉。阎汝民看了看手机上的天气预报，西安这天的最高气温高达 42 度。渭南下货的地点在高新区姚家村，一个见过面的小伙子来接的货。当天晚上，阎汝民在一个大车店里落的脚。说是大车店，一点儿不假。这家"响铃宾馆"有个大院子，可以停拉货的大卡车，来这儿住店的都是跑长途的司机。还有就是价格上的优势。这里的三人间才 60 元一晚上，房间里没有卫生间，也没有空调。有什么呢？汗味儿、臭脚丫子味儿老能闻到，尽管窗子早开到不能再大了。

这天晚上，阎汝民去公共浴室冲凉时，遇到个白白胖胖的中年人。阎汝民一眼就能看出，这人不是开大车的。果然，天麻麻亮，他起来赶路，发现院子里停了一辆西安牌照的白色捷达。这年头儿，开捷达的人已经不多了。开轿车的人，恐怕也就只有开这种老型号车的人，才会跑到大车店里来省俩钱儿吧。阎汝民脑子里只是这么转了一下，就把车发动起来。他想赶到下一站后，再去吃早饭。

这次的货，除了渭南，还得送到宝鸡。一下高速，就遇到了状况。穿着制服、携带武器的警察向他示意，让他靠边停车。常年跑长途，阎汝民对这种情况也不奇怪。城市的高速口都有这样的反恐点儿，警察查车，主要针对有暴恐嫌疑的车辆和人员。

"请出示驾驶证、行驶证!"一个高个儿警察跟他敬了个礼。他把证件递上去，另一个矮点儿的警察用手机给他的驾照拍了张照，给站在车边的他本人也来了一张："车上拉的是啥？把随货同行单拿出来看看。"对照着他递上去的随货同行单，警察把车里的货扫了两眼，又拍了两张照片，然后把随货同行单递给他："好了，可以走了。"阎汝民不由自主绷紧了的神经立即就放松了，再发动起车，他竟然吹起了口哨。后头，一切都很顺利。货早早下完，阎汝民吃过早饭就往回走。天麻麻黑时，他就赶回了项城。

6

8 月 1 日，从省厅拎回那十袋假冒的“穆堂香”之后，王新宏赶快和自己从讲武殿南村拍到的照片进行比对。他调出手机里的图片一看，刘和平仓库里的纸箱上写的绿字，不就是“穆堂香”吗！除了“太太乐”“穆堂香”，他们发现，被假冒的鸡精品牌还有四川的“百信”等。省厅转来的案子和他们以前在搞的案子很快并案，市公安局食药侦支队的袁萍出任专案组组长。

那天坐面包车混进项城金石联科工业园的院子后，王新宏发现，停放目标福田车的那个工厂，一有人进去就把卷闸门拉上，神神秘秘的。天亮后，趁院子里还没人，王新宏爬到通风口，还是用老办法，把手机伸进去拍照。从照片上可以看到，厂房里有一些看上去像封口机之类的加工机器。厂房地上堆放着一些蛇皮袋，里面装的是淡黄色粉末状的东西，疑似鸡精；另外，地上还堆放着一些纸箱和花花绿绿的塑料包装袋。

这家厂房的承租人就是刘娜娜。刘娜娜注册了项城市项华调味品有限公司，自任法人代表和经理。她的“项华”牌鸡精就是在这里生产的。这种鸡精颜色发白，而“太太乐”“穆堂香”和“百信”的颜色则要黄一些。“项华”没名气，市场上不认，一箱 110 元还不好卖；而只要把“项华”鸡精的颜色弄得黄一些，穿上“太太乐”的“马甲”，就能卖到 190 元一箱；穿上“穆堂香”，就能卖到 160 元一箱；哪怕是装在“百信”的袋子里，都能卖 110 元一箱，那也比“项华”卖得快得多呢。

随着民警们在项城的跟踪和持续调查，师建钧与刘娜娜之间的关系也搞清楚了。虽说师建钧户口在湖滨路金海明月小区，他却不在那里住，而是和刘娜娜一起住在湖滨路西御锦湾小区里。他和比他小 19 岁的刘娜娜生有一个一岁多的女儿，虽然他们并没有领结婚证。刘娜娜的工厂其实也是师建钧的。

假鸡精就在厂里生产，包装、装箱并装车，都可以在厂房里完成。那么，他们的假包装袋和纸箱是从何而来的呢？既然师建钧、刘娜娜在项城只有一辆福田车在拉货，那就盯紧福田车好了。

8 月 7 日下午 5 点多，福田车从许昌下了高速，又一次开到了魏都区劳动北路。王新宏等人跟在后面，看到一个身高体胖、嘴唇较厚的中年男子在和福田车司机一起往车上搬纸箱。调取师建钧的话单后发现，在此前后从许昌和师建钧通话的人，名叫姚永胜。结合刘娜娜的转款记录，姚永胜就此被纳入视线。

8 月 9 日上午，福田车又去了趟漯河，开进了召陵区桃园路北精益公司东北角一个无名厂房内。以同样的方式，民警查出，此人名叫邵东风。从他这儿，福田车拉走的是塑料包装袋。后来，专案组发现，给师建钧供包装袋的还另外有人。9 月 5 日，民警跟踪福田车，来到了焦作市山阳区解放东路中铝家属院对面的双鑫彩色印刷厂。这个厂的负责人叫冯百灵，刘娜娜的银行卡说不了谎，她曾多次给冯百灵转过账。

用相同的手段，专案组也查清了师建钧的下线以及下线的下线。除了西安的刘和平，师建钧在渭南的下线名叫张峰；刘和平在西安市方欣市场有个下线叫王灿星，但张峰也在给王灿星供货；师建钧在西安另有个下线叫周岩，可刘和平、张峰也在给周岩供货；师建钧在宝鸡的下线名叫刘建新，张峰在宝鸡的下线名叫田彬彬。王灿星、田彬彬都属于下线的下线，他们跟师建钧都没有联系。

所有嫌疑人的窝点都纳入到专案组的视线了。

7

进入 8 月份之后，师建钧、刘娜娜的买卖变得格外红火，原先一周或者两周送一次货，变成了一周之内送三次货。进入 9 月，随着国庆节、中秋节的慢慢临近，福田车的送货频率甚至达到一周五次。专案组研究后认为，最晚 9 月 20 日以前必须将这个团伙打掉。

在项城，师建钧他们除了在金石联科工业园里面的厂房，还有两个仓库，分别存放纸箱和包装袋。下线要货时，他们才会把包装袋和纸箱搬到厂房里。有一个工人具体负责在厂房与仓库之间搬运包装材料，具体是谁，民警还不掌握。

到9月15日，专案组掌握的犯罪窝点共有10个，犯罪嫌疑人共有12人。在警力有限的情况下，常规的行动方案都是擒贼擒王，先确保抓到主要犯罪嫌疑人，根据主要犯罪嫌疑人的交代，再去抓别的嫌疑人。但是，这就像开枪瞄准树上一只鸟，枪声响过，别的鸟不飞才怪呢。再去挨个儿逮别的鸟，谈何容易呀。就是考虑到这个后果，专案组前期才做了这样细致的工作，把嫌疑人及其窝点尽可能都找到。现在，差的只是警力了。

“给领导打报告，从特警支队抽些小伙子来呗！”有人提出这样的建议。王新宏一口拒绝。特警们身强力壮，精力充沛，抓捕暴力犯罪嫌疑人没问题，可是，专案组需要的是有办案经验特别是有办理食品、药品案件经验的熟手。人一抓完，就马上要开展审查。问不到点子上，回头案子就是夹生饭，走法律程序时，检察院、法院都通不过。鉴于这种情况，支队专门给市局领导打了报告。市局领导对专案组的工作十分支持：“你们不是平时也在给下面分局进行业务培训嘛，正好，这是一个以战代培的机会！”市局领导同意支队从城区、郊区14个分局的食药侦大队各抽一名有办案经验的民警，充实到专案组。支队又与市食药监局取得联系，由食药监局抽十名干部配合专案组在各地开展行动。为了让新来的同志尽快进入角色，专案组将行动预案做到了最细，有图有真相：简要案情、窝点位置示意图、物流走向图、警力人员部署图、各窝点主要嫌疑人的情况、讯问提纲及现场取证要点等，应有尽有，甚至连各个窝点涉嫌犯罪的相关法律和类似案例，预案里都涉及到了。当然，为了保密，行动开始前预案才会发到每个人的手中。

可在这节骨眼儿，渭南的张峰却找不到了。负责渭南组行动的赵建波急了。

福田车来渭南时，接货的是张峰派来的一个小伙子。因为张峰没露面，民警无从跟踪他。张峰也是项城人，他在渭南登记的居住地是火车站北街27号，但是，赵建波带人实地查找，却压根儿找不到27号。上网查这个地址，在这个门牌号的居民名叫员依娜，是个与张峰年龄相仿的女人。赵建波推测，员依娜有可能是张峰的媳妇。做了一番功课之后，赵建波发现，员依娜半年前在网上买过一样东西，她留的快递地址不是火车站北街27号，而是这条街上的一家足浴按摩店。9月15日上午11点多，赵建波和高翔气呼呼地闯进这家足浴店，见一个老板娘模样的人，赵建波声高嗓大地问："员依娜是不是在这儿?"

如果员依娜跟足浴店无关，老板娘肯定就会马上答复他，店里没这人。可是，老板娘一开口，却说："你找她干啥?"显然，有门儿!

"干啥？她要的货，我早给她发了，她到现在没给我钱呢!"赵建波把早准备好的词儿趁热端了出来。

"咋不打电话?"老板娘问。

赵建波马上回答："打了一百回，她不接!"

"她早就不在这儿住了。房子她大伯子哥现在住着呢!"老板娘一边说着，一边低头翻着手机看。

"她伯子哥叫啥?"赵建波还在问。

老板娘顺嘴就说："叫张越，就是张峰他哥。"

看来，员依娜果然和张峰是两口子。但他们究竟住哪儿，却不知道。上网一查，员依娜名下有辆轿车。现在，赵建波他们只好动用各种手段，以车找人了。

8

9月18日，星期一。专案组各路人马奔赴自己的岗位。

最先出发的是袁萍。早上7点20分，袁萍就登上了西安至郑州的G1548次高铁。这趟车只需要1小时54分钟就能到达目的地，她可以有两个小时到河南省公安厅联系工作。跨省行动，又牵扯到好几个城市，这就需要河南同行的大力配合。在此之前，陕西省公安厅环食药侦总队领导已经给河南省厅同行打过电话，河南省厅同志一上班就在办公室等着她了。

下午2点15分，食药侦支队副支队长王建武以及王新宏等15人乘坐的G854次高铁从西安北站发车。这15人中，包括去漯河的3人和去许昌的4人。考虑到项城是主战场，王新宏等8人准备在漯河下车，再坐车去项城。“太太乐”厂家打假人员已经在项城租了两辆车，等在漯河高铁站。能想到的一切环节，都已经安排得妥妥的了。

上午10点40分，负责跟踪监控福田车的民警发来信息：福田车这会儿到了许昌市魏都区劳动北路。对于福田车来说，这是个正常线路，无非是去拉纸箱嘛！可是，一直到下午，福田车也没有走，这就有点儿不正常了。

师建钧平时开的是一辆白色的本田雅阁车。高铁停靠华山北站时，手机信号好了，王新宏收到负责监控本田车民警的报告：本田车离开了西御景小区，在向高速公路入口方向行驶。列车到三门峡南站时，民警再报：本田车上一共四个人，除了师建钧、刘娜娜之外，还有一个一岁多的幼儿和一个女人。幼儿应该是师与刘的女儿，而那个女人呢？民警说，可能是他们家的保姆。这时，本田车已经上了高速，正在往西安方向行驶。下午4点46分，G854次车已经过了郑州，还差15分钟就要到许昌了，民警打通了王新宏的电话：“本田车现在从许昌下高速了！”

再赶到项城实施抓捕，已经没有意义了。不抓师建钧、刘娜娜，别的人都不能动。现在，除了这两口子之外，福田车司机阎汝民也在许昌。再加上提供纸箱的姚永胜，许昌集中着四名主要犯罪嫌疑人。电光石火间，王新宏建议，全部15人都从许昌下车。他的想法得到了王建武的同意。

打了五辆出租车，一行人集中到了劳动北路姚永胜纸箱厂附近。这一带正在拆迁，纸箱厂两边的房子大多都已经变成了瓦砾堆。看样子，顶多个把星期，纸箱厂也就不复存在了。师建钧他们都集中到这里，是要干什么呢？

王新宏他们一到，马上和许昌警方接上了头。事先，河南省厅已经跟许昌方面打好了招呼。许昌市公安局治安支队辛政委和手下的食药侦大队任大队长一干人来到王新宏他们下榻的宾馆，商量抓捕方案。

师建钧一家子已经入住了一家名叫“鑫鑫商务酒店”的小宾馆。宾馆的房间不多，民警赶到后再去问时，已经住满了。王新宏他们只好住到了旁边一家小宾馆里。现在，首先要搞清师建钧一行住在哪个房间。辛政委哈哈一笑：“这好办。马上要开十九大了，各地安保都加强了。派出所民警去查个房，不是很正常吗?”

晚上 11 点 20 分，辛政委、任大队长和魏都分局西河派出所民警一起，着装整齐地来到鑫鑫商务酒店。西安一民警身着便衣跟在他们身边。

“派出所的，查下你们客人信息。”派出所民警出面，先从前台登记查起。这下，大家马上清楚，刘娜娜和那个像保姆的女人带着孩子住在 210 室，而师建钧与阎汝民住在 308 室。查过前台后，民警们又“抽查”了二楼和三楼的几间房，故意漏过了 210 和 308。为什么要这样做呢? 因为师建钧这帮人跟普通客人不同，他们心里有鬼。如果直接跟他们照面，他们中任何人对着手机微信说上一句，说不定就会惊了外地的上线和下线。

9

9 月 19 日，研究抓捕行动的会议在王建武的房间里开到凌晨 3 点才结束。分析了各种可能性之后，大家达成了这样一个共识：“让他们自然开门后再抓!”考虑到福田车有时天不亮就出发，他们决定，提前做好退房准备，把东西集中到一个房间，5 点整统一离开。

没等手机闹铃响，凌晨 3 点 49 分，王新宏就醒了，脑子里一遍遍考虑着行动方案。4 点 58 分，他和王建武下到大厅前台时，民警们都静悄悄集中到那儿了。

按照方案，王新宏带一个民警来到鑫鑫商务酒店前台：“有房间吗? 跑了一夜车，实在困得不行。”他们的身份，是跑长途的大车司机。

“102 刚空出来，还没收拾呢。”

听服务员这么说，王新宏赶紧就接话：“没关系、没关系，我们困死了，能赶紧睡就行。”

说话之间，有三个男子拉着行李箱来退房，是三楼的。于是，一进 102 房间，王新宏就赶紧给民警祖国栋、何旭发微信。随后，祖国栋、何旭二人又以自驾游的旅游者身份，来到鑫鑫酒店前台。他们同样“不嫌弃”房间没打扫，入住了三楼。

“你住 102，怎么跑到二楼来了？”在二楼楼道，服务员小声问跑到这儿的王新宏。

“信号不好，我要发微信呢。”王新宏举着手机辩解。正好，他发现 206 房间空出来了，于是要求换到这间房子。

“门开着，你直接进去吧。”服务员倒是好说话。

“把门开着，注意目标房间的动静。说话声音尽量小，不能说陕西话。”王新宏发微信提示祖国栋、何旭。

他们一行从许昌下车后，“太太乐”厂家把在漯河高铁站准备接他们的那两辆车也开到了许昌，一辆在鑫鑫酒店院子里挨着白色本田停放，另一辆则停在姚永胜纸箱厂旁边，监视福田车。凌晨 5 点 51 分，民警孟应涛在小群里发出信息：昨天停在纸箱厂外面的福田车不见了！

难道阎汝民已经悄悄离开鑫鑫宾馆上路了？平时，他可走不了这么早啊。消息一出，小群里就炸了锅：人都走了，还守在这儿干什么？大家应该出去分头行动，赶快想办法把福田找到呀！

王新宏这会儿却特别冷静。刚才，他特意去 308、210 房间外看了，“请勿打扰”的灯是亮的。他想了想，前面的工作没有什么破绽，师建钧一伙应该并没有被惊动。因此，他坚信，至少师建钧、刘娜娜还在房间里。他们是最主要的犯罪嫌疑人，不管出现什么情况，现在都必须先抓了他们再说。所以，王新宏力排众议，要求大家，继续在鑫鑫宾馆里守候，一直守到那两间房间的门自然被打开。

7 点 20 分，210 的房门打开，刘娜娜和保姆抱着孩子下楼了。

隔了几分钟，308 的房门打开后又关上了，师建钧拎着包也下了楼。前台给他们退了押金后，他们抱着孩子出了门，往白色本田跟前走去。

“公安局的，不许说话！”守在外面的民警将三人控制住。师建钧、刘娜娜心里有数，并没有自讨苦吃。他们被重新带回宾馆，被拉进了没有锁的 102 房间。讯问非常顺利，师建钧立即招供了。

师建钧他们一进 102，王新宏就要了服务员的公用房卡，和何旭“噔、噔、噔”地一路跑回三楼。他们刷卡打开了 308 房门，和正要开门出来的阎汝民差点儿撞在一起。对阎汝民的讯问就在 308 进行。可是，与师建钧、刘娜娜的态度截然不同，阎汝民什么都不承认。连搜出他口袋里的福田车钥匙，他都推说是朋友的钥匙，放在他这儿的。

“阎汝民，去过渭南吗？”王新宏问他。

“没去过。”他嘴很硬。

“没去过？响铃宾馆你该记得吧？你车旁边停了一辆捷达车，有印象吧？”王新宏提示他。

这次，阎汝民愣了一下。

“你看，咱们冲凉时见过嘛！”王新宏脸上浮上了坏笑。可阎汝民还是死不承认去过渭南。

“那这张照片上的人是你不？”王新宏调出手机里的照片，让他辨认。

这下，阎汝民蔫了。

在那个闷热难当的晚上，入住渭南大车店“响铃宾馆”的王新宏一夜冲了三次凉。他和赵建波待在没有空调的房间里，几乎一夜没睡，天亮后感觉自己快要中暑了。7 月 9 日是个星期天，祖国栋正好回宝鸡看望父母。捷达车跟踪福田追到帽耳刘立交桥，王新宏决定不往前追了，反正知道福田车要去的地方是宝鸡。他给祖国栋打了电话后，祖国栋就在宝鸡高速出口恭候阎汝民。祖国栋灵机一动，让反恐检查站的民警配合，查了一下福田车。王新宏手机里的照片就是这么来的。

7点38分，王新宏在专案组群里发出微信："许昌已控制老板与司机，各点可以动手。"后面，他加了一个"奋斗"的表情。

10

这个时候，孟应涛已经找到了福田车。姚永胜手上还有一把福田车的钥匙。怕车夜里丢了，他叫人把车挪进了厂房里。福田车虽然只挪动了20米远，但隔着院墙，又锁着房门，大家一时遍寻不见。最后，扒着门缝儿，孟应涛终于发现了这辆车。虚惊一场！

8点整，一个高高胖胖的人出现在孟应涛他们的眼前。这人的最大特征就是嘴唇比较厚。

"你叫啥？"孟应涛拦住他，直接问。

这里正拆迁，外来人不少，来人有点儿没好气，但还是报了大名："姚永胜！"

"来这儿干啥？"孟应涛的口气就像拆迁人员一样壮。

"这儿就是我的！"自称姚永胜的人一指锁着福田车的院子。

"那好，进去跟你谈谈。"孟应涛拍拍姚永胜的肩膀。

就在姚永胜落网的同时，千里之外，右手打着石膏的刘和平走进了位于西安大兴路的大兴医院。前两天下雨，刘和平出门时不小心摔了一跤，右手不仅骨折了，还被扎破了。因为伤口有些感染，他到医院来打吊针消炎。民警耐心地等待他打完吊瓶，然后押着他去他的库房和门店指认现场。

19日中午，员依娜名下的那辆轿车出现在西安市儿童医院，被民警发现。原来，张峰、员依娜的孩子生病了，他们是带孩子跑西安来看病的。在医院停车场，张峰归案。

截至9月21日，专案组在陕西、河南两省八市共抓获嫌疑人18名，其中10人被刑事拘留。包括2个加工点、3个印刷点、7个仓库在内的12个窝点被查获，共查获"太太乐""穆堂香""百信"三个品牌的鸡精，"莲花""福瑞"两个品牌的味精若干箱，光是包装袋就有32万个。在漯河市召陵区桃园路邵东风窝点，民警查获了假冒"穆堂香"和"百信"两个品牌的印刷模板。在项城金石联科刘娜娜的厂房内，民警查获了灌装机 1 台、封口机 4 台、打码机 4 台。本案涉案价值共计 8000 余万元。

那么，师建钧一伙人突然跑到许昌来，究竟要干什么呢？原来，前一天，师建钧突然有了不祥的预感，格外心慌。于是，第二天上午，他决定让阎汝民拉着原料、包装袋小型封口机，把生产窝点转移到许昌姚永胜的小作坊里。上午福田车一到，阎汝民就和姚永胜及其手下的工人一起开始加工。剩下的一些活儿，师建钧两口子打算 19 日早上再去搭把手，一起干完。一见到西安的警察，师建钧就知道，自己的预感应验了。

倒卖石刻佛像文物案

连轴蹲守

到这天下午，西安“12·25”专案组民警的蹲点守候已经持续两夜三天了。这天的日期是2016年6月17日，星期五。

一个生面孔长时间出现在一个地方，是会被人认出来的，所以，西安两个点位上的人员半天就得轮换一班，守候的侦查员连吃饭都得在车上解决。这几天，西安的最高气温已经达到37摄氏度，白天相当闷热，可是，为减少上厕所，所有人连水都尽可能少喝。算上华县那边，专案组三个地方将同时进行的抓捕行动马上就要打响。

2015年年底，有人向公安部匿名举报了一起倒卖石刻佛像的案件。举报信上提到，倒卖石刻文物的人名叫蔺振辉，在西安市高新区开有一个私人会所。蔺振辉手下有哪几个喽啰，匿名信也一一罗列了姓名。举报人在之后的爆料中，还提供了石刻佛像的部分照片。这种佛像是南北朝时期的石刻，造型十分精美，但出土地方不详。

12 月 25 日，这封匿名信被批转到了陕西省西安市公安局专门打击文物犯罪的刑侦局二处五大队，这起案件也就因此被命名为部督 2015“12・25”特大盗窃、倒卖文物案。大队长韩育林带人找到那家名叫“藏聚会所”的地方时，这里已经人去屋空。物业人员说，这个“藏聚会所”不知是什么来头，门口经常会停几辆豪车，其中包括蔺振辉那辆黑色的路虎。平时，这帮人根本不让物业人员进去，凶得很。有一次，“藏聚会所”的水管爆了，他们不得不叫来物业人员。这是物业人员唯一一次被允许进入这个神秘的会所内。据修水管子的师傅说，“藏聚会所”装修时把房子改造了，开了个一般人察觉不到的后门。后来，民警们发现，这里其实是一个玩儿“德州扑克”的秘密窝点。

“藏聚会所”关门的原因，是长期拖欠各种费用，被物业断了水。之后，蔺振辉找来搬家公司，把房子里的东西搬走了。搬家公司的车进入小区时有登记，通过这条线索，民警们找到了蔺振辉位于华县瓜坡镇的老家。

蔺振辉生于 1988 年，因为父母娇惯，从小不好好念书，连初中都没读完，但他的学历却是本科。原来，他进过体工队练过拳脚，后来花钱弄了个体院的文凭。现在，他已经有了一儿一女，把家安在西安市高新区。在开“藏聚会所”之前，他还曾开过一家担保公司。瓜坡镇这边是他父母的老宅。文物警察关心的是与文物有关的案子。蔺振辉究竟跟石刻文物有没有关系呢？趁着四下无人时，民警王楠、高军、王丹影等人踩着汽车的引擎盖，爬上了他家老宅的院墙。院子里，果然放了很多拴马桩、石槽等石刻物品。回到西安后，民警们把偷偷拍的照片仔细一看，里面虽然没有石刻佛像，却有石刻墓志。拴马桩、石槽还有可能被归到民俗范畴，石刻墓志肯定是文物。

2016年1月12日，“12·25”案件正式立案。蔺振辉及其主要团伙成员惠波波、刘彦军、吝高浪和杨西峰都被纳入视线。

从2016年2月开始，连续三个多月，蔺振辉频繁地往广州跑。专案组分析，他可能是去那边联系境外的买家。他只身过去，如果带着样品，在机场将其人赃俱获，那是最理想的抓捕方案了。可是，蔺振辉行踪诡异，很难跟踪。他坐飞机，绝不会提前订票。有时候，蔺振辉晚上11点还在华县，说要回西安，可第二天一早，他已经到了广州。原来，凌晨5点多，他就从西安的家里赶往机场，临时买张机票，坐头一个航班飞到了广州。

到了6月中旬，专案组已经掌握了蔺振辉一伙的基本情况和活动规律。为防止文物被转移，五大队民警兵分两路，一路华县，一路西安。一般来说，石刻文物的体积大、分量重，得有地方存放。蔺振辉的舅舅是华县瓜坡镇的一名乡镇企业家，在当地有个生产建材的工厂，还有个养鸡场。这两个地方都能够放得下石刻佛像。所以，华县瓜坡镇这边，除了蔺振辉家老宅，民警还得关注他舅舅的那家工厂和养鸡场；在西安的民警当然得盯着蔺振辉以及他身边的几个马仔。此时，欧洲杯正在进行中。蔺振辉在高新区一个城中村租了间民房，弄了个赌球的小盘子，让两个喽啰守着；同时，蔺振辉在曲江买的一套房子开始装修了，他也时常会去工地。6月17日这天下午，韩育林和副大队长于明、侦查员田锋守在曲江这个小区外，只等蔺振辉出来开车就立即抓他。按行动方案，蔺振辉落网之后，高新和华县那两个点儿再同时动手，以免走漏风声。

6月17日下午6点，身体壮实的蔺振辉从楼里出来。他坐进路虎车里，刚要发动车，车门被人一把拉开。

“公安局的！”三个便衣警察出现在他的面前。

男儿有泪

“干啥？干啥？警察咋啦？”被两个警察一左一右挤进后排座位，蔺振辉还在拼命反抗。韩育林想给他双手戴上手铐，却完全不可能，只好奋力地将他一只手铐在了车窗顶上的扶手上。

看过证件后，知道抓他的是刑侦局二处五大队的警察，蔺振辉反倒平静下来："韩队，我知道你。报纸上、电视新闻里都看到过你。"

西安市公安局成立文物犯罪侦查处时，当时才20来岁的韩育林就被抽到这里工作。后来，文物处撤销，打击文物犯罪的业务由刑侦局二处五大队承担，韩育林先当五大队的教导员，后当大队长。在这个行当里，他已经摸爬滚打二十多年了。许多年前，韩育林曾经和同事一起，持枪钻进一口枯井深处，抓捕了正在作业的两名盗墓贼，也曾亲手抓捕过将26吨重的唐敬陵石椁卖到美国的文物大盗杨彬。可以说，这些年来西安侦破的几乎所有的文物大案中，都有他的身影。后来，西安警方侦破、追回敬陵武惠妃石椁、壁画的故事，被海岩改编成了长篇小说《长安盗》，还拍成了电影《长安道》。

一边恭维着韩育林，蔺振辉一边表示，他啥法都没犯，去哪儿说理都不害怕。

一路顺利，田锋把路虎车开进了位于文景路的刑侦大楼院子。

停下车，解开手铐，韩育林他们正准备把蔺振辉押到楼上的审讯室去，却没想到，蔺振辉双脚一落地，马上就夺路往大门外狂奔，拦车的电动栏杆被他像刘翔一样跨越。

只一愣神儿，韩育林、田锋马上追赶，于明也放下手里的包，追了过去。

这个时候，高新和华县的抓捕行动已经同时开始。现在，主要嫌疑人蔺振辉却居然从刑侦大楼院子里脱逃，这怎么得了？

韩育林脑子里只有一个念头：就是跑死也得把蔺振辉重新抓住。

蔺振辉时年28岁，又是个练家子，体力超好；而韩育林、田锋都已经46岁了，跟在后头的于明更是50多岁的人了。

"俺们是公安局的，快拦住他！"韩育林边跑边喊。

可是，前面并没有行人伸一把手。只有刑侦局的同事罗鹏宇看到他们在追人，二话不说，也跟着追了出来。

一边跑一边东张西望，蔺振辉试图拦下一辆出租车，这样，他与韩育林、田锋二人的距离从五米缩小到了三米。可是，一旦他全力奔跑，这三米却又不能变得更近。跑到二百米远时，韩育林就已经开始感到双腿发软。

韩育林是特警出身，飞檐走壁、滑绳自救这些全练过，而且还是个神枪手，当年代表西安参加全省公安系统的射击比赛，拿过团体冠军。韩育林人瘦，当年他的另一强项就是长跑。有一次搞案子，有个家伙一看警察抓他，拔腿就跑。开始，后面的民警都在追，到后来就只剩下韩育林一个了。前面那厮拦了四次出租车，每次没等他往里钻，韩育林就追到跟前了。后来，这人硬是被韩育林追到了。您猜这人何许人？虽然此人被抓住时也就小区一物业人员，但他以前却是西安体院的一万米长跑冠军。这哥们儿边喘粗气边说“没想到”，没想到遇上个警察，居然比他还能跑。

可是，好汉不提当年勇。毕竟韩育林已经是个十足的中年人了，又经常熬夜搞案子，怎么可以和二十年前比呢？此时，几乎是凭着意志，韩育林仍然紧紧咬着蔺振辉不放。

冲刺三四百米远之后，蔺振辉终于也体力不支了。

紧追不舍的警察让他泄了气。“我投降，我投降！”在十字路口，蔺振辉边左右开弓抽自己耳光，边要求警察打他解气。

“我们不打你，有老天要惩罚你呢。”气喘吁吁的韩育林、田锋一边一个扭住了他的胳膊。

把蔺振辉押进审讯室后，韩育林才松了一口气，嗓子干得要冒烟儿。

回到自己办公室，坐在椅子上喝口水，突然，他发现自己的眼泪流了下来，而且是边笑边流泪。二十多年的刑警生涯，一幕幕都在他的眼前闪回。

刚干文物缉查那会儿，韩育林还是个二十五六岁的小伙子，浑身是劲儿。有回，抓了个文物贩子，要带着他在广州跟他的下线接头。这种情况下，既不能给贩子戴手铐，人也不能贴得太近，要不，他的下线一看，还不早跑了？领导把押贩子去接头的任务交给了韩育林，谁知，贩子仗着对广州街头的地形熟悉，一眼没瞅见就跑了。为这件事儿，韩育林流了他从警之后的唯一一次眼泪。

另一次，也是在广州，就是韩育林抓捕文物大盗杨彬那回。当晚后半夜，审查杨彬的民警困了，把他铐在了招待所的床腿上。也就是打个盹儿的工夫，杨彬居然卸掉床腿，带着铐子跑掉了。民警睡在床上，而床顶着房门，杨彬怎么可能跑掉呢？尽管市公安局一位副局长曾经专门赶到广州，并且通过侦查实验，证实确实存在这种可能，这两名民警仍然被停职了一段时间，而且曾受到长时间的怀疑，直到杨彬数年后再次被抓获。今天，“杨彬事件”差点儿在自己手上重演，韩育林想想都后怕。

洗了把脸，平静了一下情绪，韩育林和于明一起去审问藺振辉。藺振辉对他涉嫌的犯罪事实一概不承认。他声称，收藏石刻纯粹出于他的个人爱好，而且他准备建一座石刻博物馆呢。在跑过广州几趟之后，不知道儿上哪个高人给他支过招儿，藺振辉确实向华县文物主管部门提交过一份申请。但是，建私人博物馆所需要的场地、资金，他没一样具备，申请理所当然被驳回了。现在，这一纸申请却成了他的挡箭牌。

藺振辉都跟谁联系？他的手机里存了些什么照片呢？专案组需要通过他的手机寻找线索。但藺振辉声称，他没带手机。

追藺振辉的时候，田锋跑掉了手机和车钥匙。车钥匙被人送到了刑侦大楼传达室，手机却没影儿了。田锋顾不得自己手机的事儿，专心去藺振辉的那辆路虎上搜查，这才发现，藺振辉在被拖下驾驶座之前悄悄地把手机塞进了座椅缝隙里。

藺振辉的手机是当时最新的苹果六，设有指纹和密码双解锁。他人就在跟前，指纹不成问题，但密码他却故意装糊涂，一次次说错。你们警察不是急于破案吗？藺振辉企图利用苹果六的独特功能，借民警之手彻底锁死这部手机。

不过，坏事也能变成好事。藺振辉的这次脱逃行为给专案组敲响了警钟。韩育林规定，以后只要带他外出，他身边必须至少有三个人。后来，蔺振辉一直都在寻找逃跑的机会。案子突破后，他死扛着不肯交代自己的犯罪行为，却不断地举报着张三、李四耸人听闻的线索，并且要求带路去指认地点。一次，李海峰探长带他到他老家村子指认现场时，他请求李海峰把他的手铐摘了："给我留个面子，村里人见我戴手铐多不好。我保证不会跑。""可以啊。不过，那得先给你戴上脚镣。"李海峰马上答复他。一听这话，他干脆不下车了。另一次，把蔺振辉送进看守所之前，要去医院给他做体检。体检的时候，手铐就没法戴了。当时，专案组人手拉不开，带他去医院的只有两个民警。"坐在车里，别动。我现在就往医院赶！"接到电话，韩育林不光自己赶过去，还另外派了一个民警赶去增援。这样，一路检查中，尽管蔺振辉眼珠子一直在滴溜儿乱转，却没能找到任何脱逃的机会。

涉案文物

在蔺振辉被抓获当天，他的团伙成员惠波波、刘彦军、杨西峰、吝高浪等人也悉数到案。但是，蔺振辉的老宅里只有些一般的石刻，并无举报人提供的照片上的那种造型精美的石刻。

惠波波、刘彦军都是蔺振辉老家瓜坡镇的同乡，而吝高浪不仅是蔺振辉的表弟，俩人也是一个村的。十年前，蔺振辉初到西安混，曾在一家夜总会当过保安。蒲城人杨西峰就是他那会儿的同事。这些人当中，惠波波有非法拘禁的前科，曾被长安分局打击处理过；杨西峰曾因故意伤害在广州坐过牢。起初，他们像蔺振辉一样，什么都不肯交代，直到三天后，第一批石刻佛像残件在惠波波家被找到。

惠波波家里停放的一辆白色的面包车，引起了民警的注意。一问他的父母，这辆车并不是他家的。车里放的是什么，别说惠波波父母不知道，就连惠波波也不知道。向他家里人要来钥匙，打开车门，看到里面放了很多包装严实的东西。一掂分量就知道是石头，打开一看，里面果然是石刻佛像。

和表弟吝高浪一样，蔺振辉本来也姓吝。常在江湖上混，他觉得这个姓氏容易让人联想到“吝啬”，不好听，干脆把姓改成了蔺相如的蔺，向有勇有谋的历史人物靠拢。

但是，这并不影响蔺振辉吝啬的本性。带着喽啰们去外地，住个快捷酒店，他都只给四个人开一间房，床上睡俩，床下打地铺也睡俩。这帮人跟着他就是干活儿的，让开车就开车，让搬东西就搬东西，让吓唬人就去横着膀子走路。

因为蔺振辉给他们的钱太少，不足以让他们正常生活，这帮人还时常会干点儿别的营生。但是，每当蔺振辉喊他们干活儿，他们都怕他，还是会屁颠屁颠地跑去。

在这些来自农村的年轻人眼里，霸道任性还有钱的蔺振辉，就是他们看得见够得着的“成功人士”。他们愿意给蔺振辉听喝儿，就是希望也能跟着他混出点儿名堂。

进了看守所后，这些马仔当然也看清了自己的前程，不再都跟蔺振辉保持一致了。尽管蔺振辉仍然是零口供，但根据他团伙成员交代的情况，专案组逐渐揭开了案子的真相。

2015 年入夏，河南洛阳龙门镇张沟村的王万森等人，在山东省淄博市某居民小区修建护坡时，发现了埋藏于地下的石刻佛像，随后分多次盗取了石刻佛像 60 余件。

以前张沟村就是文物犯罪重灾区，村民中就有人与文物贩子有联系。他们将这些文物以 26 万余元卖给了洛阳的一个文物贩子后，这个文物贩子又通过中间人找到了蔺振辉。

蔺振辉带着喽啰们去了洛阳，以人民币 97 万余元的价格，非法购买了 20 余件石刻佛像。东西到手后，蔺振辉马上追着中间人，打听这些石刻佛像是哪儿来的。他承诺给中间人一笔好处费后，绕开文物贩子，直接找到了石刻佛像出土的地方。

小包工头王万森实际上是个下苦人，在那儿干护坡工程时，租住的是月租只有 35 元的民房。王万森想跟蔺振辉一起干，开价 10 万元。但蔺振辉直接跟他来横的，一分钱都不肯给他，还威胁要揍他，吓得王万森等人只好离开了那个工地。

接下来，蔺振辉与小区的开发商取得联系，就地租来了挖掘机，于 2015 年 10 月对工地进行了多次盗掘，前后共盗掘出土石刻佛像文物 70 余件。蔺振辉先后分三次付给开发商人民币 110 万元后，将盗挖的文物全部运回西安和渭南华县等地藏匿起来。

2016 年 7 月初，专案组从华县县城蔺振辉表弟的车库中，起获了 30 多个大小不一的木箱子。至此，本案 99 件（组）涉案文物均被查获，其中一级文物 2 件，二级文物 6 件，三级文物 35 件，其余均为一般文物。

陕西省文物鉴定委员会的专家们认为，这批石刻造像完全符合北朝石刻佛教造像的特点，艺术特点分明，有高浮雕背屏式和单体圆雕造像两类。从工艺来看，石刻造像运用了高浮雕、圆雕、贴金等工艺，装饰华丽，具有较高的历史、艺术、科学研究价值。

这批文物出自公元 6 世纪南北朝时期北齐王朝兴建的普照寺。当年，普照寺曾经是一个香火很盛的寺庙，建有八角十三层的佛塔。在后来历次的灭佛运动中，寺庙破败。“文化大革命”前，普照寺仍保存有完整的山门大殿、石雕巨佛、墨迹经幢等大量珍贵文物。但到了“文化大革命”，寺庙原址上建起了工厂和家属区，地面文物荡然无存。

2016 年 8 月 18 日，山东省文物保护与收藏协会对本案的盗掘地——山东省淄博市淄川区吉祥佳苑居民小区进行了鉴定，鉴定结果为：“案发现场应在普照寺旧址范围内，属于古文化遗址，为淄博市市级文物保护单位”。

网恋陷阱

要钱的电话

下午5点钟的时候，金凤就开始寻找老八。

反复打他的电话，他手机一直关机。问他的一个死党，死党说，他们刚还通过电话："老八在城北的双龙酒店跟人打牌呢，要不要我帮你去寻他，嫂子?"

又没什么大事儿，何必惊动人家呢？金凤就说，算咧算咧，他可能一会儿就把电话回过来了。

这时候，金凤脑子里闪过一个念头，老八准保在外面没干好事儿，而且肯定不是在打牌，因为老八把打牌当成他生活的一部分，根本没必要背着她。要是他有事儿瞒着她，问他的死党不是白问吗？

老八姓魏，是金凤的老公。这两年，他们两口子的日子过得不错。老八给工地供水泥、沙子，两年下来能挣二百多万。他们在高新区买了房，儿子也在高新上了小学。日子宽展了，就要考虑面子了。这不，老八才把千里马换成了八代雅阁。

金凤当然知道，在西安这座城市，他们的日子算不上大富大贵，但小康是没问题的。老八的生意不用每天起早贪黑地忙，所以他有大把的闲工夫。他这人又没多少文化，不去打牌还能干啥？

金凤打电话，本来是想叫他晚上一起去吃饭。她从收音机里听说，有一家饭店的手抓羊肉做得不错，羊是从宁夏拉来的，味道如何如何地道。赶上这天下雨，挺冷，金凤突然想吃手抓羊肉了，就给老八打电话。

金凤的电话没打通，老八的电话也没回过来。她忍不住还是去问那个死党，他说，他也联系不上。死党是老八的发小，又一起在西安混，三天两头都在一起。他都不知道老八的下落，问旁人更是白搭。

这是 2010 年 11 月 11 日的事儿。12 日凌晨 3 点多，金凤睡得迷迷糊糊中，老八的电话打了过来："金凤，是我。我这儿有点儿事儿，你赶快给我准备钱吧！"

等金凤从他没头没脑的问话中回过神来，那边手机已经关机。

老八出事儿了！金凤再也睡不着了，可深更半夜，她又不能给别人打电话。会出什么事儿呢？他打牌输了，欠下了赌账？应该是这么回事儿。老八嗜赌如命，这点她最清楚。

清早 6 点多，老八的电话又打来了，这回让她把他那辆雅阁车的手续、发票都放在包里，他要用。金凤心里"咯噔"一下，猜想他要把车给人押出去。

早上 8 点多，金凤送完孩子刚回到家，老八又来电话了。这次，他让金凤到老胡那儿去拿十万块钱。可是，这个老胡金凤压根儿就不认识呀。

"卢伟家你知道吧？就在卢伟家对门！我已经跟老胡说好了。"

每次老八挂了电话，金凤都会马上打过去，但老八的手机都是马上就关机了。上午 10 点，老八再来电话后，金凤又把电话拨过去，老八的电话这回没关机，但没人接听。

这回来电话，老八又让金凤去找赵敏借十万块钱。赵敏是个三十五六岁的女人，是老八的嫂子的同学，在西安就是一个普普通通的工薪阶层。她跟老八两口子的关系也一般，就算借钱，也应当是她跟老八借，而不应当是老八问她借。老八让问赵敏借钱，究竟葫芦里卖的什么药？

金凤赶到岗家寨，见到了赵敏。赵敏说，老八的确给她打过电话，但她买房每月还银行的按揭都有点儿吃力，哪里有钱借他们呀！

下午 4 点，老八再次打来电话，问钱凑得怎么样。金凤一直摸不清他是真想把十万块钱拿到手，还是在拿借钱说事儿，糊弄让他借钱的人。

“我从赵敏那儿只借到了五万元，你看行不行？”电话里，金凤能听见老八在跟别人说这个情况。

这时，一个男人接过电话：“五万啥也干不成，他要的是五十万！”

老八的网恋

老八当然有事儿瞒着金凤，而且是为女人。不过，作为一个风月老手，他本来不该栽这个跟头。

几个月前，有个叫“寂寞阿娇”的女孩儿主动要求老八把她加为好友。资料显示，“寂寞阿娇”20 岁，西安人，但老八却发现她的 IP 地址在铜川。老八这些年混江湖，外面有仇人，但铜川这地方他没活动过，没得罪过人。如果说是女的，那他就更没得罪过谁了。

“寂寞阿娇”是个十分火爆的女孩儿，什么话都敢说。说实话，老八在网上倒是不太跟这个年龄段的女孩子聊天。再看视频，女孩儿长得实属一般，但她却自信满满，有点儿像芙蓉姐姐一样的自怜劲儿。论长相，老八倒还人五人六，特别是现在也有两个钱了，身上穿的也都是名牌。看过视频后，“寂寞阿娇”显然对他比较满意，只要一上网就找他聊天儿。

问她为什么叫这么个名儿，她说，她刚刚跟男朋友分了手，一个人在铜川打工，无聊得要命。再后来，俩人就不光网上聊，有时还通电话。

这个时候，老八才知道她名叫孙可欣，至于是真是假，他并不在意，因为老八自报家门名叫王峰，这也是个假名字。两个素不相识的男女几个月聊下来，就显得有些漫长，老八迫不及待地想见活的。老八有车，去趟铜川小菜一碟。可他多次提出去铜川，孙可欣都没同意。“我马上要去西安，咱们还是西安见吧。”

11 月 10 日，孙可欣给老八打电话，说她到了西安。俩人说好在西安见面，老八却说有事儿，抽不开身。

11 号中午，孙可欣又给老八打电话，说她人在火车站的西安汽车站，如果他再不来，她就准备坐车回铜川了。

下午 3 点，老八才出现在火车站。在西栅口，老八接了孙可欣之后一路往西，来到西关附近一个名叫“芒果风尚”的快捷酒店，开了一间房。进了房间，干柴烈火般的一对男女正要亲热，却听到楼道里有人在很响地擂同一楼层的一间房门。

“我看看？”孙可欣似乎有些紧张。老八自己躺在床上，让她开门看看。

孙可欣一开门，楼道里的敲门声就停下来了。杂沓的脚步冲着老八这个房间而来。

“你们找谁呀！”孙可欣刚说完这句话，就被几个男人推了进来。

来的是几个小伙子，20 出头，为首的却是个年岁大得多的人。“咋办？老八！”

一看此人，老八就泄了气。

“算了，我认栽了，你们放了这个女娃，没她的事儿。”老八在最后关头还尽量做得像个男人。

江湖上的恩仇

孙可欣当然不叫孙可欣，她的真名叫刘璐璐。一个 21 岁的姑娘，手机里存的照片竟然有许多是自己的裸照，她能是什么人呢？对，是小姐。虽然她的个子不高，长得也一点儿不漂亮，但她胆子足够大，脸皮足够厚，有她在这行当里存在下去的道理。

刘璐璐是宝鸡凤翔人，初中毕业后，先是在家闲待了一阵儿，然后跑到广东的一家工厂打工，后来嫌打工挣不上钱，就又跑了回来。在此期间，她谈过一次恋爱，把那事儿经历了，也就看淡了。有以前的女伴儿叫她一起坐台，她毫不犹豫就去了。

在宝鸡金台的一家洗浴场所坐台期间，她认识了这儿的经理李红印。

李红印是个长着一张马一样长脸的中年人，但他的眼睛又不像马的，单眼皮儿。单眼皮儿的李红印走路一高一低的，跛，人也瘦，看上去谁也打不过，但谁都挺怕他，起码在洗浴场所里，无论是服务生，还是像刘璐璐这样的小姐。小姐们怕李红印，那是天经地义的，因为李红印就是专吃她们这碗饭的鸡头。入了这行，谁想多挣点儿，就得看他的脸色。以 238 元的服务费为例，小姐分 120 元，李红印得 118 元。

投资做洗浴的老板一般不会自己去找小姐。为啥？因为隔行如隔山。社会发展的一个特征，就是分工越来越细。有时看着是一个行里的人，其实做的事也区别很大，各有各的门道。有个深圳的大老板本来做的是别的生意，连日本都有他不小的市场份额。这哥们儿是个钻石王老五，有回到山西出差，发现这里的桑拿生意特别火。可是等他自己投资几千万也弄了个规模不小的洗浴中心，该有的软硬件也都有了，生意却淡出鸟来。王老五是个地道的经济动物，也真能放下架子，自己亲自充当了一回鸡头，坐飞机从深圳带了一大群花枝招展的小姐去太原增援。不过，他的这项投资最终还是遭遇了滑铁卢，赔了三千万，从此再不染指这号项目。

刘璐璐靠上李红印，当然有投个靠山的意思。但这一投靠，就让她开始了她的第二次恋爱，也就是说，她真的爱上了李红印。衣裳一脱，李红印就是个伤疤男人，身上到处都是刀疤。

刘璐璐当然好奇，抚摸着他那些形似“蚯蚓”却神似“军功章”的东西，非要跟李红印刨根问底。她这一问，让李红印悲壮得不行。

李红印算是鸡头行当里的资深人士了。其实老八本来也应该算，但他后来改弦易辙，去做体面生意了。李红印 37 岁，比老八年长三岁，算是个哥。原先，他们不光是同行，还是赌友。人常说，酒越喝越近，牌越打越远。这话在他们二位这儿就应验了。

2007 年 2 月，有回在二府庄打牌时，李红印发现老八设局在赌场上骗了他的钱，躁了，拿刀砍了老八。幸亏老八跑得麻利，没有落下残疾。这次动刀子之后，俩人就再没坐到一个酒桌上过，当然牌桌也坐不到一起了。

江湖上，谁欠谁点儿钱，本来都是正常的。尤其是赌徒，挂上别人一点儿赌债那有什么呢？有个叫李谋的货，原来是老八的手下。李红印欠了他不过区区两千块，这小子居然向李红印要过八遍十遍。这一催债，就把李红印又逗躁了。李红印脾气不好，这谁都知道。李谋这样个毛头小子，他哪能放在眼里呢？所以，李红印就把他骂了个狗血淋头，一点儿面子都不给他。

再后来，2007 年 4 月 17 日，李红印就吃了大亏。李谋带人闯进李红印在二府庄落脚的一个小招待所，把李红印给砍了。李红印的膝盖骨被砍坏，脚筋也被挑了，成了个残疾人。

思前想后，李红印认为，这事儿是老八支使李谋干的。要不，谁会为两千块钱下这么狠的手？当时，李红印也报了案，但李谋一直跑得没影儿。李红印把这笔账都记在了老八的头上。

2008 年以来，老八做正经营生挣了钱，这让李红印更加心理不平衡。都是一个圈儿里的人，老八的手机换来换去，李红印还是能找到他。

可是，老八早已经不是当初那个开口闭口管他叫“李哥”的老八了。接了电话，他不仅不认李谋这笔账，还口口声声让他放马过来。光天化日，西安这样的大城市又不是美国西部片里的荒凉小镇，他李红印能把老八怎么样呢？

虽然恨得咬牙切齿，李红印还是没找到解决的办法，直到刘璐璐自己主动请缨，说要帮他出了这口气。

通过圈子里的狐朋狗友，李红印弄到了老八的 QQ 号。老八的网名叫“沉默的钢枪”，一看这名儿，李红印就更想狠狠揍他一顿。

为了钓到老八，李红印和刘璐璐几个月前专门跑到铜川住。

11 月 10 日，老八答应和刘璐璐见面后，李红印就已经找好了人。刘璐璐被老八从火车站接走后，李红印他们租来的捷达本来都跟丢了，幸好刘璐璐两次发来短信。

只是在最后时间，她把房号发错了，这才让李红印他们敲错了一次门。

交易赎金

11 月 13 日晚上 8 点，老八给金凤再次打来电话，让她带着借到的五万元，赶到钟楼附近，有个女的会过来取钱。

金凤赶到钟楼后，老八又让她到钟楼饭店，说一会儿那个女的会跟她联系。

这天晚上下着雨，金凤打着伞左顾右盼地在钟楼饭店外站了十来分钟，一个女的打来电话，问她在哪儿，穿啥衣裳，和谁在一起。

接着，一个穿着白羽绒服的小个子女子迎面走来，跟她招手：“朋友让我过来帮忙取钱。”像是此地无银三百两，她紧跟着还加了一句：“人家给我点儿好处费。”

金凤上上下下把她扫描了一遍，然后跟她说：“这么多钱，你拿啥装？要不，你去买个包吧。”

来人觉得这话有理，穿过地下通道往南大街方向走去。其实，开元商城就在跟前，南大街上卖包的地方有的是，但小个子女人好像觉得这是多此一举，走到半道又拐了回来。

金凤还站在原地，看上去跟几分钟前没什么两样。

“没买到包，算了，我就装身上吧。”接过钱，小个子女人一分两半，一半塞到衣裳口袋里，一半塞到了裤子口袋里。

她转身要走，让金凤拉住了：“钱拿了，人怎么办？”

小个子女人就拨通了电话：“钱我拿到了，你放人吧！”

金凤接过电话，跟那个男人也通了话。那人倒是回答得很痛快：“放心，我说话算数。”

小个子女人揣上钱就顺着西大街往西走，边走还边不住地回头。是坐公交车还是出租车，她好像在犹豫。她一会儿在公交站牌跟前看看，一会儿又伸着脖子往街上东张西望。终于，她下定决心，拦了一辆“摩的”。

可她还没来得及上车，两名大汉突然一左一右架住她的胳膊，把她拉进了路边的一个商店。

金凤起疑，是从老八让她找她不认识的老胡借钱开始的。老八强调说，老胡家就在卢伟家对面。

卢伟是谁呢？是个警察，虽然不是西安的警察，但差不多也是他们朋友圈里唯一的一个警察。他提到卢伟，难道不是在给金凤递话吗？当那个男人恶狠狠地跟她说，五万元啥也干不了，得五十万时，金凤当然就啥都明白了：老八被人绑架了。

想来想去，金凤决定报警。于是，西安市公安局未央分局的警察就开始介入。刚才，金凤给小个子女人交钱，就是在警察眼皮底下进行的。

小个子女人不是别人，正是刘璐璐。

刚开始，刘璐璐的嘴还挺硬，说让她取钱的人是她在网上认识的，连身上的五万元钱都说是跟朋友借的。

等警察把她押上车，她就撑不住了，哇的一声哭出来，也把李红印老老实实地交代出来。

绑票这号事儿，其实也是个技术活儿。难在什么地方？就是要钱。

前些年，某地有个智商高、情商低的警察，在“三项教育”时要被分离。此人觉得很丢人，就打算离开公安队伍。不干警察，就要当一次坏蛋。此人爱钻牛角尖儿，他就总在琢磨，为什么绑架案绑匪总在最后取钱的环节被警察抓住破绽了呢？我就是个警察，我要做这样的案子，就要想办法把这一难关攻克了。这位仁兄于是投资两万多元，雇人挖了一条地道，穿过一条马路，进入了一个院子里。他把绑票的对象都选好了，从理论上讲，他的计划简直天衣无缝：他把人绑架之后，让人把钱投入那个院子里，他从地道悄悄潜入，就可以轻易地把钱取走了。但此人和失街亭的马谡极为相似，只善于纸上谈兵。没等他当绑匪，就被抓了起来。为啥？出土量太大，引起了别人的注意。毕竟，马路下面挖地道，市政上也没这项目啊。

刘璐璐对取钱的风险显然没有足够的认识，这一点她就不如李红印头脑清楚。

李红印跟她交代，取了钱之后，打个出租车到处乱转，等他的电话；如果她主动给他打电话，就说明她出事了。

这会儿，刘璐璐哭得悲痛欲绝。未央分局刑侦大队副大队长黄晓周、民警李苏龙等人还得哄着她，怕李红印电话打过来时听出她这儿不对劲儿。

14日0点多，李红印的电话打来了，他让刘璐璐到凤城一路的晶海酒店后面的建行的自动柜员机上，把钱存入他的卡上。

按民警的授意，刘璐璐赶到那里，然后打电话告诉李红印，那儿的自动柜员机有故障，存不成钱。

李红印又让她到凤城三路的一个建行去，民警开车把刘璐璐拉到那儿。那儿的建行的灯都是黑的，夜间没法存钱。刘璐璐给李红印打电话，已经打不通。

于是，民警用她的手机发短信告诉李红印，天太冷，深更半夜又下着雨，她拿着这么多钱挺害怕，准备回“家”睡觉了。

她所谓的家在南郊的丁白村。她在那儿租了间民房。

中人与打手

落到李红印的手上，老八知道自己没个好，所以一直都在想办法自救。

老八提出，找个中间人来调解他和李红印之间的纠纷。老八提出的中间人叫张三，是未央湖附近一个汽车修理行的老板，与他们俩都是朋友。可找到张三，张三一听这情况，不愿意揽这件事儿。总不能拿刀逼着人家当中间人吧？老八不愿舍掉这根救命稻草，就让李红印再找个人，让这人和张三一起调解。

李红印想起了卖水泥的李四。李四和他们俩都认识，而且和张三也认识。不过，李四不在西安，在富平。老八给张三打了电话，张三勉强同意和李四一起主持调解工作。

可李四却明确表示，帮忙可以，但他不来西安。于是，李红印等人只好开着捷达车押着老八去富平。

12 日凌晨 1 点多，李红印在富平一个名叫印象富平的酒店开了两间房。两位中间人都来了，可说了两个多小时，老八和李红印也没谈拢。深更半夜，两个和事佬驾车离去。

李红印多疑，怕这二人把风声走漏出去，他们前脚走，他后脚就退了房，蒙上老八的眼睛，把他拉到蒲城自己的老家。

黑灯瞎火的，去哪儿呢？李红印把老八整到了自己老父亲的坟头前："跪下！"老八自己也有爹，所以不肯跪。李红印火了，掏出刀子就在老八的两个膝盖上各扎了一刀。一看跛子李红印要以牙还牙，老八胆怯了，赶紧扑通一下跪倒在地，连磕几个响头。

最终，老八答应赔给李红印 30 万元，天亮先给他 10 万元，然后再把他那辆广本车过户给他。

老八的话引起了旁边两个打手的浓厚兴趣。这俩小子一个叫小勇，一个叫宁宁，都是 20 岁左右的愣头儿青，他们都是李红印的小兄弟张军叫来的。开着捷达车跟着李红印跑到芒果风尚把老八绑架来的，就是他们哥仨。回到富平的宝兴宾馆里，老八被逼着给金凤、赵敏等人打电话要钱的时候，那俩小子悄悄跟李红印打听，30万到手后能分他们多少钱。一听这话，李红印一直处于亢奋状态的马脸拉得更长了。

李红印觉得，老八很不老实，跟他老婆通话时有意在递话儿。

怎么办？搬家。在宝兴宾馆没待多久，李红印他们就又架着老八挪到了富平的荆姚镇，找了个小招待所住下。

这时已经是13日的凌晨，他们一觉睡到了中午12点。这时，李红印给了张军一千元钱，让他把他叫来的那哼哈二将给打发走。

在芒果风尚绑了老八以后，多出了一辆本田雅阁车，人手就显得紧张了。李红印于是叫薛浪浪和范东到芒果风尚帮忙。此后，老八一直被控制在雅阁车上，开车的是薛浪浪；那辆捷达跟在后面，开车的是宁宁。捷达车是张军租来的，宁宁和小勇离开时，把捷达开走了。

吃中午饭时，李红印发现张军鬼鬼祟祟的，不停地在跟老八说话，还背着他悄悄地打过电话。可是这会儿李红印已经无别人可用了。他决定再把老八转移。

他们先去的地方是富平老庙镇，因为人手紧张，怕老八反抗，李红印给老八的脸上喷了催泪瓦斯，还用布蒙住了他的脑袋。人手不够了，李红印打电话给薛浪浪，让他再找人增援。薛浪浪给一个叫小于的人打过电话，小于回话说，他已经让俩人在富平老庙镇等着了，一个叫徐龙飞，一个叫付龙。

李红印给薛浪浪开的价码是，每个人每天五百元，而薛浪浪报给小于的价码是每人每天二百块。从新入伙的这俩人每人身上薛浪浪落了三百块。当然，李红印并不知道这情况。

接来这俩人后，一泡尿的工夫，李红印却发现张军不辞而别了，给他打电话他也不再接。人心散了，队伍不好带了。电影《天下无贼》里，葛优演的黎叔说得一点儿没错。

在陕西，人们都爱跟蒲城人开玩笑，说蒲城人的个性比较张扬，爱扎势，也就是爱摆谱。夏天，有人见个蒲城人收了麦子后扬场时还穿着皮衣，十分好奇，就问他："你怎么穿着皮衣扬场？"

“那我有嘛!”蒲城人说话很冲。“你有就有嘛，躁啥躁?”躁，就是发脾气。来人看此人说话带着气儿，就挺不解。“那我热嘛!”原来，蒲城人要面子到了活受罪的份儿上。

蒲城有座酒店，起名蒲京大酒店，和澳门的葡京听起来一样。这就是蒲城人的智慧。14 日凌晨，在得知刘璐璐把钱拿到手之后，李红印再次请卖水泥的李四和另一个中间人王五出面，一起赶到蒲京大酒店。

最终，他们达成了协议。

这个时候，李红印已经把老八的三笔钱归入自己账上，其中包括刘璐璐取到手的五万元，还有绑架老八时从他身上搜出的四千七百元现金，另外还有用他的银行卡从自动柜员机上取的四千元。当着中间人，老八答应，把本田雅阁车押给李红印，他在 13 天内凑齐 16 万元交给李红印，才能取走车。

老八写下了字据后，14 日凌晨 2 点，李四叫来一辆车，把老八拉到西安张家堡，放了。

结　局

后面的故事，其实已经没什么悬念。见老八回到了西安，警察长舒了一口气。

李红印他们到蒲京大酒店取了车，准备离开时，被警察包围，全部被抓获。警察抓刘璐璐时还有所顾忌，怕刘璐璐身边有李红印的同伙，走漏风声会伤及老八的性命。这会儿抓李红印他们已经如探囊取物了。

审查这伙人是在大明宫派出所进行的。刘璐璐被关在留置室里。看到李红印被押回来，刘璐璐抓着铁栏杆大喊了一声他的名字，眼泪哗哗的。不过，感情归感情，职业归职业。待在留置室这一会儿工夫，刘璐璐已经又跟一个偷车贼搭上了，把自己的手机号和 QQ 号都留给了人家。这会儿，她还没意识到，自己是个将要坐牢的人，某些数字她在今后很长一段时间里都不大用得上了。

麻将之灾

两个赌徒

“老屈，晚上的事，别忘了啊！唐英酒店531房间。”8月12日傍晚，屈从军和汪显文正捧着碗“呼噜呼噜”地吃面条，朱姐又来电话提醒他们。

朱姐叫朱彦侠，是个胖胖的女人，五十好几，却敢照着小四十打扮。她是渭南人，在西安市西影路开着一家地下麻将馆，屈从军、汪显文二人是她那儿的常客。

按说，现在小麻将馆遍地都是，家里、茶馆里、宾馆里也到处都能听见麻将声，她这地下麻将馆开给谁呢？

开就有开的道理。家里是亲人、朋友打牌的

地方，茶馆、宾馆是生意人交流的地方。小麻将馆呢，那就是个老年人活动中心，彩头不大，只不过是个消磨时间的地方而已。若是有的人觉得玩着不刺激呢？朱姐这类的麻将馆就填补了这样的空白。

说是地下麻将馆，实际上是朱姐在居民小区里租的房，并非地下室。来打牌的人都是她约来的。干这事儿时间长了，别的资源没有，赌徒或者她称为牌友的人，手上是一抓一大把。牌友交往的当然也多是牌友。朱姐能说会道，客人来了，茶点招呼得也还不错。大家相互一交流，朱姐的麻将馆就有了客源。

朱姐离了婚，现在是女光棍儿一根，麻将馆就是她的家。现如今，街坊邻居谁跟谁都不熟，谁管她家天天来的是什么人呢？

但这天的牌局，朱姐却没安排在她家，而是换到了宾馆里。

“有个朋友是做生意的，让我给他约两个人一起打牌。这人牌打得很一般，我的意思是让你俩跟他们打！”朱姐约屈从军时，在电话里特别强调，老板开的是宝马 X6，掏钱很爽快。她的意思当然是说，屈从军、汪显文发财的机会来了。

撂下筷子，屈从军二人来到唐英酒店，朱姐已经等在大堂。

赌徒赴牌局，事先都得清楚打多大。这次打牌一锅五千块，朱姐事先都跟他们说过了。可是，到了酒店门口，见到迎接他们的朱姐，屈从军、汪显文二人却面有难色：“我们手上的钱连一锅都不够，要不，今天算了？”

“算啥算呢，来都来了嘛。我先借你们一人五千，赢了再还我！”朱姐是个痛快人，开麻将馆的人嘛，都怕支不起摊子。

接过朱姐递过来的一万块钱，屈从军数了一遍，然后将数好的五千给了汪显文。汪显文手有残疾，原先干木匠活儿时，让电锯把右手四个指头锯掉了，只有个大拇指是完整的，所以，数钱这活儿由他来代劳。

房间里麻将桌已经支好，一男一女两个中年人起身跟他们打招呼。

男人长得富态，鼻直口阔，留着贴头皮的毛寸，一身颜色鲜艳的休闲装，一看就和屈从军他们不在一个层次。朱姐说，这位是王刚，王老板！

站在面前的女人看上去三十五六岁，白白净净，大眼睛扑闪扑闪，却说不上漂亮，当然也不算难看，一身花裙子十分普通，就像是朱姐从大街上随意拉进来的一位。朱姐接着介绍说，这位是我的朋友小张。

双方在麻将桌上落座后，朱姐给大家沏好茶，就在一旁看电视。

屈从军与汪显文都是陕南旬阳人。山里人都瘦，只不过屈从军要比汪显文矮点儿。论年龄，屈从军 40 岁，汪显文比他小两三岁。俩人的经历十分相似，都是早早就出来了，在西安混。早先，他们都在建筑工地当过小包工头，现在，房地产降温，他俩又都闲着没事儿干。要说没事儿干也不确切，他们现在的正经事儿就是打麻将。

作为一对儿一起打过多年牌的铁搭档，俩人都已经修炼成了“出老千”的高手。挤个眼、挠个痒，都是有讲究的。相互之间有什么需求，一声不吭就能够准确传递信息。要没这两下子，这生人的牌局哪儿敢来闯呢。

可是这天，两个赌徒遇到了怪事儿。牌桌上的规矩是，点、炮、胡，都是五百块。谁放胡谁掏钱。一锅一人五千元，打完一锅重新来。第一锅，汪显文就把五千元输了个精光，屈从军也输了两千。想再打，他们口袋里的钱已经不够下注了。

“先挂上，这锅打完，下楼去取就对了嘛。”对于屈从军、汪显文的提议，王老板、小张没有表现出异议。

于是，这牌就继续往下打。

如果说打第一锅牌时，屈从军、汪显文还保持着职业赌徒的风度，第二锅打到后面时，俩人开始不干不净地骂上了。

朱姐之前说，这个王老板打牌的水平不行，可眼前的事实却是，此人如赌神再世，怎么打怎么有，要啥牌来啥牌。而屈从军二人有时即使摸到一把很好的牌，还是和不了。

“我看这麻将机有问题！不行，咱得找人来验一验。”汪显文的脸已经拉得老长，都快掉到膝盖上了，屈从文的脸色也一样难看。

半道儿，王老板出去了一下。朱姐给剩下仨人续点儿茶水、递点儿水果，陪着这三位扯扯闲话。

过了一会儿，王老板重新落座，一边摸牌嘴里一边嘟囔："给媳妇打了个电话，她嫌我这么晚了还不回去。女人事多!"

凌晨1点，第二锅牌结束。这回，屈从军又输了五千元。

赌场的规矩，赢钱的不能先走。但此时，屈从军二人输掉的却已经不是钱了，而是挂的账了。

在这节骨眼儿，深更半夜，宾馆的门铃却被按响。

朱姐去开了门，两个文身壮汉闯了进来，口口声声找她要一笔账。有生人进来，麻将就不好继续往下打了。

王老板站起身来，狠狠地伸了回懒腰："算了吧，我老婆也在催我回，不打了吧。"

腿子少了一个，这牌也就打不成了。屈从军、汪显文也站了起来。

"小张，跟我们一起去吃宵夜吧?"汪显文这会儿又有了绅士风度。

小张今晚赢了一千元，这么大的牌局，她这也就差不多算打了个平手。

"行。"小张爽快地答应下来。

出宾馆走了二百米，还没找到要吃宵夜的地方，屈从军接到了朱姐的电话，问他们要钱。

"我们身上都没钱了，这事儿回头再说行不?"

"你们还是回宾馆来，咱当面说一下吧。"朱姐坚持让他们回去，小张也在一旁劝他们。

屈从军、汪显文二人决定回宾馆跟朱姐见个面，不好伤和气。

他们回到宾馆他们打牌的那个房间，包括刚才找朱姐要钱的两个文身男在内的三条大汉就堵住了房门。再看王老板，脸色已经像上坟时一样凝重。

屈从军、汪显文知道自己遇到了麻烦。

一个"团队"

尽管机动三轮车不允许载客运营，但在很多城市的大街小巷，这种"小港田"都在到处钻，不仅载客，还接广告。车身围的防雨布上，有小产权房广告，各种莫名其妙的保健品广告，也有"麻将绝技""魔术扑克"之类的广告。于明洁从事的行当，就是这种"麻将绝技"。

于明洁 27 岁，和朱姐一样，也是渭南人，前些年曾在延安一家货运公司开厢式货车，后来结了婚就不想跑车了，和媳妇在西安租房子住下。

于明洁动手能力比较强，以前开车时遇到车出点儿状况，毛病不大他自己就能修。在西安落脚后，他起初找的活儿，就是给人家修麻将机。

要修麻将机，就得对麻将规则特别熟悉。麻将行当也是一个江湖，有正规的麻将，也有作弊的麻将，就像两军对垒，有正面战场，也有隐蔽战线。于明洁由专攻麻将机维修，转入专攻作弊麻将。他所需要的各种器材在网上统统能够买到。

修麻将机的人常打交道的人少不了开麻将馆的。朱姐就是于明洁的一个客户。于明洁知道朱姐，朱姐也了解于明洁。

朱姐从小于这儿知道，有种麻将，每张牌里都有一个芯片。这边打着牌，那边电脑上，有一种软件可以把每个人手上的牌统统显示出来。除了麻将，小于还有监控探头、耳麦等一整套配套设施。耳麦就像黄豆粒一样大，放在耳朵眼儿里，从外面根本看不出来。

小于跟朱姐展示这套高科技手段时，朱姐的两眼都放出光来，感觉自己白活了一场一样。

开赌场，讲究公平、公正，信誉是最要紧的。你要是"出老千"，不就是"执法犯法"吗？朱姐开麻将馆，本来也想像寡妇守节一样，落个好名声，但她现在入不敷出，有人在跟她催债呢。

朱姐的债主就是王刚。

朱姐的麻将馆的收入来自抽头。如果一锅麻将一千元，她能抽两百元钱。当然，她还有支出，除了租房子、买麻将机这些投入，赌客们的烟、茶、水果和方便面之类的小吃，她都得负责。当然，只要有人打牌，朱姐的营生就稳赚不赔，而且是高收入的行当。可朱姐的地下麻将馆并不是独门生意，像她这号人多了去了。生意好的时候当然有，可电话打了一通又一通仍没人来时，干着急也没人来。朱姐又是一个十分热爱生活的人，喜欢吃，也喜欢穿，自己也喜欢打两把，也有赢有输。赢钱时她拿钱不当钱，输钱时手头却续不上。着急的时候她只好跟人借钱。

起初，朱姐不清楚王刚是个放账的，只知道他有钱，这从他的穿戴就能看出。更何况，他还开着一辆宝马 X6。

对有钱人，朱姐表现出了她应有的殷勤，一来二去，就跟王刚处得貌似朋友了。

王刚放账，不像银行放账，有一套花里胡哨的手续，就是眼皮眨一眨，仿佛是在用微信扫二维码一般。他觉得朱姐还靠谱儿，就把钱借给了她。

当然，他借出的钱是要“生子”的。最近，王刚手头紧，已经跟朱姐要过好几次钱了，但因为跟朱姐一直处得还不错，没有撕破脸皮。

朱姐知道，放账的主儿都认识几个文些狼虫虎豹吓人的地痞闲人。要不，人家不还钱，你拿他怎么办？朱姐一个妇道人家，倒不怕王刚来横的，只是自己欠着钱，觉得理亏气短，心里也觉得不是个事儿。知道小于能整作弊麻将，朱姐就想拉王刚一起设个局，挣把钱，先把已经要烧到眉毛上的火苗子灭掉。

可是，王刚一个开豪车的人会为区区几千元钱干犯法的事吗？朱姐心里有数，王刚肯定干。这从他打牌时动不动就跟人急眼就能看出来。几万元钱，王刚都能反复跟她讨要，说明他真的需要钱了。

朱姐把想法跟王刚一说，王刚果然点了头。

王刚的岁数和屈从军一样大，也 40。他是个要面子甚于要里子的人，而现在，他的里子已经烂得穿了帮，他也顾不上面子了。

王刚家在雁塔区，父亲是参加过抗美援朝的老军人。王刚是家中最小的孩子，而且是唯一的儿子，老来得子的父亲对他格外疼爱，从小到大，哪怕是切个西瓜，中间那块儿最甜还不带籽儿的瓜瓤，都一定给他留着。家人溺爱的结果，使他成年后成为这个家里的孩子中最不成器的一个。他的姐姐个个能干，有的是高校的教授、博导，而他一直东一榔头西一棒槌地尝试做各种小买卖，却没一样做出名堂来。

四年前，西安地面上如雨后春笋，一夜之间冒出好多的投资公司。看这事儿来钱快，王刚也弄了个小投资公司，他吸纳的资金主要是亲戚朋友们的闲钱。筹来钱后，他再贷出去生利，挣的就是中间的差价。开这种投资公司，得让人感觉老板有实力，得是那种拿钱不当钱的主儿，跟一般老百姓不能在一个层面。

为了蒙人，也为了过把富豪瘾，王刚贷款 80 多万，买了辆二手宝马 X6。“马”好，草料吃得就多。一个月，王刚光还贷就得一万多。如果投资公司还像刚开业那阵子一样，钱跟弯腰就能捡到似的，这车他还养得起；可问题是这两年，满街的投资公司又像秋风扫落叶一样，全都死光了。那些大大小小的老板们不是进了看守所，就是东躲西藏，影子都不敢让债主逮到。

王刚贷出去的钱收不回，一样被借给他钱的亲戚朋友满世界围追堵截。于是，王刚的日子就每天都像在过年——不是开心，而是度日如年。

“咱到宾馆支个场子，我给咱弄人来打牌。赚了钱，大家一起分，咋样？”朱姐把小于的秘密告诉了王刚。

他们当面跟小于谈好，租宾馆、提供技术支持，都由小于干。小于说，事成后，他要分三成利润。

团队成员还差一个牌桌上的“腿子”。对于朱姐来说，这就不算事儿。她的常客中有个大眼睛小张，是个家庭妇女。小张文化水平不高，老公在国外做劳务输出，有个儿子在上小学。小张没别的爱好，就是喜欢搓麻将。给她找个临时工作，打一晚上麻将可以挣五百元钱，她哪有不乐意的？果然，朱姐跟小张一说，小张就同意了。

提前一天，小于就在唐英宾馆订了两间房。这两间房是楼上、楼下的两间，可以在楼下打牌，在楼上看监控。小于在麻将桌的上方房顶上做了手脚，安装了监控探头。这探头看不清每个人的牌，却可以看清谁在出牌。

这天晚上，打到第二锅后半段的时候，王刚出去了，因为屈从军、汪显文声称麻将机有问题，要找人来看看。屈从军这些资深赌徒也认识小于这类人，他们真要是找来人，两下就能看出端倪来。

毕竟心虚，王刚一出门，就赶紧上楼，让小于通过耳麦通知朱姐和小张，尽快结束牌局，并且支走这俩赌徒。他们得尽快把房间里的作弊设备收起来。

这天晚上，王刚提前叫了三个打手，埋伏在楼上的房间里。他上去吩咐后，第二锅结束时，两名打手按响门铃，搅了牌局。散场时，本来小张接到的指令就是要跟着这俩赌徒，省着他俩跑得没了影儿。赶巧这两位邀请她一起去吃宵夜，她便跟着他们下了楼。在大堂里，她把身上的耳麦、接收器悄悄地卸下来，连同身上的钱一起悄悄交给了王刚叫来的第三名打手。

因为牌打得大，王刚担当了出资人的角色。他提前给了朱姐和小张一人一万元，原以为朱姐也要上阵去打，没想到，朱姐叫来了两个人，也并没跟他商量，就把一万元借给那俩打算空手套白狼的主儿了。这天晚上，小张小赢了一千，连同王刚先前给的赌资，她把一万一交给了那名打手。

屈从军他们一下楼，王刚和小于赶快返回刚才打牌的房间，三下五除二，将监控设备拆了下来。

回到楼上，王刚一算账，发现不对劲儿：明明自己一晚上赢了一万多元，却只是账面上的赢家，落到口袋里的居然只有一千元。

他问朱姐，才知她的钱给了那俩赌徒。

他让她马上要回来，她却不大情愿：“我不借给他们钱，今天的牌就打不成。那咱们费这么大劲，不就白干了吗？再说，我觉得他们会还的。”

王刚让她打电话给那俩家伙，从电话里她已经听出来，那俩小子已经有要流氓赖账的迹象了。

不管那俩小子还是朱姐，其实都是赤脚大仙，正所谓“光脚的不怕穿鞋的”。他们要是赖账，鞋底抹油跑了，只要手机一换，王刚连找都不好找。

忙了一晚上，人吃马嚼的，眼瞅着钱没弄到，等着分钱的人却不少：小张得拿五百块钱的劳务费；三个打手按行规出来一晚上一人也得五百块；还有小于，不管挣不挣钱，人家的工作并没有出问题，这三分之一的利润，得给人家分。还有朱姐的茶叶、香烟和小吃，也是摊了本的。

王刚觉得，必须把人弄回来，趁着打手在当场把问题解决。

于是，朱姐就打电话，要求那俩赌徒回宾馆当面把问题说清楚。

一起案件

8 月 12 日凌晨 5 点多，屈从军到雁塔分局育才路派出所报案，声称，他因欠了赌资八千元被人殴打，还被抢走了五千元。

屈从军衣衫凌乱，身上有土，外伤不明显，自称头晕目眩。说起被打的经过时，他支支吾吾，欲言又止。

说实话，来派出所报案前，屈从军脑子里的两个小人也斗争了老半天。

本来，他想拉汪显文一起来，但因为害怕派出所为赌博的事儿处罚自己，汪显文死活都不肯来。被抢的那五千块钱中，三千块是俩人口袋里的，另外两千是从屈从军卡上取的。屈从军穷困潦倒，没了这笔钱，现在连吃饭都成问题了。除了咽不下一口恶气，这也是屈从军冒着被警察处罚的风险来派出所报案的原因。

育才路派出所王正同所长马上让值班民警带着屈从军去唐英酒店。

他们刚才打牌的那间房间里的麻将桌已经撤去，朱姐、小张两个女人正在里面睡觉。

见到屈从军带着警察来了，两个睡眼惺忪的女人并不害怕："打麻将，他输了钱就想赖账，人家问他要钱，就这么点儿事嘛。"

看来赌博这事儿确实存在，但是不是发生了抢劫得进一步调查，于是，民警将两名女性犯罪嫌疑人带回派出所继续审查。

此前，屈从军已经跟民警说过，这场牌打得很蹊跷。他们俩拿多好的牌都和不了，而另外那俩人却怎么打怎么赢。那么，这牌局是不是有什么问题呢？

警察问得不依不饶，小张只好交代，打牌时她的耳朵里塞着小耳麦，人家让她出哪张牌她就出哪张牌。

再审朱姐，朱姐最终也没扛住，一五一十地交代了他们做局的详细经过。

酒店房间是于明洁用自己的身份证开的，第二天，民警就将他列入了网上追逃的名单。十天后，于明洁在银川机场被民警扣下。从他随身的行李里，民警起获了无线耳机等设备。那么，于明洁用在赌场上的监控设备又在哪儿呢？被押回西安后，他还嘴硬，口口声声说扔在了某小区的垃圾桶里。过去这么多天了，垃圾早就清了不知多少轮儿了，押着他去找当然找不到。

民警看了这些天小区的监控录像，证明案发后他根本没去过这个小区。

实在瞒不过去了，于明洁只好交代，他把监控设备和特制麻将都藏在了某酒店，随后民警将这些作案工具一一起获。

民警将唐英酒店的监控视频也搜集回来了。这伙人案发当晚，出入 8351、8361 两个房间的画面全都一清二楚。这伙嫌疑人在案件中分别扮演什么角色、每个人的行动轨迹，视频都能够加以印证。

在整个诈骗犯罪过程中，朱姐无疑是领衔主角儿，但是，案子后来由赌博、诈骗发展成了抢劫，王刚又成了头号主角儿。

王刚在案发后跑得没了影儿。民警通过他的户籍资料、工作单位、名下车辆、社会关系，有条不紊地对他进行追踪。在此过程中，他的一个朋友告诉民警，王刚并没有离开西安。民警通过家人和朋友，给他捎话，让他尽快投案自首。

王刚思想斗争了一个多月，在实在走投无路的情况下，9 月 22 日，来到育才路派出所，向警方自首。

涉嫌诈骗的四名犯罪嫌疑人全部被刑事拘留。屈从军因为涉嫌赌博，也被处以十五天行政拘留。汪显文躲起来了，民警也在劝他投案自首。

那天晚上，三名打手跟两名赌徒动了手后从王刚这儿领到了两千元的酬劳。民警已经掌握了他们的确切身份信息，剩下的就是把他们捉拿归案。

逃亡的日子

年关要钱

面粉只剩下不到一斤，蔬菜只剩下一根大葱，而取暖的煤也只能维持一天了。新疆昌吉回族自治州奇台县离中蒙边境只有一百多公里，这里人烟稀少，冬天气温常在零下 30 多度。以他单薄的衣衫、被褥，他会在房子里冻死的。

2011 年春节前夕，逃犯高选民又一次面临绝境。

19 年前，高选民在新疆的头一个冬天，是在阜康度过的。阜康是昌吉州下面的一个县级市，著名的新疆天池就在其境内。

当时，高选民租住在一间楼房下面的地下室，没有生火取暖的炉子。整个冬天，他头顶的小窗户上始终冻着不少于十公分厚的冰。每天夜里，他都得穿着全部衣裳睡觉，身上盖着一堆从工地上捡来的厚厚的烂棉絮、破棉被。

有一次，包工头偶然来到他的住处，吓了一跳，觉得高选民没有被冻死，简直是个奇迹。

在新疆，高选民已经跟了好多任包工头。现在的包工头姓赵，他揽的活儿，是给老百姓盖民房。他的工地只有一个帐篷，七八个人睡一个通铺。

高选民跟着赵老板干了三四年了。起初，赵老板嫌高选民岁数太大，不太想要他，但是高选民毕竟在这一行干了多年，是个有一定技术的大工，而且干起活儿来一点儿不偷懒。

何况，赵老板发现他的工钱是可以赖的。新疆的工地也就能干半年活儿，一入冬，工地上干不成活儿了，工人们便四散回家，来年开春再来。别人回家都是领了工资才走，高选民人不走，却领不到多少钱。

一个老爷们儿没有身份证，逢年过节又从来不回家，连讨要工资都底气不足，他是个什么人？

其实，哪怕他不说，每一个包工头都心知肚明。

包工头给他的钱，以他饿不死为原则。以前的包工头都欠他的钱，高选民常去找他们讨要，运气好时能要个一二百，运气不好时，头一次去人家还答应得好好的，等他过两天再去，人家连家都搬了，他连个人毛都没处逮。

眼下，年关将至，但他又一次弹尽粮绝。

高选民举目无亲，也没有一个朋友。冬季里没有地方可打工，找不见赵老板，他就弄不到一分钱。

新疆的冬季，早上八九点钟，外面还跟晚上一样黑。来新疆这么多年了，高选民没有棉衣，更没有棉大衣。他觉得，自己很少出门，这些装备就是奢侈品。

漫长的冬季里，高选民每天都守着一台电视机打发时光。

这台 14 寸的旧彩电，是他花 500 元从一个收旧电视的人手上买来的。因为没有闭路线，能看的频道只有几个，效果也不好。除了看电视，高选民偶尔出门，主要是去附近的小麻将馆。

麻将馆里人气很旺，更重要的是，这里的炉子总是烧得很旺。

在这里，高选民基本上都是充当看客，偶尔被别人拉上桌支个腿子，他也不会赌钱。

每天，高选民最奢侈的一件事情就是喝酒。他喝酒是什么便宜就买什么。过去一瓶白酒两块多钱，现在涨到了五六块。

高选民每天临睡前要喝掉半斤，一为御寒，二为忘掉烦恼，省得整宿睡不着。也许因为劣质白酒喝得太多，也许因为和人交流太少，他的记忆力已经变得越来越差。

这天，为了堵赵老板被窝，高选民把喝酒时间改在了一大早。外面太冷，不喝点儿，穿着毛衣出去根本受不了。

赵老板的住处离他只有一公里远，这条路他最近已经连续跑了好多次。

这次敲门，里面终于有人应了。不过，天太早，赵老板一家还在睡觉。

高选民跺着脚，在他门外守了一个多小时，几乎冻成了机器人，门才算打开。

高选民跟他也不客气，直接就往里闯。接下来，他在赵老板家一天三顿饭一顿都没落下，改善了伙食，并坐在沙发上和赵老板一起看了一天的电视。

看高选民晚饭后仍在聚精会神地看电视，一直说没钱的赵老板才装模作样地敲开邻居的门，借了二百块钱，打发高选民回去过年。

荒唐逃犯

20 年前，让高选民成为逃犯的那起命案，说起来十分荒谬。

高选民是陕西省西安市临潼区雨金街道高韩村人。1991 年 1 月 17 日这天，他同村的高臣娃两口子抱着个小娃在雨金集市上吃豆腐脑。正吃着，孩子大便了，弄脏了人家的凳子。高臣娃两口子没给人家收拾干净就要走，人家不干了，为这事儿双方动了手。高臣娃寡不敌众，吃了点儿亏。

当天晚上，高臣娃的几个哥哥听说了这事儿，不肯罢休，跑到已经散了集市的雨金街去打听，却带回了一个错误信息：白天打高臣娃的人是北湃村的张平。

高韩村的民风本来就硬，那些年，年轻人常在外面打群架。在大家七嘴八舌的劝说之下，高臣娃从炕上一跃而起，领着村上的人去北湃村找张平复仇。

北湃村与高韩村是邻村，一帮人从高臣娃家出来往北湃村走，正好经过高选民家。

听见高臣娃喊他，高选民连啥事儿都没顾上问，提上根铁棍就出了门。

这天晚上，高韩村、北湃村一带正好停电，高韩村的打群架队伍浩浩荡荡，据说足有 70 多人。有的人手上没顾上抄家伙，就从树上现折下一截树枝当棍子。

可到了北湃村，找见张平家，张平却不在家。

张平的父亲不明真相，表示愿意第二天为被张平打了的人承担医药费。

有人多事，要强行推走他家的一辆人力三轮车，张平的父亲不干。双方吵嚷中，有个叫程化理的北湃村村民冲过来制止。

高臣娃的哥哥高金宏喊了一声“打”，高选民等一群人二话不说就围着程化理开打。程化理的侄儿程西定过来制止，也被打倒在地。

结果，程西定受了轻伤，程化理因伤势过重，送到医院没抢救过来，第二天不治而亡。

当晚，虽然知道派出所在村里抓人，高选民还是在家里睡了一觉，并不慌张。可是，第二天听说程化理已经死了，高选民吓坏了，知道警察一定会来抓他，决定离家出逃。

起初，高选民在高陵、泾阳一带打工。农村到处都有人盖房子，这样的活儿并不难，一天能挣十几块钱。有活儿干，也就有地方吃、住。此间，高选民还悄悄回过一次家。

得知警察还在四处找他，他再也不敢回去，也不敢跟家里人联系。有命案在身，是件令人心惊肉跳的事情。

一见到警察，或者半夜听见警车鸣笛，高选民就紧张得要命。高陵、泾阳离他家也就四五十公里，在那一带打工的乡党也时常能遇到，高选民怕被人告发。

既然不敢回家，要跑就跑得远一些。这样，高选民就逃到了新疆昌吉。这里天高地远，特别是奇台，高选民打工的地方连野驴、野马、狐狸等野生动物都时常能见到。

于是，他在这一带安顿下来。

家人受苦

算上高选民，当年那起伤害致死案件涉案人员一共 12 人，其中 8 人案发当晚就被抓获，其余在逃人员中的 3 人在此后 10 年内也陆续到案。

如今，这 11 人都已经放回来，连被判死缓后改判 18 年徒刑的高金宏也回来两三年了，如今在家含饴弄孙。当年惹下这件麻烦事的高臣娃已经回来了五六年，粮食生意也做得挺好，如今盖起了高韩村最漂亮的房子，开上了福特蒙迪欧。而当年也是村里能人之一的高选民的家里却是另一番景象。

大约在两年前，高选民通过在泾阳找工作时认识的一个熟人，打电话联系上了他媳妇。

电话打过去，老婆的声音听起来已完全陌生。

头一次通话只有短短几分钟，放下电话，高选民失声痛哭起来。这是他逃亡后头一次落泪。

高选民有一儿一女。他离家出逃时，女儿 9 岁，儿子 5 岁。如今，他的女儿已经出嫁。诡异的是，他的女儿就嫁到了他犯下命案的北湃村。

电话里，他陆续知道了家里一些情况。

当年，高选民一跑，养家糊口的担子就全部落到了他媳妇的肩上。媳妇既要干地里的活儿，又要给别人打工挣钱。在河滩挖沙这样纯爷们儿干的体力活儿，她也照干不误。为了省钱、省时间，他媳妇经常一个干馒头就是一顿饭。农村帮工，也都有价钱。过去下地干活儿，不管种菜还是施肥，一小时三块钱；夏季收麦，收一亩能挣 20 元。这样的钱，别人会嫌苦不愿去挣，他媳妇则不会拒绝。

忙了外头，家里两个孩子的饭谁做呢？当时，高选民 70 多岁的老母亲还健在，还能帮帮忙。十三四年前，老太太去世，高选民的女儿就开始接过做饭的事儿。老太太在世时，村民们常听到她在咒骂叫他儿子去打架的高臣娃。

一个女人要供一对儿儿女上学，可不是件轻松的事情。娃们学校一说要钱，高选民媳妇头就大起来。

儿子高中毕业后，想去当兵。体检什么毛病没有，却没走成，谁让他有个当逃犯的爹呢？

后来，儿子在西安读了个大专，学的是计算机。娃很懂事，从上大学开始，只要有机会就想方设法地打工挣钱。尽管如此，上学三年，每年家里光学费就得掏一万多元。除此之外，每个月高选民媳妇还得给他二三百块钱生活费。

在新疆，高选民冬天过得苦，夏天过得累。那边的夏季白天很长，晚上 10 点半天才黑。

高选民在工地上一天经常要干到十四五个小时。一个夏季过来，他晒得脱了好几层皮，常常头一层皮还没有脱完，另一层又开始脱了。工地多在戈壁滩上，周围常常连棵树都没有。帐篷晒一天，里面热得像蒸笼，每天要挨到后半夜才能入睡。尽管干着繁重的体力活儿，他每天也就能睡四个多钟头。

活儿重，工地上伙食却不行。吃的蔬菜永远是市面上最便宜的那一种，油水也跟不上，仅仅能吃饱罢了。干活儿累了，有时候高选民会到街上去吃一碗拉条子拌面。

这种拌面菜只有一份，但面条可以免费加到吃饱为止。如今在奇台县，这样的拌面也已经涨到了 14 元一碗，他已经很少吃了。整个冬季，包括春节在内，高选民顶多只买两次肉。经常在方便面里放点儿油泼辣子，就是一顿饭。

尽管高选民已经把生活标准降到最低，他媳妇仍然比他过得都节俭。

农村人，如果自己地里没种菜，吃菜也一样要买。高选民媳妇却很少买菜，常常在路边揪几把灰灰菜之类的野菜，下面时搭进去，就算有个绿了。因为炒菜少，她家一桶 10 斤的油能吃一年。

儿女都不在身边的时候，她一个人也懒得做饭。别人家做饭，她会去搭把手帮忙，做好饭后，别人就塞给她一双筷子。

晚上，她爱到村里串门聊天，这样也就省了家里的用电开支。高选民还有台旧彩电看，她的家里却只有一台村子里独一无二的黑白电视机。因为长期不开，这台电视机实际上已经不能显示图像了。因为不用任何电器，甚至连照明灯都尽可能不开，前些年，她家一年的电费支出也就 20 多元钱。

逃亡 20 年里，高选民不曾到医院看过病。有个头痛脑热，他也顶多自己买点儿药，在床上躺几天。遇上腿痛、腰痛，他也买上块膏药一贴拉倒。

在高韩村，他媳妇也和他一样，同样 20 年没上过医院，遇上不舒服，同样是买点儿药，抗一抗就过去了。

除了供儿子上了大学，高选民媳妇这 20 年里做的另一件大事，就是盖起了新房。在农村，没有新房子，连给小伙子提亲的媒人都找不到。

新房一共花了 6 万多元，其中沙石、水泥由女儿、女婿支持，另外还欠下了 2 万多元的债。

和家里通完电话之后，老婆、女儿都劝高选民赶快回家。高选民也想过回来投案自首，但让他很纠结的，就是还有四五万元工钱没要回来。

7 月 7 日，当民警在奇台县的工地抓他时，他除了一个破铺盖卷儿，口袋里只有 260 多元钱了。

还是临潼民警跟老板施压，老板才给了他 1000 元工钱。

“剩下的，回头让他家属来找我结吧。”临了，老板就留下了一个手机号和这么一句话。

当年，因为会电焊手艺，也会干泥瓦活儿，高选民是村里最早盖砖瓦房的人之一。论日子，他在全村 80 多户人中，肯定排名前十。

20 年后，他家已经是全村数一数二的贫困户。除了负债盖起的几间空空荡荡的新房，高选民家没有一件值钱的家当，连他媳妇睡觉的床都是用砖头支着的。

被包养的女人

牌友失踪

宁拆一座庙，不拆一桌牌。麻将桌上三缺一，缺的这位还是这场牌局的发起人。

“曼曼这死女子咋回事儿？老汉不在跟谁野去咧？”赵冬一再拨打曼曼的手机，却总是关机，忍不住一串儿脏话脱口而出。

赵冬30多岁，长得有几分姿色，收拾得也挺性感、前卫。只不过，如果她不化妆，你会发现她脸色铁青，和人说话时目光呆滞。大热天，进了空调房别人会感到舒适，而赵冬却很快就会嚷嚷“冷死了、冷死了”。有经验的人跟她稍稍接触，就知道她是个吸毒者。

赵冬根本不姓赵，但她的本名很少有人知

道，她究竟是什么地方的人，也没人说得清。多年来，和人打交道她就一直习惯于用化名。不是说常言道行不更名坐不改姓吗？那些人都是正常人。赵冬不属于这号人。

她以前是干什么的，没人知道。但现在，她的职业就是在大众舞厅伴舞。这号舞厅伴舞，没人在意你的舞技，因为赵冬之类的舞女主要是靠跳黑灯舞挣钱。用行话说，叫跳黑曲。

黑灯的时候，男舞客不仅可以把女舞伴搂得紧紧的，还可以上下其咸猪手，跳这样一个舞一次十块钱。王全安在加拿大蒙特利尔电影节上获过大奖的电影《纺织姑娘》中，就有这样的黑曲镜头。当然，赵冬之类的舞女在舞场挣的还是小钱。和舞客谈好价码后，她们往往还会跟人家打的出去，完成性交易。

赵冬她们的差事摆不到桌面上来，生怕被家乡父老知道，所以她们常常像艺人一样，起个化名混世界。

赵冬和曼曼约着打麻将的地方，是西安市新城区更新街一家社区的小麻将馆。她们都在这个小区住，但都是房客。

曼曼叫张曼，是个 21 岁的姑娘。去年秋季，她和男朋友老硬在这儿租房子同居。老硬的岁数比曼曼大一倍，是个专门在公交车上扒窃的老贼，这情况赵冬也是在老硬翻把后才知道。

老硬这名字不是化名，而是外号。为什么起这么个外号呢？赵冬私下里问过曼曼，得到的回答是，老硬那方面特别生猛，而且从年轻时一直生猛到现在。别人给他起这么个外号，以表彰他一往无前的状态。

曼曼原先和赵冬是同行，也是个跳黑曲的。她和老硬最初认识，就是 2007 年在西门外的一家舞厅里。但是，曼曼被老硬包养起来，应该也就不到一年光景。这说明曼曼的渴望稳定，而老硬具备一定的经济实力。要不然，自己有家有室的老硬怎么会像成功人士一样包起个二奶？老硬的职业和上不得台面的赵冬之类相比，简直就是地下工作者了，跟谁都说不得。不过，因为钱来得容易，老硬花起钱来也大方，连赵冬等几个牌友都跟着他去吃过几次火锅。可是，人在江湖走，不能不湿鞋。5 月 3 号，老硬在公交车上偷别人的一个笔记本电脑时，被公交分局的反扒民警当场拿下，送进了雁塔分局看守所。

本来，曼曼和赵冬都说好了，5 月 25 日是看守所的探视日，她要拉赵冬一起去给老硬送些生活用品呢。

但是，自从 5 月 22 日下午五六点钟打过一个电话，曼曼就仿佛人间蒸发了。

赵冬和曼曼的生活规律差不多，都是早上从中午甚至下午开始，如果没有别的要紧事，她们下午的时光就在小麻将馆里度过。这种小麻将馆输赢不大，就是打到晚上散场，一个人输赢也不过几十块钱。曼曼有老硬养着，晚上也不用去赶场子跳舞，因此牌瘾也特别大，平时她常常扮演牌桌召集人的角色。

起初，赵冬以为她有急事回了家，手机没有电。可一连好几天都联系不上她，赵冬觉得不对了。吸毒的人认毒友，一认一个准儿。赵冬知道，曼曼和老硬都是吸毒之人。

当然，小麻将馆里来来去去的人里，吸毒的可不止他们俩。毒友要弄到毒品，都少不了和圈子里的人打交道。这个圈子里，穷途末路的亡命徒可有的是，为了弄点儿钱，杀人越货什么出格的事儿都敢干。连续敲了几天曼曼的门之后，赵冬就有了不祥的感觉。

5 月 26 日，在曼曼最终没有叫她去给老硬送东西之后一天，赵冬拉上另一个同样忧心忡忡的女牌友，去了一趟长安的马王。以前她听曼曼说过，她姐在马王街道上开了个理发店。赵冬觉得，有必要把这事儿告诉曼曼家里人。

在马王街道，赵冬找到了曼曼的姐姐。曼曼姐姐和曼曼长得很像，连身高都差不多，几乎一眼就能断定她们是一家人。曼曼的姐姐叫孙莎莎，开的是个正经的理发店，而不是那种情调暧昧的发廊，生意还不错。大概这也是曼曼引以为豪、愿意跟别人说起的原因。

不过，曼曼却不叫曼曼，而叫晶晶，孙晶晶。她姐姐并不知道她在西安以什么为生。5 月 18 日，姐妹俩约着在西门见了回面，一起上街买了回东西。孙家三个姑娘，莎莎是老大，晶晶是老三。晶晶是2007年离开家出去打工的。她们的父母至今认为，晶晶一直在康复路帮别人卖衣裳，干的是正经事儿。

得知晶晶下落不明，莎莎动员所有社会关系开始寻找晶晶，但找来找去都没有她任何消息。

5月31日下午，莎莎走进了碑林分局长乐坊派出所，向警方报了案。

6月2日，莎莎接到了长乐坊派出所民警的一个电话。这位民警是个心很细也很负责的人，这天的《华商报》上登了一则《寻尸启事》，虽然只有几十个字的描述，民警还是感觉和失踪的孙晶晶的情况有点儿相似。

电话里，民警告诉莎莎，让她找张当天的《华商报》看看。

于是，这天中午，照着《寻尸启事》上留的电话，莎莎把电话拨了过去。

浐河浮尸

4月22日，2011西安世园会召开。市园会周边的浐灞生态园也因此鸟语花香，整修得非常漂亮。5月下旬，西安连续下了好几场雨，浐河涨了水，有些垃圾浮在了世园会周边的橡胶坝上，影响美观。有关部门于是决定放一些水，冲掉垃圾。浐河新房友谊桥一带距世园会主会场广运潭两公里，水一浅，有人看见水面上露出了一条人的胳膊，就跟执勤的交警说了。因为那条疑似胳膊的东西在水的中央，交警站在岸边也看不出名堂，便给未央分局辛家庙派出所打电话报了案。派出所民警来了，让再放掉一些水，这回，半个女人的身子露了出来。尸体打捞上来，死者腰上捆着一个蛇皮袋，蛇皮袋里还塞着几块儿大砖头，不用说，这是一起刑事案件了。由未央分局刑侦大队与辛家庙派出所共同组成的专案组当天就宣告成立。

蛇皮袋是用一根网线捆在死者皮带上的，袋子里有四块儿砖，其中三块儿是空心砖，另外一块儿是从房子上拆下来的旧砖，还带着水泥。三块儿空心砖中，有两块儿上面有“75”的标号，标号前面有一个反着的“Z”字。为此，民警专门去了趟位于东三爻村的西安市墙体材料研究所。专家告诉他们，这些标号是正规砖厂的代号，那个反Z应当是工人贴反了，原本应当是正Z，“Z”就是“砖”的拼音头一个字母。“Z75”代表的砖厂位于临潼区斜口韩峪村，这批砖生产于2007年至2008年9月，主要销往西安的北郊，最后一批砖卖给了北二环大明宫。在这家砖厂，民警和厂长一聊，原来厂长本人就是离案发现场最近的新房村人，村上乡党盖房子，也有人用他的砖。民警在新房村里查看，果然发现，一些村民门前准备盖房的砖堆里就有这样标号的空心砖。

经过调查，那只蛇皮袋被证实是个50公斤的面粉袋，出自咸阳富民面粉厂。厂家介绍，这种袋子是在2008年3月份以前使用的，装的这种面粉相对精粉来说，要粗一些，也因此便宜一些。这种面粉袋不进超市，使用这种面粉的一般是食品加工厂、面包作坊以及炸油条的。厂家在西安小寨、三桥有代销商，距案发现场很近的辛家庙地区也有两家长期使用这种面粉的客户，一个是炸油条的，另一个是一家粮油店。

空心砖和蛇皮袋说明什么呢？说明犯罪嫌疑人是就地取材，应当就藏身本地。专案组据此划定了东三环以西、朱宏路以东的范围，因为在这一带住的人，选择新房友谊桥向浐河抛尸才符合常理。

法医解剖尸体后认为，死者年纪在20岁左右，死亡时间为一周左右。因为尸体已经高度腐败，死者身体看不出有明显外伤，因此死因无法确定。死者被抛入水中时，衣衫完好。她穿的是黑色的外套、白色长袖T恤，下身穿牛仔裤，内穿红色胸罩、黑色三角裤头。里里外外的衣裳，除了牛仔裤是“英琪牌”，其他都看不出品牌。民警咨询过康复路、轻工批发市场做服装生意的小贩，他们认为，死者的衣裳连康复路的档次都不够，应该全都是地摊货，全部加一起，不会超过300元；死者眼睛上戴的美瞳，专家认为也是便宜货，价钱在80元至150元之间。稍有些常识的人都知道，这种类似隐形眼镜的美瞳，对眼睛是有伤害的，严重的甚至会导致失明。什么人会为了漂亮或者好玩儿对自己这样不负责任呢？还有，死者的指甲有的已经被泡得从手上脱落，没有脱落的指甲共有三个，其中两个是红色的，一个是绿色的。还有，法医解剖尸体后还发现，死者没有生育过，但却戴着节育环。这让民警自然联想到，死者生前可能从事色情服务或者是个不良少女。

要侦破案件，首先要做的就是尽快确定尸源。知道死者是谁，才能排查因果关系。5 月 30 日开始，专案组印了好几千份《寻尸启事》，在辛家庙地区的新房、赵村、广大门、井上等城中村广为散发。6 月 2 日，专案组又在《华商报》登了一则 50 个字左右的《寻尸启事》。当天中午 11 点 40 分，刑侦大队副大队长黄晓周正开车，接到一个女人的电话，声称死者有可能是她的妹妹。黄晓周让她赶快往辛家庙派出所赶，自己也马上掉头往那儿开。专案组就设在辛家庙派出所。

狱友重逢

吉红波是在网上重新联系到他的狱友袁瑞的。

吉红波是河南洛宁县人，但他从小就在西安长大，因此说一口地道的西安话。

他的父母很能干，虽然是河南人，但在西安却请的是四川厨子，开小川菜馆。2005 年夏季，他们在未央区大明宫开了一家火锅店，准备装修好之后，一入秋就开业。可是，发现装修工人偷工减料，他们扣了工人一二百元工钱。为此，装修工人和他们吵了一架，双方情绪都很激动，有肢体冲突。工人吃了亏，当然不干，回去叫了人又过来理论。火锅店这边马上就处于被动状态，因为店里只有吉红波父亲和厨师两个男人。

双方打斗正酣的时候，谁也没想到，一个瘦弱的小男孩儿冲了出来，一刀捅进了一个工人身体里。装修工人送到医院不治而亡，小男孩儿被判刑 12 年。案发时，小男孩儿 14 岁刚过三个月，他就是吉红波。

在陕西省未成年人管教所服刑期间，吉红波认识了一批和他年龄相仿的少年犯，袁瑞就在他隔壁监室。袁瑞原名袁庆林，四川平昌县人，和吉红波一样，也是在西安长大的打工二代，说一口地道的西安话。袁瑞家兄弟姐妹四个，在他上面有个哥哥，因为抢劫至今仍在服刑。袁瑞 15 岁时，因为连续三起拦路抢劫被判刑 8 年，2007 年假释出来。袁瑞的父亲是个木工，袁瑞跟父亲学了点儿手艺，在建筑工地上打工。袁瑞的父母在新房村租房子住，袁瑞回来之后，也在村里租了间房子。他的房子和他父母家在一条村道，相距一百多米远。袁瑞的母亲以卖凉皮为生，每天做好凉皮后推着自行车在附近几个村子里叫卖，一个月收入也就千把元。

2010 年 9 月，吉红波也获假释出狱。这个时候，他的父母已经回到了老家。吉红波杀人后，他的父母变卖了火锅店，给死者做了民事赔偿。这以后，他们就在西安站不住脚了。

吉红波出来后，先回了河南老家，但老家农村他根本待不下去。5 月初，他重新回到西安后，处于居无定所状态。他被判刑时年纪很小，没多少文化，只有在少管所学的制衣技术在外面也并不好找工作。不过，他的狱友江乐却凭制衣手艺在外面打工，虽然挣得不多，但总还有口饭吃。

吉红波联系上了江乐后，就在灞桥区官厅村江乐的住处落脚。在能够结交朋友的年纪坐了牢，这些人的朋友圈就只能是狱友了。像一般人通过校友录找到多年不见的同学一样，“吉红波们”也通过网络建立起了联系。5 月下旬，吉红波联系上了袁瑞，俩人在官厅新村一个网吧里见了面。

在什么地方发财？老友重逢，一般人会这样开场。曾经的少年犯们见面时聊的话题也是怎样挣钱。

聊来聊去，吉红波情绪低落地认为，像他们这样的人要想挣钱，只有去偷、去抢。偷东西是个技术活儿，他们又并不擅长，剩下的就只有抢了。可抢谁呢？他们俩也并没有个目标。

找到了袁瑞后，吉红波还是有了点儿事情干。工地上缺人手时，袁瑞会喊上吉红波。袁瑞因为有点儿手艺，一天能挣 200 元；吉红波是纯粹下苦力的，一天挣 150 元。如果说他们能吃得下这份苦，这样的收入可远比一般的大学毕业生挣得多。然而，他们不像他们的父辈，懂得珍惜劳动成果。有了钱，他们就去吃喝嫖赌，放纵自己。工地上的打工没持续多久，吉红波就想打退堂鼓了："咱这钱挣得太难了，不如寻个人一绑弄些钱算了！"

这次，袁瑞想出了一个抢劫的目标，这个人就是化名张曼的孙晶晶。

后来，袁瑞的房东回忆，曾经在院子里见过孙晶晶几次。袁瑞也自称和孙晶晶是男女朋友关系，但这个问题已经无法向孙晶晶求证。

和孙晶晶同居时，老硬总觉得，她有点儿人在曹营心在汉，她的电话特别多，而且她经常还背着他接电话。好在老硬自己有家室，又比孙晶晶岁数大得多，所以对她还跟谁好并不太在意。有一回孙晶晶接了个电话，语气有些暧昧，老硬出于好奇随口打听了一句，孙晶晶告诉他，是个四川人。这个四川人很可能就是袁瑞。

有一次，袁瑞打孙晶晶手机，却是个男人接的电话。男人问袁瑞是谁，袁瑞马上反问："你是曼曼什么人？"那个男人一气之下挂了电话。想必那个男人就是老硬了。

袁瑞不吸毒，但他是通过孙晶晶的一个毒友认识她的。那个毒友就是新房村人。袁瑞为什么会动抢她的念头呢？因为在他的眼里，孙晶晶是个有钱人。

孙晶晶算不算有钱人暂且不论，但的确喜欢露富。5 月 18 日，孙晶晶和大姐孙莎莎在西门一见面，孙莎莎就发现她金戒指、金项链全副武装，好像生怕别人看轻了她。为此，孙莎莎还说过她。在和孙晶晶交往过程中，袁瑞不仅了解到她被一个有钱人包养着，还知道她有张银行卡，卡上有好几万元，这笔钱足以让穷困潦倒的袁瑞对她产生想法。

袁瑞想对孙晶晶下手，也是因为自己得不到她。他觉得，孙晶晶虽然长得不错，但非常现实。他们在一起的时候，无论吃饭还是娱乐，都是袁瑞花钱。

有一回，袁瑞向孙晶晶表白，要她嫁给他，孙晶晶回答得非常痛快："好哇、好哇，你先给我买套房子吧！有房子我就跟你结婚。"

还有一次，他们俩人在一起的时候，孙晶晶丢了一千块钱。孙晶晶怀疑是袁瑞干的，袁瑞不承认，她就让那个毒友把她领到了袁瑞父母那儿，大吵大闹了一场，让袁瑞很没有面子。打这儿以后，他们俩就疏远了。这件事让袁瑞觉得，孙晶晶是个报复心很强的女人。

确定了打劫孙晶晶之后，袁瑞就开始打电话约孙晶晶。可是，每次孙晶晶都用各种各样的理由拒绝他，比如："我在睡觉""我正在打麻将""我要回家"，等等。被拒绝了几次之后，袁瑞火了，他决定再约出孙晶晶，不光要抢了她，还要把她杀了。

浐灞沿岸有很多小树林，袁瑞的计划是：把孙晶晶骗到没人的小树林后一抢，就地勒死，把尸体扔在小树林里。吉红波对他的计划没什么异议。

5 月 22 日中午 1 点，孙晶晶接到袁瑞的电话，没再一口回绝："我在睡觉，过一个小时你再来电话吧。"

袁瑞大喜过望，放下手机，马上跟身边的吉红波说："有门儿!"

杀人越货

"有门儿!"在辛家庙派出所见到孙莎莎，未央分局刑侦大队副大队长黄晓周的第一感觉就是这案子要破了，虽然孙莎莎连她妹子失踪时穿什么衣裳都说不清。

说不清不要紧，不是还有赵冬吗？他们找来了赵冬。赵冬说，死者身上的那身衣裳她见孙晶晶穿过，她还知道，孙晶晶爱戴美瞳。她还特别证实，孙晶晶的指甲有红有绿，那个绿色的指甲还是她帮孙晶晶染的，当时纯粹是为了好玩儿。孙莎莎也证实，孙晶晶2007 年谈过一场恋爱并因此怀孕。做人流后，她上了个节育环。也就是从那儿以后，她离开家到西安打工。

确定了死者的身份，后面的工作就变得简单多了。

孙晶晶的手机打出的最后一个电话，是22日下午跟赵冬约牌局。那她接的电话呢？顺着这个线索，民警很快确定，袁瑞、吉红波有重大嫌疑。

当天下午5点多，袁瑞、吉红波等五个人正在新房村一个饭馆里喝酒，被警察当场抓获。搜查袁瑞在新房村的住处时，民警发现了与死者身上一样的网线。

被拉回专案组一审讯，吉红波就交代了，诸如用网线穿过死者的腰带、空心砖、蛇皮带之类的细节，一一得到了印证。

在此情况下，袁瑞只好如实招供了全部犯罪事实。

5月22日中午1点，放下孙晶晶的电话之后，袁瑞和吉红波在新房村一个网吧里等了一个小时，然后准时又给孙晶晶打了个电话。

孙晶晶接了电话，让袁瑞去她那儿。孙晶晶住的地方，袁瑞知道。袁瑞、吉红波坐公交车来到更新街，在孙晶晶住处的楼下见到了她。

“上哪儿去玩？”孙晶晶之所以这样问，是因为袁瑞在电话里说要约她一起出去玩。

“咱们到浐灞看世园会吧！”听袁瑞这样说，孙晶晶不太想去，嫌远。而且她知道，袁瑞并没有世园会的门票，顶多在周边走一走。

“远有什么呀，晚了我们打车把你送回来。”

反正这天也没有约牌局，孙晶晶有的是时间，就决定跟着袁瑞出去玩。

按原定计划，他们把孙晶晶领到了浐灞的小树林。可是，这天是星期天，前往世园会的游客特别多，周边的小树林里也到处有人。因为才下过雨，傍晚还有点儿冷飕飕的。

袁瑞说：“我回去换个衣裳，然后咱们去吃饭！”

新房村就在不远处，孙晶晶跟着二人去了袁瑞的住处。

开了房门，袁瑞没进屋，却径直往厕所走，已经进到房里的吉红波马上也跟着他进到厕所："咋弄？"

这会儿，吉红波已经有些糊涂了，不知道袁瑞葫芦里卖的什么药。

"就在屋里弄死她！"袁瑞一点儿都不犹豫。

袁瑞的屋子很小，除了一张床，就有一部台式电脑。这会儿，吉红波在装模作样地上网，坐在床上的孙晶晶发现袁瑞在她跟前莫名其妙地走来走去："你干啥呢？"

"找衣裳！"说完这句话，袁瑞突然卡住孙晶晶的脖子，将她扑倒在床上。五六分钟后，孙晶晶的反抗已经很微弱。

这时，袁瑞的手累了，一直在帮他按着孙晶晶腿的吉红波过来接着卡孙晶晶的脖子。怕孙晶晶还不死，袁瑞又扯过一截网线，套在孙的脖子上，俩人一左一右用力勒。这时候，孙晶晶的舌头已经伸了出来，很吓人，吉红波找到一个塑料袋套在她头上。接下来，他又摸了个枕头压在孙晶晶的头上，然后坐在枕头上。袁瑞去摸孙晶晶是否有心跳时，摸到了她胸部，于是，兽性大发，在吉红波的注视下进行了奸尸。此后，吉红波不肯像他那样做，他还笑话吉红波不像个男人。不过，孙晶晶的裤子还是吉红波给穿上的。吉红波想要孙晶晶的手机，袁瑞开出的条件是给她穿上裤子。后来，在小饭馆里被抓获时，吉红波手里拿的就是孙晶晶的手机。

他们把孙晶晶的包拿过来，将东西都倒在床上，但战果却令两个强盗失望：现金只有六百多块。

俩人二话不说，抓起她的钥匙打车前往更新街。在孙晶晶家，他们又搜到了一部手机、一部笔记本电脑和一个无线网卡。因为找见了银行卡，他们把孙晶晶的身份证也拿走了。

他们返回袁瑞的住处时，已经是晚上 10 点多了。等到夜深人静时，他们摘下了孙晶晶身上的首饰，然后用电动自行车将她的尸体运到浐河上的新房友谊桥上。袁瑞返回村里找了四块儿砖头，用蛇皮袋提回来。他们将装着砖头的蛇皮袋用网线捆在孙晶晶的腰带上，将尸体抛入水中。之后，二人又绕了很大个圈子，将死者的鞋子扔到了北牛寺村口，然后在新房村路北的一个网吧上网，天亮后才回去打扫了房间。

因为觉得房子里阴气太重，他们没敢在房子里睡觉，找了个招待所混了一天。这以后，他们一起到临潼的一个建筑工地上打了几天工。因为没有密码，孙晶晶银行卡里的钱他们始终没有取成。后来，他们扔掉了孙晶晶的身份证，但那张他们认为有好几万元的银行卡始终没舍得扔。事实上，孙晶晶的卡上只有 12000 元。那些能值 6000 多元的金首饰，他们在新房村一个收黄金的私人摊主那儿卖了 3300 元。这些钱他们一周之内就在东大街的迪吧、胡家庙的 KTV 等地方花了个精光。

警察在小饭馆里抓住二人时，他们已经身无分文，连这顿饭都等着别人给结账呢。

坑爹逆子

口罩男行凶

搭衣服时，一不小心，把鞋垫带出脸盆，掉到了楼底下。

谁会想到，这只飘落的鞋垫，会引出一起命案呢？

邱晓惠是西安高新区一所幼儿园的教师，和另外三名女教师一起租住在科技路西头的枫韵蓝湾小区 7 号楼 1101 室。2014 年 4 月 15 日晚上 8 点多，下班回来，吃过晚饭后，邱晓惠洗衣服时，顺便把鞋垫也洗了。一不小心，把鞋垫掉到了楼底下。她当然得下去把鞋垫捡回来，对吧？

鞋垫落在了楼下的草地上，并没有砸着谁。捡了鞋垫，回到房门口，身着睡衣的邱晓惠用钥匙刚把门打开，她的身后突然闪出了一个男子，用胳膊狠狠地卡住她的脖子：“别喊！”

邱晓惠惊得头发都要竖起来了，她发现有把刀子抵在了她的右腹部。这时，邱晓惠才意识到，这人就是刚才跟她一起坐电梯的那个背对着她的男子。

“房子里还有谁？”

她哆嗦着指了一下第一间房门。

邱晓惠她们住的其实是群租房。有个小伙子脑筋活泛，花两千三从房东手上租下了这套房，然后将三室两厅的房子隔成了四间房，再分别租出去。如果房子都能租出去，小伙子一个月能挣个几百块钱。这个时候，1101 室里的小房子有一间没能租出去，空了快一个月了。邱晓惠与三位同事住了其中两间，一个不爱吭气儿的小伙子住了客厅改的一间小房子。

房门被人推开时，小房间里那个小伙子正背对着门坐在电脑前。听到有人推门进来，他转过身来，下意识地站起身往前走了一步。

“把钱掏出来！”小伙子还没来得及反应，那个控制着邱晓惠的戴口罩男子甩开邱晓惠，扑上去就给了他胳膊上一刀。

小伙子惨叫一声，赶紧掏出钱包，并且把钱从钱包里取出来。这时候，一张一百元的钞票掉在了地上。口罩男并没有弯腰捡钱，而是冲过来，继续扎小伙子。空间狭小，小伙子被逼到了墙角儿。这样，刀子就在他胸、腹等地方不断进出。看他倒在血泊中后，口罩男捡起地上的钱，飞快地夺门而去。

“来人呀！”邱晓惠撕心裂肺地叫了起来。从惊恐中回过神儿后，她痛哭流涕地拨打了“120”和“110”。

因为受害人被证实已经遇害，这起案件被定性为入室抢劫杀人案，公安雁塔分局很快成立了由刑侦大队和昆明路派出所联合组成的专案组，投入到案件侦破中。

33 岁的受害人武昌民是西安临潼人，在一家通信公司做网络维护。发生了命案，民警自然要把各种可能的情况都考虑到。武昌民会不会得罪了什么人，比如为女朋友争风吃醋之类？调查之后，完全否定了情杀、仇杀的可能。

武昌民是个农家子弟，父母之外，有个姐姐，有个弟弟，都是本分之人。作为一个高中毕业生，武昌民能凭电脑吃饭，对他来说已经很不容易了。所以，武昌民对这份工作一直很珍惜。

武昌民虽然话不多，但为人一直很友善。他比邱晓惠她们搬来得早。四个姑娘住在这儿，几乎感觉不到他的存在。武昌民总是一个人待在房间上网，悄无声息。有一次，武昌民去上厕所，看到几个姑娘正在装电脑，手忙脚乱把那些线弄不到一起。“我来装吧！”武昌民主动过去帮忙，三下五除二搞定。即使加上这次接触，她们和他说的话加一块儿也不会超过两分钟。

由于收入微薄，性格又内向，武昌民连女朋友都没有谈，所以，情杀、仇杀之类的事儿跟他都挨不上。

再回到现场。口罩男被证实没有坐电梯，是从楼梯跑出楼的。勘查中，民警发现了两种血迹，也就是说，口罩男在杀害武昌民的过程中，可能与受害人有过搏斗，或者不小心伤到了自己。在 11 层至 1 层的楼道里，自上而下有行进血迹，这种血迹并没有因为距离中心现场越来越远而减少，这也从另一个角度证实，口罩男也已经受了伤。

在楼梯的第二层，刑侦大队技术员程海鑫、刘文博发现了一枚残缺的血掌纹。这对日后对嫌疑人的认定起到了重要的作用。

枫韵蓝湾小区一共装有 38 个监控探头。民警调取了案发时间段这 38 个探头共 400 多小时的视频资料，认真地进行分析。可惜，枫韵蓝湾小区的探头装得年代有些早，清晰度不高，特别是天黑之后，从探头里看小区里来来往往的人，模糊一片。

专案组又调整了方案，看口罩男是从哪个门儿出入的。4 月 18 日，民警调取小区南门西侧浙商银行的监控时发现，浙商银行对着街道的探头拍到，4 月 15 日 20 时 33 分，有个形迹可疑的人从小区南门走了出来。为什么说此人形迹可疑呢？因为这人本来是跑着出来的，但到了门口，由跑变成了正常行走，同时将帽衫的帽子拉起来，罩住了头部。

在他用帽衫罩住头部之前，民警发现了邱晓惠说过的此人别的特征：两鬓光光的，没有头发；上身穿光面深色衣服，下身穿牛仔裤。当然，此人还有另一个重要特征：戴着口罩。

复员的士兵

2013 年 12 月，刘晨曦从部队复员回到西安那天，他父母都没去火车站接他。

刘晨曦生于 1992 年，身高只有一米六五，身体也单薄。当兵之前，他在一家超市防损部打工，迷恋上了超市里的一个打工妹。打工妹在超市做临时促销，推销卡福、奥利奥等饼干。俩人谈了三个月，第一次恋爱的刘晨曦如醉如痴，可人家姑娘却看不上他了。刘晨曦苦苦纠缠，人家却不为所动。2011 年 9 月，那个姑娘考上了一所大专，离开超市上学去了。刘晨曦这下像丢了魂儿一样，班也不上了，一个人在家宅着，二十多天都不肯出门。

刘晨曦的父母吓坏了。他们两口子都是西安一家军工企业的员工。60 年代，因为战备原因，很多企业都被转移到了偏僻的山区。这家企业就是那时候迁到陕南商洛山中的三线企业。刘晨曦父母都是商洛当地人，1993 年，工厂迁回西安，他父母抱着只有一岁多的刘晨曦也来到西安。从小到大，刘晨曦从来没给父母惹过什么事儿。如果他跟别人打架，一定是别的孩子欺负他、打了他。父母就他一个儿子，对他自然格外疼爱。

他爹老刘嫌他太懦弱，一直想让他当一回兵，在部队里培养点儿阳刚之气。

当兵两年，刘晨曦表现得还不错，不仅受过嘉奖，还学了驾驶技术。但因为刘晨曦坚决不愿当士官留在阿克苏，才没有拿到 B 照。回家之前，刘晨曦给父母打电话说过，但没有告诉他们他回家的具体日期和车次。实际上，他是想让他在网上认识的干妹妹去接他。

因为部队的军用电话一周只能用一回，太不方便，在当兵的最后阶段，刘晨曦托战友买了个二手手机，目的是为了挂个 QQ 聊天。比他小两岁的冯梅就是他聊 QQ 中认识的干妹妹。

冯梅干过网络销售，2013 年夏天开始不再上班，经常跟闺蜜一起在网吧通宵上网。因为聊得投机，刘晨曦让她帮他交 1000 元话费，而他给她打回去的却是 2000 元。复员之前，部队给退伍老战士发了一些零用钱，再加上最后一个月的津贴，刘晨曦手上有了 4700 多元。他用其中的 2000 多元给干妹妹买了军用常服大衣、陆战靴、防寒背心、大棉帽，还有军用手套，从头到脚都买齐了。可是，他坐了三天三夜火车，满心欢喜地出了车站，却并没有见到接站的干妹妹。

刘晨曦的行李不少，给冯梅打电话，她仍不肯来。听说有那么多礼物后，她答应在她家附近的小寨过街天桥上与刘晨曦见面。

刘晨曦打车过去，给初次见面的干妹妹奉上全套礼物。中午，俩人一起去吃了顿饭，饭钱还是刘晨曦掏的。

晚上，刘晨曦见到了下班回来的父母。刘晨曦给他爸买了一件作训大衣，给他妈买了件常服大衣。虽然老刘对儿子没按自己的想法留下当士官有意见，但看到儿子的礼物还是很高兴。

晚上，老刘跟老伴儿感触地说：“儿子懂事了！”

发现嫌疑人新视频

4 月 18 日，继发现浙商银行探头拍到的犯罪嫌疑人也就是“口罩男”出小区的视频之后，刑侦大队四中队长李军又在继续向西 200 米之外的班尼路专卖店和华润万家超市对着大街的摄像头拍摄的视频中，提取到了嫌疑人的视频资料。

再往前，就是科技路与丈八路的十字路口。由于地铁三号线施工，剪断了十字路口摄像头的线路，嫌疑人在十字路口东北角的华润万家超市门前失踪了。

好在这时又发现了犯罪嫌疑人进小区的视频。拍到这段视频的仍然是浙商银行门前的那个摄像头，时间是 15 日 19 点 16 分。

这时候，画面上的那个犯罪嫌疑人是正常走进枫韵蓝湾南门的，速度并不快。

前文说了，枫韵蓝湾小区的监控设施已经陈旧，没有红外拍摄功能，天黑以后拍到的视频都比较模糊，没有参考价值。但是，如果楼道里亮着灯，借助灯光拍到的视频仍然是清楚的。15 号楼有个探头对着楼口。

15 日 19 点 21 分，摄像头拍到，嫌疑人尾随一个妇女从楼前一闪而过。后来，民警找见了这位妇女，她住在 13 号楼，对有人尾随过她一无所知。

18 号楼口的摄像头拍到的画面也比较清晰。嫌疑人在一个妇女身前进了楼，又一前一后进了电梯，在电梯门快关时，又有个老太太也进去了。1 分 56 秒后，嫌疑人又从楼里出来了。

警察将嫌疑人的监控画面截图拿给小区的保安、保洁和物业人员看，所有人都说不认识这个人。

这就是说，这个嫌疑人根本不是小区里的人。

鬼迷心窍的败家子

刘晨曦只有初中文化，和很多城里独生子一样，他对未来工作的期望是：轻松，不用动脑子，至于钱多钱少，他倒并不在意。

他爸老刘是所在企业下属公司的生产部长，相当于车间主任，他想让儿子进自己单位，哪怕到保卫部看大门也行，毕竟在眼皮子底下，他还能照顾着点儿。但是，这事儿得等机会，急不得，也许要等一年半载，也许时间会更长些。

回家不久，刘晨曦就给老刘闯了一次祸：他在外面赌博，欠了人家七千元。老刘单位的效益不行，工人一个月也就能拿两千元。他是个头头，稍高点儿，也就两千七八。也就是说，他和已经内退了的老婆的工资加一块儿也不到五千。可是，外面的赌债那是随便敢欠的吗？老刘只有一个儿子，不敢有闪失，虽然心情沉重，还是把钱给了儿子。

临近春节，儿子又说，他借了别人两万元的高利贷，又输了。这回，老刘坚持要陪儿子去见他的债主。

第二天，父子俩一起来到一个老旧小区的居民楼，刘晨曦坚决不让他爸跟他上楼去，嫌丢人。老刘心一软，就把钱给了儿子，自己守在楼门口抽烟。过了一会儿，儿子下楼来，说钱已经给了人家。

大年三十，万家团圆，儿子却不辞而别，连年夜饭都没吃。

老刘知道，儿子年前不辞而别的，还有他在超市当防损员的工作。回家闲待了一阵儿之后，刘晨曦自己又去原来的超市干起了老本行，但干了二十来天就又不干了。

对于老刘来说，这个悲摧的年还得继续悲摧。大年初三，儿子来电话说，他人在榆林，又借下了两万元赌债。老刘不信，儿子便找了个固定电话打过来。证明他确实在榆林。

那边冰天雪地，大过年的，跑那儿干啥？老刘让儿子赶快回家。这回刘晨曦很听话，第二天就坐飞机回到家。

听儿子的口气，这次的情况更严重：要是不给人家把钱还上，人家会剁了他的手。老刘是老实人，社会上的坏人多半是他在电视里看到的。他哪儿敢让原本就懦弱的儿子去鸡蛋碰石头呀！

刘晨曦第三次从父亲手上拿到了钱，两万元，一分不少。初三那天，刘晨曦又坐飞机回了榆林。

刘晨曦真的染上了赌博不能自拔了吗？

不是。他压根儿就不会赌博，他是陷入了情网不能自拔。

他在部队时，有一天，他所谓的“干妹”冯梅过生日，问他要礼物。当时，他没钱给她买东西，从父亲那儿骗了七千元后，立即给了冯梅五千五，让她去买一部 Iphone5S 手机。可钱到手上，冯梅并没有买 5S，却买了个美版的 4S。她不懂英文，自己就乱捣鼓，把手机弄坏了。去店里解锁、重装，人家开价八百块。冯梅不上班，没收入，就又问刘晨曦要。而这时，刘晨曦骗家里的钱也已经跟冯梅和她的闺蜜们吃喝玩乐花光了。于是，他第二次又跟父亲开口，骗了两万。他把他爸领到那栋楼下，自己上楼将钱藏在了里面裤子的口袋里，然后下楼跟他爸说，钱已经还过了。

刘晨曦痴迷地暗恋着冯梅，但冯梅却并不拿他当回事儿。

这段时间，冯梅喜欢在网吧玩一种名叫“见灵”的游戏，刘晨曦想跟她套近乎，便也学着玩。可每次他跟她请教时，她都很不耐烦，嫌他笨。

刘晨曦白天上班，晚上得回家休息，而冯梅喜欢在网吧通宵上网。为了能有更多时间陪冯梅，刘晨曦把超市的差事给辞了。

刘晨曦掏钱给冯梅修好手机后，冯梅说她和她姐姐过年要去榆林玩。这回，冯梅跟他玩的是欲擒故纵，第二天故意改口说，不想让他去。直到刘晨曦说，哪怕她去会男朋友，他跟在后面也不会干涉她，她才同意他去。

这样，腊月二十九，冯梅和她姐一起飞榆林。除了给她姐儿俩买机票，临出门，刘晨曦还给了冯梅七千元；年三十，刘晨曦也飞了过去。当然，后面的住店和吃饭等全部开销都由刘晨曦出了。

如果去榆林能有个好心情，钱也算没白花。可大年初二晚上，冯梅告诉刘晨曦，她来榆林就是来怀旧。她男朋友就是榆林人，犯了抢劫、强奸罪，坐牢了。冯梅说，她和她姐准备在榆林待到元宵节。

可这时，刘晨曦第二次从家里骗来的两万元已经花得差不多了。于是，他又骗了他爸第三次，大年初三飞回西安，从家里又取回了两万元。

之所以这么快又赶回榆林，是刘晨曦对冯梅放心不下。这两天，有个被冯梅称为前男友表弟的小伙子时常出现在冯梅身边。更奇怪的是，这个比冯梅小两岁的小伙子和手机里冯梅的男友“相似度90%以上”。稍有点儿智商的人都会明白，这个人和冯梅手机里的男友本来就是一个人。但这个时候的刘晨曦的智商却是零。回到榆林，冯梅和她姐在房间里喝了近40瓶酒吧那种小瓶啤酒，刘晨曦见到她们时，俩人正在边喝边哭。

半夜，刘晨曦已经睡下了，冯梅却让他起来，去给她接人。榆林的夜晚零下十几度，相当冷。刘晨曦穿着短衣、短裤下楼，似乎要给冯梅演点儿苦肉计，博得同情。刘晨曦接回来两个小伙子，其中一个就是冯梅那个所谓的“男友表弟”。冯梅姐妹将这两个小伙子迎进她们住的房间，却把刘晨曦拒之门外。这一夜，刘晨曦就搬了把椅子守在她们的门外，但是，直到天亮，他并没有等来冯梅的召唤。

刘晨曦这次真的很生气。初四一早，他离开榆林回西安。临走，他还不忘给两位祖奶奶留下五千元生活费。冯梅对他居然连句挽留的话都没说。

回到西安，刘晨曦只在家待了一个多小时。他仍然放心不下冯梅，而冯梅姐姐又给他发来短信，让他快点儿回去。大概冯梅的姐姐说话比较中听，让他感觉到了温暖，在西安咸阳国际机场，刘晨曦花三千元一气儿给她买了两件风衣。当然，冯梅也有份儿。刘晨曦给冯梅买的一件风衣就花了三千三百多元。再加上给她俩一人买了个上千元的大绒毛玩具，回到榆林，刘晨曦手头已经所剩无几了。当晚冯梅姐妹和那俩小伙子出去吃火锅，有说有笑，只把个刘晨曦晾在一边玩手机。吃完饭，还是刘晨曦埋的单。

大年初五，冯梅姐姐不知躲到哪儿去了，冯梅就不顾刘晨曦的强烈反对，在她住的房间大大方方地留宿那个十八岁都不到的小伙子了。

刘晨曦一气之下，又会做出什么呢？答案是：他又通宵不眠，搬把椅子在人家房间外坐了一宿。

好兆头，好兆头！

因为地铁施工，“4・15”命案犯罪嫌疑人的监控画面消失在了科技路、丈八路十字路口。专案组决定，以十字为中心，向东南西北四个方向延伸，调取街道两旁的所有监控，看他从哪儿来、向哪儿去。

十字西口往西，专案民警找到的第一组监控是天朗蓝湖树小区门口的两个探头。此时，已经是4月23日晚。两个探头都拍到，4月15日19点05分，犯罪嫌疑人从探头前经过，这是他在前往枫韵蓝湾小区的路上。这里再往西是蓝湖树商业街，继续往西就到了福谦堡村口。这里有公安高新分局的一个监控探头，冲着西边。调取案发时间段的视频看，没有与犯罪嫌疑人相似体貌特征的人从西边过来。也就是说，犯罪嫌疑人只能是在这个探头的东边出现的。

这个探头旁边就是鱼化村。鱼化行政村是由鱼化寨、福谦堡以及河东村三个自然村组成，专案组分析，犯罪嫌疑人应该是从这三个城中村里出来的。

排查鱼化寨村的任务由昆明路派出所来执行。鱼化寨村离科技路西口相对较远，实地考察就会发现，这个村子的村道特别窄，再加上城中村总是有人家在盖房子，路就更不好走。如果是生人，在村道里穿来穿去，说不定会迷路。嫌疑人如果往枫韵蓝湾小区走，最好的办法是上科技路，顺大路往东。但福谦堡村的探头已经证实，嫌疑人没有经过这条路。

民警把嫌疑人的截图画面拿给村上的干部、村民看，大家都说没见过这么个人。于是，专案组排除了鱼化寨村，把河东村与福谦堡村作为排查的重点。

民警先是查看村上有没有监控。然而，两个村的监控视频都只能保存六天。也就是说，民警查到村里时原来的视频资料都已经被覆盖掉，十分遗憾。但是，村里的小商店、小旅社大多自己装有监控，且案发日的视频资料都还保存着。民警在河东村走访了上百户村民，调取了大量监控视频，但是，并没有发现嫌疑人的踪影。

接下来，按照同样的方法摸排福谦堡村。最东边的村口有一个送牛奶的黄马甲中转站，自己装有监控。通过调取视频，排除了嫌疑人经过这条巷道出入的可能。自东向西第二个村道口有个小超市，小超市的监控装在一进店的墙上，能扫到门口和大玻璃窗子。调取视频，民警发现，4月15日19点整，嫌疑人的身影从小超市对面的巷子出来，在超市门前一晃而过。这条小巷道里小宾馆、小饭档特别多。顺巷子走到在福谦堡村47号付2号，这户村民院里装的监控对着自家门口。民警调取案发时间段的全部视频看，没发现嫌疑人的身影。从西南方向到这家门口的这条巷道又被排除了。于是，民警再向西边走。

西边第一家装有监控的是一个名叫“好兆头”的小宾馆。调取视频资料，民警从4月15日18点以后开始看起，看到18点47分时，一个熟悉的身影自西向东走入画面。这人体貌特征与嫌疑人很相似，但仔细一看，他穿的衣服和犯罪嫌疑人却不一样，不是那种帽衫。

看到18点59分时，刑侦大队副大队长魏强不禁惊呼起来。原来，他们要找的犯罪嫌疑人终于出现在画面中，而且就是从这家宾馆出来的。

当下，大家就做了个侦查实验。结果发现，从好兆头宾馆走到福谦堡村最初发现此人身影的那个小超市，正好用时一分钟。

那么，作案后他是不是又回到了好兆头宾馆呢？民警赶快再往下一个时间段看。结果发现，20点47分，嫌疑人回到了宾馆。在探头前，他还抬了一下头，深深地叹了一口气，看上去有如释重负的感觉。

包了个小姐

初八，老刘再次接到儿子的电话。这次，儿子说，他又输了四万元。电话里，老刘一阵沉默之后，终于忍不住抽泣起来。

“人家押着我的身份证呢，我实在没办法。”电话里，儿子跟他乞求。

没身份证，儿子就没有自由了，连坐飞机回来取钱都做不到。有什么办法呢？老刘只好东拼西凑，把四万元打到了儿子的卡上。

只剩下了两千元钱的刘晨曦就这么又绝处逢生。大年初九，他告别把他整得五迷三道的干妹冯梅，坐飞机回到西安。

那么，手上的四万元他又是怎么花的呢？

大年初十，他来到沙滘沱村一个按摩店，要包个小姐带到酒店过夜。他出价一千元，人家跟他搞价钱，结果他干脆报了一千五一晚上的价钱。说是包小姐，但小姐白天并不陪他，想干吗干吗，包括去会男朋友。就这，刘晨曦还给她买了苹果平板电脑、苹果 4S 手机等，并且买了一堆衣服。手上还剩一万多的时候，小姐跟他借钱。“借什么借？我给你。”刘晨曦痛痛快快地从卡上取了五千元钱，给了小姐。

这回骗来的四万元，刘晨曦只给自己买了一部手机。他还是割舍不下那个干妹，给冯梅打去了三千元，冯梅替他在网上花两千五百多买了部翻新的手机。有一天，刘晨曦在网吧正打游戏，接到了冯梅姐姐打来的电话，说她们准备回西安，让他把机票钱打过去。

刘晨曦非常气愤，一个人在大街上走了半天，最后还是给她们打去了两千元。

这时候，离他第一天包小姐只过去了一周，而他口袋里却只剩下两千多元了。本来按摩店老板让他每天中午去结一次账，而他早早一次就付了人家 14 天共两万一千元。刘晨曦并不在意多给按摩店的一万多元钱，临分手，他还把那两千多元都送给了小姐。“疯也疯够了，我该回家了。”刘晨曦觉得，小姐也不容易，而且可能比他更需要钱。

回到家，他爸他妈没动他一指头，还跟他说，不追究他以前干的错事了。于是，刘晨曦又重新变成了当兵之前的那个宅男，天天在家上 QQ。

待了半个多月，他又想出去找工作了。再回超市，人家不缺人；有家饭店招洗碗工，他去应聘，干了一天，吃了一顿人家的工作餐，到打烊时，人家就冷着脸告诉他，明天不用来了。

因为家里的电脑打不了游戏，3 月底，刘晨曦每天跟他爸要点儿零钱，去泡网吧，又时常夜不归宿。打“穿越火线”游戏时，他认识了一个叫罗佳的女孩儿。

4 月 6 日凌晨，睡梦中，刘晨曦接到了罗佳打来的电话，说她喝多了，在鱼化村口。她问他能不能过去送她回家。刘晨曦不顾父母的强烈反对，起身就走。

他在鱼化村口见到了罗佳。罗佳只有 16 岁，但发育得很成熟。她在酒吧里做酒水推广，所以经常深更半夜喝得醉醺醺地回来。此时，已经是凌晨两三点，罗佳正被两个不知道从哪儿冒出来的小伙子缠着要电话号码。见一个自称她男友的人来了，那两个小伙子悻悻然离开。

刘晨曦把她送到她住的好兆头宾馆后，罗佳却不肯让他走，要他到房间里陪陪她。从这天夜里，他们就开始同居了。

一只泰迪犬

刑侦大队大队长齐存庄带人找到好兆头宾馆，已经到了 4 月 28 日傍晚。

好兆头宾馆是福谦堡村一户村民自建的房，一共六层，老板的监控只装到了四层。从视频里可以看见，犯罪嫌疑人从四楼又继续上楼了。老板在视频里看了一眼那个人的身影，就告诉专案民警，那人住在 608 房间。608 房住的是一男一女，昨天刚刚搬走了。为什么印象这么深呢？老板说，608 房间的门被那小伙子踹了几个大坑，他还没顾上收拾呢。

那么，小伙子究竟是什么身份？叫什么名字呢？老板说，不知道。房间是那女子租下的，小伙子是后来搬来住的。那女娃在他这儿没有登记身份证信息，只留了一个手机号和一个名字。本子上记录的名字叫“罗佳”。老板说，因为女娃住得时间长，他跟她说话多一些。这俩人搬家时，他随口问女娃往哪儿搬，女娃说，搬到西辛庄去。

西辛庄不远，就在枫韵蓝湾小区对面。专案组分析，老板随口问、罗佳随口回答的这个地址，应该不是编出来的。于是，专案组决定，第二天一大早到西辛庄找人。

从好兆头宾馆老板那儿民警还获得了一个重要线索：搬家时，罗佳手上抱着一条新买不久的泰迪犬。泰迪犬是一种体形不大、浑身棕色卷毛的宠物狗。在西辛庄这样的城中村，养这种狗的人应该不多。

4 月 29 日，专案组派出二十名便衣民警清早 6 点就赶到了西辛庄，几组人马守住村子的各个出入口，另外两组民警以丢了一条泰迪犬为名义，在村子里分头打听。问到村子的九排一号时，一个 50 多岁的村民说，他们家前天住进一男一女一对年轻人，女的带着一条那个样子的狗。

民警跟这个村民亮明身份，请他配合。

村民以房东的身份去敲养泰迪犬那对年轻人的门，说是他们给楼下漏水了。跟在房东身后，民警等来的却是一个短发的“小伙子”。后来才知道，这个“小伙子”是罗佳的老乡，一个同性恋者。这个房子是里外套间，说话声音很粗、头发也很短的这个“小伙子”跟她的同性伙伴住在外头，罗佳跟她男朋友住在里头。

民警们二话不说就往里闯。里屋没有上锁，门一推开，里面就一张大床，很小一间房。罗佳和男友被从睡梦中叫了起来。

对房间里进行搜查，犯罪嫌疑人作案时穿的那身衣服、裤子和鞋子都被找到了，翻过鞋底一看，与在犯罪现场提取的鞋印的花纹完全一致。

床上那个一丝不挂的小伙子说，他叫刘晨曦。

饥饿亡命徒

4 月 7 日下午，刘晨曦回家取了趟衣服。在公交车上，他删除了干妹冯梅和她姐姐的联系方式。他觉得，他已经摆脱了那一段糟糕的生活。4 月 6 日白天，罗佳已经向她的朋友介绍过，刘晨曦是她的男朋友；当着刘晨曦的面，她甚至告诉她一位闺蜜，他们俩一宿干了十四回，这让刘晨曦有些不好意思，却又非常开心。事实上，罗佳长得其貌不扬，但在刘晨曦眼里，她却很漂亮。相比之下，冯梅长得比她差多了。

回到“好兆头”时，刘晨曦口袋里只剩下二十来块钱。但他跟罗佳说，他是给一个老板弄事儿的，轻描淡写又故作神秘的表述中，他在罗佳面前好像是个跟黑道儿相关的“狠角儿”。罗佳虽然年仅16，却是个天天泡夜店、阅人无数的小江湖。除了性的吸引外，俩人其实并没有太多交流，甚至吃饭都是各吃各的。从这时起，刘晨曦每天都要趁父母都上班的时候回趟家，在家里吃上一顿饭。这顿饭也是他每天唯一的一顿饭。

刘晨曦也试着去找过工作。在一个叫“美立方”的小区，他应聘当了一天保安。人家中午管饭，但他刚去，没饭盒，所以没吃成。可能人家嫌他太瘦小，只干了一天，人家又不要他了。

4月12日，刘晨曦饿了一整天，他已经不好意思回家吃饭了。可是，尽管在部队受过抗饥饿、抗疲劳训练，但饿肚子的滋味却不是闹着玩的。“好兆头”四周尽是小饭馆，食物的香味儿总是能飘到他的鼻腔里，让已经一文不名的他几近崩溃。他有一张公交卡，坐车是不用再花钱的。4月13日，他又悄悄摸回家，泡了一包方便面吃了。这碗面也是他到枫韵蓝湾小区作案前吃到的唯一食物。后来，刘晨曦意识到，这方便面很可能是父母故意给他预备的，因为他们家以前不储备方便面。不过，因为他屡屡祸害家里，父母对他已经高度戒备。这一点，从父母卧室门总是紧锁着，就让他能够感受到。

4月15日晚上，天黑之后，刘晨曦来到了枫韵蓝湾小区。正如民警从监控视频里看到的那样，他先尾随了那位住在13号楼的妇女，从15号楼监控前一闪而过。可是，那位妇女的步子有点儿快，他又不敢跟得太紧。结果人家进门后，大门“啪”的一声锁上了，他没进成门。

接下来，他又尾随了那位住在18号楼的妇女。走到门前时，那女的接了个电话，突然放慢了脚步。他只好走到她前面，进了楼门。他本来想继续尾随她动手，可电梯门临关闭前又进来个老太太，老太太跟那女的还搭了话。他这么一犹豫，人家就下了电梯。所以，他坐电梯上去后，待了一小会儿又下来了。

但是，肚子里的饥饿感在时刻提醒着他，这晚上不抢到钱就没有饭吃。这时候，他选中了下楼捡鞋垫的邱晓惠，尾随她到房门口后，毫不犹豫地掏出了刀子，并且卡住了她的脖子。

可是，让他想不到的是，房间里还有人，而且是个男人。出于恐惧，他在还没看清武昌民的情况下，就用刀子捅了他，直到武昌民倒在血泊中。后来，被民警抓获时，刘晨曦还以为他捅倒的男人是邱晓惠的父亲。

那么，刘晨曦从武昌民那儿抢到了多少钱呢？仅仅只有 180 元，其中包括他从血泊里捡起来的那张百元钞票。

坑爹坑到爹坐牢

4 月 18 日，星期五。下午 6 点下班后，老刘照常去朋友开的工厂去帮忙，一般来说，他要干到 8 点再回家吃饭。

7 点钟，老刘老婆打来电话，让他快回来："你儿子又闯祸啦!"

一听这话，老刘脑袋都木了。放下手里的活儿，他赶紧骑上车子往家赶。

一回到家，老刘就看到儿子刘晨曦跪在他的小房间地上，床上坐着刘晨曦他妈。

见了老刘，刘晨曦哭了起来，说他拿刀把人捅了："有个小伙子对我女朋友动手动脚的，我和他打了起来，把他捅了几刀。伤得挺重，人家现在让我拿五万元私了。"说着，他从窗台下的柜子上把一把水果刀拿过来，交给了老刘。

老刘看见，刀子上有隐约的血迹。儿子接二连三从家里要钱，胃口越来越大，几乎已经将家里掏空，这让老刘不能不对他说的话感到怀疑。但是，带血的刀子又让他不能不相信确有其事。

"没钱赔人家，我就只能自行解决。"刘晨曦的这句话，加剧了老刘的不安。怕儿子拿刀子自杀，他赶紧把刀子收起来，藏在了自己卧室外的阳台上。

18 日一宿，老刘两口子唉声叹气，没睡几个小时。儿子不争气，确实不该再管他的事。可是，他们只有这一个儿子呀。纠结了一宿，两口子决定还是得帮儿子把难关过了。钱丢了还能挣来，儿子丢了，可就再没了。银行上班后，老刘两口子去取了钱。老刘特意让工友开了辆面包车，拉上老婆和妻弟，陪着刘晨曦一起去送钱。儿子捅了人，是真是假，得眼见为实。也就是说，必须到医院见到受伤的那个小伙子，才算数。更何况，人家受伤了，他们作为刘晨曦的家长，于情于理也应该去医院探望人家一下，争取人家的谅解。怕有闪失，再被儿子骗了，老刘口袋里只揣了三万元，另外两万放在了妻弟那儿。

车开到了鱼化村附近时，刘晨曦说，马上就到那人住的医院了，让他爸把钱放进他身上背的一个黑书包里。也是老刘事前没交代清楚，妻弟见老刘把钱放进去了，把自己身上装的那两万也搁了进去。

一车人谁也没想到，面包车还在行驶中，刘晨曦会突然拉开车门，从车上跳了下去。

老刘让工友马上停下车，他和媳妇、妻弟一起在后面狂追，可刘晨曦一头扎进路边的城中村，他们就再也找不到了。

后来，回到家中后，老刘收到儿子发来的一个短信："我确实拿刀把人伤了，但没那么严重。你和我妈自己多保重!"

老刘气得哆嗦，给他回了条短信："你这娃太差劲了，把人心伤透了。"

此后，老刘夫妇再没跟儿子有任何联系。十天后再见面时，已经是在雁塔分局刑侦大队的办案中心。

那把水果刀放在家里，老刘终归不放心，虽然儿子没有他们卧室的钥匙。再上班时，老刘就把刀子带到了单位。放了一天后，他干脆把刀子折断，扔进了垃圾桶里。工厂里的垃圾桶都是一天一清运。民警去提取物证时，早没了。

在刘晨曦被刑拘之后，老刘因包庇罪也被刑事拘留。法律无情，尽管连办案民警都对他十分同情。

骗出爹妈这五万块血汗钱，刘晨曦又是怎么花的呢？清单如下：买苹果5S手机两部，刘晨曦自己和女友罗佳一人一部；买钻戒两只，一只六千多元的给罗佳，一只两千多元的给自己；两千四百元买泰迪犬一条，送罗佳；前后给罗佳零花钱一万七千余元；与罗佳及其狐朋狗友一起吃饭、K歌，花钱若干。民警抓获刘晨曦时，他手上只剩下四十元了。

罗佳对刘晨曦，却远不像他对她那样痴情。

4月16日凌晨一两点钟，罗佳回到“好兆头”，一直没有睡觉的刘晨曦跟她说的第一句话，就是“我把人给捅了”。

“你捅人家干吗?”随口说了这么一句之后，罗佳倒头就睡，以后也再没跟刘晨曦提起过这个话题。

可能也是因为罗佳的冷漠让刘晨曦受不了，他才将608室的房门作为发泄对象，狠狠地踢了几脚。

警察抓了刘晨曦，罗佳又随口问了一句：“你们把他关哪儿?”

“你要去看他吗?”

一听民警这么问，罗佳马上说：“看他干吗? 我正不知道怎么甩了他呢。你们抓了他，我省事儿了。”一副没心没肺的样子。

其实，直到进了看守所，刘晨曦都没搞清楚罗佳的底细。

罗佳真名叫罗蕾，陕西淳化人，并非她告诉刘晨曦那样，家在甘肃。罗蕾的母亲几年前去世，父亲有残疾，家境贫困，所以早早就来西安自己谋生。在西安，她过的就是今朝有酒今朝醉的生活，除了在酒吧给客人陪酒、推销酒，手头拮据时，也会出台卖淫。对于男女之事，年仅16岁的她比刘晨曦经验丰富得多。照她的说法，刘晨曦跟她，应该是第一次。

临被送进看守所，刘晨曦给办案民警跪下了。他请求民警帮忙，把他的东西都送给他的女朋友。刘晨曦的东西，只剩下一部手机和一个钻戒。

民警挺纳闷儿：“你不是刚给你女朋友买手机了吗? 还送她手机干吗?”

“她说过，她爸还没苹果5S手机呢。”刘晨曦替她考虑得还挺周到。

至于他自己的父母，刘晨曦说，他只是在最后一次骗他们五万元钱得手后，感到过有些愧疚。

贩枪的厨师

先一天夜里，厨师彪子几乎一宿没合眼。

老婆有了情人，而且，彪子知道，这人居然是老海。

老海是彪子家门口城中村的村民，比彪子小十岁，是个游手好闲的家伙。虽然他们早就认识，但原来不在一起混。直到这个冬天，老海拉他去了一家地下赌场，他们才开始打得火热。

此间，彪子输红了眼，把他老婆的信用卡都透支了三万元。老婆发现后，跟他大吵大闹。

按说，老海是这事儿的罪魁祸首，彪子老婆应该跟老海不依不饶才对。可谁知这俩人却因此由陌生到了熟悉，甚至变成了一对儿狗男女。

彪子老婆年轻时有些姿色，讲吃、讲穿，也爱玩儿。现在，生过俩孩子、都 40 岁的女人，仍然最喜欢两件事：一是跳舞，一是喝酒。

彪子忙于自己的事儿，一般不到深更半夜不回家。等他发现老婆不对窍，再顺藤摸瓜发现了老海时，已经晚了。

2014 年元月 13 日，彪子一宿都在跟踪他们俩。

像私家侦探一样，彪子在龙首村的“小杨烤肉”隔着窗子数这俩人喝的酒瓶子。俩人干掉第十瓶啤酒后，起身离开饭馆，在旁边一家快捷酒店开了房。

已经深更半夜，楼道里没有人。彪子轻手轻脚地跟踪上去，却不知道他们进了哪间房子，只好竖起耳朵一间一间地在门外听。

这时候，彪子八岁的儿子已经在楼下车里睡着了。要说，彪子也真够悲摧的。因为输了钱，从赌场脱不开身，他刚把租赁来的一辆银灰色的骊威押在了老海那儿。这会儿半夜当私家侦探用的车，还是他临时借别人的。大冷的天，操心车里的孩子会不会冻着，又操心房间里的老婆会不会被老海办了，彪子心神不安地守了二十多分钟。

好容易听到了老婆的说话声，彪子怒不可遏地敲开了门。该不该把老海揍一顿？确实应该。

可是，老海一点儿也不怕彪子，反倒是彪子还有几分怕老海。

“你咋来了？嫂子喝得有点儿多，你正好把她接回去吧。”房间里暖气挺足，刚冲完澡的老海边跟彪子说话，边用浴巾擦着身上的文身，跟彪子说话的口气，完全像是在说件家务事儿。

搅了老婆局的结果就是，第二天上午，彪子两口子一起到桃园路的莲湖区民政局去办离婚。

因为彪子赌博恶习难改，他老婆早就想跟他离婚，只不过因为老海的出现，彪子一气之下才下了决心。

可是，不知道因为手续没带全，还是最终没有说到一起，反正两口子在门口吵了一架，事儿却没办成。

彪子哪儿知道，从这个时候开始，他就一直在警察的监视之下，他们甚至还悄悄地给他摄了像。

赌场卖枪

2013年12月28日，西安又是一个冬季里司空见惯的雾霾天。这天，西安市公安局雁塔分局曲江新区派出所民警得到个情报：有人在地下赌场里推销枪。

两周前的12月14日，雁塔区阳光丽滋公馆项目工地刚刚发生一起持枪械斗案件。因为争夺土方工程，施工方与项目所在地缪家寨的村民发生了械斗。

因为村民一方持有双筒猎枪和一把仿“六四”手枪，施工方处于劣势。打斗持续五分钟后，几声枪响之后，施工方的一辆黑色牧马人吉普车逃出工地，驶上雁翔路，随后有八辆奔驰、宝马和路虎等豪车上路追赶。其中三辆车撞击、逼停牧马人吉普车后，十余人手持刀、棍和砖头打砸牧马人吉普车上的人员。

这次持枪械斗，造成了一死四伤的结局。这起案件也因为街头豪车追逐而轰动全国。

在摸排涉案人员使用的枪支时，曲江新区派出所民警接触到了一些灰色人物，其中一个就是个地下赌场的赌徒。

每一次治安整治行动，警方都会把打击“黄、赌、毒”作为重点，因此，从前曾经活跃一时的游戏厅之类的涉赌场所很难生存。可是，因为赌徒存在，地下赌场就有了生存的土壤。

有人利用宾馆、别墅以及一些郊县的农家乐设赌局，一般是“打一枪换一个地方”，经常变换地点。参赌的人即使不是熟面孔，也一定是熟人带来的。赌博的方式最常见的就是用纸牌“推对子”。赌场的人数一般有几十个，除了赌徒，还包括“工作人员”，他们中除了设赌局的老板，还有看场子的打手、当托儿拉人的、放“马粮”的高利贷者等。当然，“工作人员”身兼数职的也有的是，比如，老板本身就放“马粮”，拉人的也兼打手。

爆料人透露，贩枪人40岁左右，戴个眼镜儿，从事网络赌球，是国际赌球网站“金沙”在西安的二级代理。此人手上的枪不止一种，有被称为“喷子”的霰弹猎枪，有仿“五四”手枪，还有左轮手枪。这些枪绝非仿真枪，而是能打子弹的真家伙。

涉枪案件理所当然地引起了警方的高度重视，经分局批准，曲江新区派出所史无前例地抽出了十五名民警投入到此案的侦查中，不分昼夜地连续工作。

经查，民警确定此人户籍地在莲湖区崇新里，但是住在省医院附近。他的名字叫彪子。

厨师、赌徒与枪贩

如果一直在干厨师，那么彪子现在很可能就是西安最顶尖的那类粤菜厨师了。

1992 年，彪子高中毕业。当时，他的父亲得了癌症，治病需要钱；而他还有个妹妹在念书。在这种情况下，家里不可能供他上大学，急等着他上班挣钱。于是，高中一毕业，他就在东大街的红楼酒楼当了一名服务员。

那个时候，随着港片儿在内地的火爆，粤菜开始在西安流行。一些有点儿档次的酒楼都喜欢在门口的橱窗放点儿毒蛇、穿山甲之类的东西，写上“生猛海鲜”的字样招徕顾客，而红楼是当时西安最高档、最具人气的粤菜酒楼。

凭着自己的机灵劲儿，彪子服务员干了没几个月就升了领班，工资也由最初的 80 元涨到了 300 元；第二年，他又进了厨房，当上了厨师。

那时候，当厨师并不需要什么资质，跟着师傅学就行。红楼的粤菜师傅是香港人，彪子跟香港师傅处得不错，很快就学会了烤鸭、烤乳猪等技术，佛山粉蹄、海鲜以及糖醋排骨、炸带鱼等家常菜，也都做得挺不错。于是，他的工资又涨到了每月 600 元。

对当时的工薪阶层来说，这就算是个很令人羡慕的水准了。后来，彪子还到当时另一些诸如野玫瑰、天伦酒店等西安很火的粤菜酒楼干过，直到 1999 年他结婚为止。

彪子原来的女朋友是天伦酒店的经理，俩人好了好几年。都到了谈婚论嫁的份儿上时，俩人又吹了。

彪子一气之下重找了个在另一家酒店做前台的女朋友，俩人从恋爱到结婚只用了一个月。媳妇怕他再跟以前的女朋友有瓜葛，坚决反对他再在天伦酒店干，所以，结婚时，彪子就辞了职。

这个时候，西安原来稀缺的粤菜厨师已经多到遍地都是，工资不高不说，换个新酒楼，新人还得从打下手干起，机会很少。有些郁闷的彪子干脆就不再找工作，何况他已经有了一件更加喜欢的事情做。

那个时期，电子游戏厅满大街都是，里面有没有赌博机好像也没人管。一年之间，彪子就在赌博机上把他当厨师时攒下的几千元积蓄都输光了。

接下来，彪子尝试过各种事情，先是开了家卖广东烧腊的小店，后来又开过租赁影碟的店，卖过盗版软件，还在高新区给人装过卫星天线。但不管做什么，都是起初生意还行，做着做着就不行了。生意不行的原因多种多样，其中一样就是他始终没舍得离开赌博。

彪子的女儿生于 1999 年，六年后，他又有了个儿子。儿子的出世让彪子感觉到时来运转。先是买 22 选 5 的体育彩票，他中了一万元。接下来，无论是打牌，还是打游戏机，他的手气都好得要命，一年里总共赢了几万元。

这时候，德国世界杯开始了。对足球毫无兴趣的彪子被朋友带着去赌球。人家给他个网址，他在电脑上操作。运气好时，他赢过几千元，运气差时，他输过上万元。总之，输多赢少。

赌球输得他连卖盗版光盘进货的钱都拿不出了，他不得不把一辆代步的轻骑卖了二百元临时应急。

好赌的人都会有个感觉：干什么事情都不如赌博来钱快。有一个阶段，彪子就是以打游戏机养家糊口。

虽然彪子有一手好厨艺，但他在家里几乎不做饭。他媳妇呢？也不做饭。家里人肚子饿了怎么办？买着吃，一年四季都是如此。

您瞧，这两口子是过日子的吗？

因为赌博，彪子一般都是深更半夜才回家。那段时间，他尽量控制自己，赢一点儿就马上收手。尽管如此，他的日子还是过得大开大合，有时一下赢几千元，有时又输得不知道下周一家人的饭菜钱在哪儿。

急了怎么办？赌场就有人放“马粮”，借一万元，拿到手的就只有九千。输红了眼的赌徒哪儿还管这高利贷划算不划算。更何况，有时候运气好，真能翻回来。

但是，赌徒的运气不会永远好下去。有一次，彪子借了三万元，给人家还不上，为此，他惶惶不可终日地跑了一年。这一年里，他租住在一个城中村里，继续卖他的盗版碟，只是偶尔给家里打个电话。直到老婆和丈母娘东拼西凑替他把赌债还上，他才觍着脸回到家。

2010 年，彪子借朋友的钱，入股开了个茶秀，挣了点儿钱，还了丈母娘的钱。

这时，南非世界杯开始了。天天泡在茶秀的彪子跟着来喝茶的人喜欢上了手枪。他先在网上买了把仿真的美国 M1911 式手枪，花了几百元钱。拿到手一看，上当了，全是塑料的。后来，他又在大雁塔附近一条仿古街上买了把全金属的 M1911 式手枪和一把“喷子”。

有一次去一个游戏厅赌博时，他把那把几百元钱买来的“喷子”两千元卖给了一个看场子的东北小伙子。发现这事儿能来钱，彪子开始痴迷地投入到这桩生意上。

人枪俱获

2014 年元月 14 日，从一大早开始，彪子的行踪就在民警的眼皮底下。

彪子与他老婆分手后，独自打车去了小寨国贸，在那儿见了个女的，然后在国贸楼下建行门前的停车场把一辆银灰色的骊威开了出去。事后警察才知道，彪子在小寨国贸见的那女的是他的女朋友。他从她那儿借了一万元，把车赎了回来。

到了丁白村东口，彪子的车停了下来。一个光头小伙子和一个妖艳的年轻女子上了车。接下来，骊威驰向了长安区方向。在郭杜附近的西部大道，彪子把车停在一辆黄色本田飞度跟前，然后上了飞度车，几分钟后他又下车，开上骊威往回走。

选择什么时机、什么地点抓彪子，是跟踪他的曲江新区派出所副所长马岳波一直在谋划的事情。彪子有枪，而且车上还有另外两个人，所以，抓他就得格外慎重。

最终，马岳波选择在东仪路上的一个十字路口动手。赶上红绿灯时，民警故意挡住了骊威前面一辆车。在彪子等人毫无防备的情况下，便衣民警从车的两侧一起扑过去，猛地拉开车门，将彪子和那一男一女拉下了车。

结果，从彪子的袖子里，就搜出了一把左轮手枪；而光头背的包里，还有一把被称为“喷子”的霰弹猎枪。从骊威车里，民警还搜到了一个月饼盒大小的子弹盒，里面有霰弹枪子弹 42 发。

在行驶的车里，民警就分别对彪子、光头和那个女子进行了突击讯问。

光头名叫马原平，山西人，25 岁，是个地下赌场看场子的。那个妖艳女子比马原平大两岁，是被人拐卖到西安当小姐的，现在身份是马原平的女朋友。

马原平买了彪子一把“喷子”，嫌不好打，要给彪子退货；女朋友没事儿干，跟他一起坐彪子的车，跟着彪子闲逛。

而那个开飞度的人原来开的是卡宴。此人名叫徐萌，陕西商南人，在西安高新区开了家市政公司，专门修路。彪子卖枪，瞄准的对象就是开好车的阔佬儿。

有一次，彪子看徐萌开辆卡宴停在路边，就上前搭讪，双方互留了电话。

2013 年 11 月，徐萌第一次从彪子手上买了一把“喷子”，回去试了后，说质量不好，退给了彪子。彪子后来就将这把枪卖给了

“光头”马原平。再后来，徐萌又从彪子这儿买了两把枪，一把M1911式手枪，另一把是左轮手枪。

彪子赌债缠身，张口跟和他交情并不深的徐萌借钱；徐萌也没拒绝，而是把那把左轮手枪退给了他，就算借了他一万块。于是，他们二人就在西部大道徐萌开的那辆黄色的飞度车里交接了那把左轮手枪。

彪子交代，还有个人要买他的枪。民警让彪子跟买主打电话约定交易时间和地点。

下午三四点钟，一辆路虎停在了双方约定的西安交大南门里。车上下来的是一个虎背熊腰、身高有一米八五的壮汉。见此人围着骊威转来转去，民警用彪子的电话给买枪人拨过去，壮汉立马接听。于是，民警们扑过去，将他抓获。

经审查，此人是个开酒楼的，军事迷，买枪纯粹出于爱好。审查之后，民警最终将他取保候审。

抓了此人之后，民警就让彪子电话里约徐萌。徐萌比较狡猾，不上钩。直到晚上10点，他才答应在北门里北马道巷一家糖炒板栗店门口见面。

约定的时间里，徐萌开着那辆黄飞度准时到了，但他没下车，车也没熄火，看来还是有所提防。怎么办？如果这会儿抓他会有危险。马岳波示意彪子，不接徐萌的电话。徐萌等不来彪子，只好开车往北大街走。在车流拥挤的北大街，徐萌有一次刚踩下刹车，就被后面一辆车给追尾了。

虽然只是轻轻地挨上了，但他当然得下来看看车伤到什么程度吧？就在他猫腰看车损的时候，两名便衣警察一左一右地抓住了他的两条手臂。

当晚，民警从徐萌家主卧衣柜上，搜到了一只塑料盒子，盒子里有一把M1911式手枪，还有20发子弹。

徐萌家木地板上有个洞，他说是他在家玩M1911时枪走火打的。他在楼顶上还试过那把左轮手枪，因为子弹连一块木板都不能穿透，他认为枪的质量不行，所以退给了彪子。

造枪与买枪

彪子交代，除了从互联网“军友之家”网购，他的仿真枪分别是从长安区的孟家村、城里的回民坊以及雁塔区的仿古一条街买回来的。因为过去常有人在孟家村销售小偷偷来的赃物，这里因此有“贼村”之名。

彪子在孟村以每把500元的价钱买过两把的M1911，还以每把300元的价钱买过两把“喷子”。在回民坊，他以每把600元、500元不等的价钱，先后两次买过四把M1911，还以每把300元买过两把“喷子”。在雁塔仿古一条街，他以每把300元的价钱买过五把M1911。而那种和警察配发枪支外形、重量一样，只是颜色有区别，也有“中国警察”标志的左轮手枪，则是彪子从“军友之家”网购的。彪子以每把1500元的价钱，一共买了五把左轮手枪，并且买了猎枪子弹50套以及100发9毫米子弹。这种子弹含有弹头和弹壳底火盖，只是没有装弹药。

网购手枪时，彪子用的QQ名叫“挖钱机器”。他化名“李生”，让对方把枪寄到他家附近的莲湖区奇石市场，快递员打电话后，他过去取。

除了那些左轮手枪，彪子买的仿真枪一些关键部件都是塑料的。为此，他必须把它们变成金属的，才能击发真的子弹。而枪的膛线是带旋转的，如果车床车不好，子弹就可能会炸膛。为此，彪子就拿着图纸，去找外面的机械加工部车膛线。

按说，开机械加工部的，一看图纸，就会明白干的是什么活儿。谁会不知道造枪是犯法的事儿呢？可就有人接下了彪子的活儿。

莲湖区马呼沱村宏正机械加工部的老板刘冀国，给彪子开出的价位是一套1000至2000元不等。他加工的部件包括弹夹、撞针和击发器。比刘冀国的设备更好、技术也更好的史技跃也以相同价位接下了彪子同样的活儿。史有50多岁了，是西安教学仪器厂的职工，承包了厂里的一个车间。从他的车间里，民警除了搜到了弹夹、撞针和击发器，居然还搜到了一个手枪上用的消声器。

彪子交代，他卖出的枪有十八把，买他枪的人他大多不认识，和认识徐萌的情况类似，都是在街边搭话认识后留个手机号。

有个在香格里拉酒店门口认识的、开保时捷轿车的中年男子，彪子手机上存的人名儿就叫“香宝捷”。彪子说，这个“香宝捷”从他手上买了两把枪，一把“左轮”，一把“M1911”。

曲江新区派出所所长薛亚知让一名漂亮的女辅警用微信加“香宝捷”为好友，然后约他见面。

当天晚上，“香宝捷”开着一辆八缸的丰田5700，如约来到大雁塔南广场的肯德基店，民警将其控制住。

那么，这个留光头、戴着个帽子的人究竟是何许人呢？

一问吓人一跳：原来，此人名叫刘建英，49岁，内蒙古包头市青山区人，1988年5月就在厦门虎溪岩寺剃度出家，法名“绍兴”。现在，这位绍兴和尚是内蒙古十方绿色禅园的法定代表人。

可是，这位出家人却养着个11岁的儿子，经常和一些模特之类的漂亮女子出入高档消费场所。他自称保时捷和丰田越野车都是借的，他只是偶尔来西安住一住。至于他的经济来源，他声称主要是他给有钱人做法事、看风水挣下的。

在“紫薇田园都市”他的住处，民警搜出了三把枪：除了彪子卖给他的一把左轮和一把M1911，还有一把气手枪。一个本应以慈悲为怀的出家人为什么要买枪呢？绍兴和尚也说，是爱好，军事迷。

通过情敌老海，彪子曾将一把M1911卖给了一个开赌场的人。

民警也用加微信的办法约过老海，但老海却不上钩。老海是未央区西二村的农民，不到30岁。事后民警才知道，彪子落网后，彪子媳妇曾到曲江新区派出所去给他送过衣裳。开车送她到派出所的人就是老海。

老海自知屁股上有屎，所以没敢进派出所门，就在外面车里等着。老海是个混江湖的人，从不着家，所以并不好找。可是，鬼使神差的是，年后上班后，老海主动给上次约他的女辅警发去微信，约着要见面。

老海心里有事儿，就有防人之心。他约的地方在北大街，但他不下车，说了车号和车的模样，让对方上前敲他车玻璃。

看准老海的车后，民警张江斌拉开车门坐进去。没等别的民警开门，老海开着车连闯几个红灯，在街上狂飙起来。

车上，张江斌试图制服老海，可张江斌手上没枪，老海并不怕，边跟张江斌撕扯边开车狂飙。一直开到了青年路，他才弃车逃跑。

张江斌和尾随跟来的民警追出好远，才把他按住。

一落在了警察手里，老海 180 度大转弯，立马痛痛快快地交代。他说，买枪的那人叫“军军”，住在玉祥门一个小区里。老海知道军军两辆车的牌号，还提供了军军的手机号。

但事后民警才知道，军军并不在那个院子住，只是每次和老海见面时，故意从那个院子出来。军军防人之心更重，连老海也提防着。

民警守候不着军军，就让老海约他。开赌场的人当然离不开铁杆赌徒捧场，何况老海没少给他拉人。军军没有不见老海的道理。

于是，2 月 8 日，双方约定在小北门的速 8 酒店见面。

军军本名叫王瑞君，和老海同岁。在速 8 酒店他的房间里，民警查获了三台 POS 机和一堆银行卡。一看这些东西，民警就知道，这是他在赌场放账用的。

王瑞君起初说，那把枪他已经扔了，看实在骗不了警察，才交代枪在他同学杨杰那儿藏着。

杨杰家在伞塔路一个小区内，民警找见他时，他准备第二天跟女朋友出去旅游，正在家里打包。他家阳台衣柜最底层的暗格里，藏着家里的首饰和用白毛巾包着的这把枪。因为私藏枪支，杨杰旅游没去成，却被送进了看守所。

为什么要给自己的好朋友惹这么大个麻烦呢？王瑞君说，他家有孩子，怕孩子把枪翻出来玩。实际上，他是怕家里人知道这事儿了。

随后，民警从王瑞君家提取了五发子弹。

“蛋娃”的三把枪

2013 年 10 月，彪子曾在北郊一个地下赌场把两支 M1911 和一支霰弹猎枪卖给了一个叫“蛋娃”的人。

他只有蛋娃一个已经不用了的手机号。经查，这部手机注册的机主名叫赵浩，陕西礼泉县灵沼乡人，1988 年 8 月生，因非法拘禁被雁塔分局长延堡派出所列为网上逃犯。赵浩的哥哥是他的同案犯，已经判了刑。

经彪子辨认，赵浩就是蛋娃。彪子听说蛋娃在南郊鱼化寨河东村一带住，但他并不知道他的具体住处。

鱼化寨仍在雁塔分局的辖区。曲江新区派出所所长薛亚知决定，让民警拿着蛋娃的照片，到河东村一带悄悄走访村民。

结果，还真摸上来情况了：有一个村民说，照片上的人跟他家 206 房间住的房客长得挺像。这个房客很凶，房间里有把很长的刀，不缴房钱，他们也不敢撵他走。

民警考察了一下这个小院后感觉，如果强行闯进 206 房抓捕蛋娃这样一个亡命徒，风险是比较大的。

怎么办呢？好在房东非常愿意配合民警的工作。2 月 12 日上午 9 点，民警就在 206 楼下的 106 住了下来，楼上有啥动静儿下面也能听到。

怕民警们冻着，房东把自家的电暖器和被褥都搬了过来。守候持续到了下午 4 点钟时楼上房门一响，一个身材壮实的小伙子下楼来倒垃圾。

民警一眼就认出，他正是蛋娃。于是，在一楼院子里，民警一拥而上，将他抓获。从蛋娃租住的 206 房间里，民警搜出了一把军刺和一把砍刀。

蛋娃交代，从彪子这儿买的霰弹猎枪及 20 发子弹，通过三毛卖给了金刚；一把 M1911 和 10 发子弹则卖给了开赌场的张省安；另有一把 M1911 和 10 发子弹卖给了在张省安赌场上混的乔陆。

一旦被抓，蛋娃也就积极配合警察工作。当晚 9 点，三毛到鱼化寨一家足浴店赴蛋娃的约，被民警抓获。这个三毛本名叫何小川，四川人，但是说一口地道的西安话。原来，他是个标准的打工二代，是在西安长大的。三毛有抢劫前科，不是省油的灯。知道涉枪的事儿不是偷鸡摸狗的小事情，三毛也像蛋娃一样，愿意配合警察抓金刚。

金刚其实不叫金刚，叫金伟。此人在游戏厅看场子，同时也放高利贷。三毛跟金伟约着见面，金伟约他到大寨路的圆顺宾馆见面。

在宾馆的大堂里，民警当场把金伟抓了，从他的口袋里搜出了一把 213 房间的钥匙。

“213 房间里住的是我的父母，你们能不能不惊动他们？”金伟说，自己住在隔壁的 211。民警押着他打开 211 房间，却没有搜到那把枪。

“我把枪藏在蓝田一个水库边上。”金伟如此交代，民警只好押着他往蓝田方向走。可车刚上二环，金伟又改口说，枪在圆顺酒店 201 房间放着。

201 房间的钥匙没在金伟身上，民警只好出示证件，跟酒店前台说明情况。可前台的女服务员却百般刁难，拖延了很久才给开门。再搜 201，已经没有枪了。

再审金伟，他交代，是一个叫李岩的人把枪转移了。他怎么会知道谁转移了枪呢？原来，这个酒店都是他们的人，包括前台的服务员。

民警带金伟时，发现大堂里有几个貌似打手的壮汉蠢蠢欲动。怕控制不了局面，马岳波副所长让一车着警服的民警进入大堂。有了这么大动静，大堂里当然会围了很多人。

金伟拿眼睛一扫，就发现李岩没在其中。如果枪被转移，只能是他干的。

他怎么进得了门呢？用的是服务员的公用房卡！尽管警察要开房门时推三阻四，李岩要借房卡，前台服务员却马上就给了他。

那么李岩怎么会想起去转移枪呢？是大堂里的一个壮汉让他去的，此人名叫任闯，知道金伟藏枪的事儿。

民警抓了李岩与任闯，从 203 房间搜到了那把 M1911。

李岩是 2013 年 10 月到这家赌场干的。他身板单薄，只不过是给赌场望风的“亮子”，在赌场工作人员里，属于地位最低的。可赌场的效益实在是好得不得了，只干了两个月，他就领了两万元的奖金，更别说任闯之类的打手了。难怪这帮人敢跟警察如此叫板。

从蛋娃手上买了“喷子”的张省安住在自强东路的锦江之星酒店。蛋娃问他年后赌场开了没，想约几个朋友去试试手气。虽说赌场过两天才开，但有生意要上门了，张省安也不能往外推呀。这样，他们就约在 2 月 13 日晚上 11 点在锦江之星见面。

民警到了酒店，先到前台查旅客入住记录，结果没找见张省安，名字相近似的只有一个名叫张安安的蓝田人，再看身份证号，公安网上查无此人。

这个张安安住在 529 房间。民警带服务员准备用公用房卡开门，去了先试着敲了敲门。结果，一个年轻女子开了门，并且确认这间房子是张安安开的。原来，这个女子是个在校的大学生，是张安安包养的小蜜。

既然张安安人还没到，民警就在房间里守候他，等了二十来分钟，有人敲门。

民警模拟女大学生，故意把门开了个缝儿，一个满脸疙瘩的中年男子果然自己推门闯了进来，于是被当场拿下。

此人正是张安安，赌场上，他给别人报的名字叫张省安。因为跟酒店老板熟，张安安在这儿用假身份证登记入住的。张安安把女大学生小蜜安排在房间里，他自己住哪儿呢？原来，429 房间也是他订的房。

民警冲进 429 房间，抓到一个名叫王元峰的人。这人因非法拘禁罪正被蓝田县公安局文姬路派出所通缉，是个网上逃犯。从 429 房间里，民警搜到了冰毒，还有赌场作弊用的只有麦粒大小的小耳麦。

张安安交代，他吸食的冰毒是他赌场看场子兼放赌债的乔陆给他提供的。年前，他的赌场停业后，他就没再见过乔陆。乔陆的两部手机都已经停机，张安安分析，乔陆借了他一些钱，可能是在躲着他。

张安安自称，因为害怕出事，他已经将那把 M1911 扔到河里了。

“衣服”与刘帅

彪子的手机通讯录里存着一个叫“衣服”的人。他说，他曾向“衣服”推销过一把 M1911 式手枪，还有一把能打钢珠弹的仿美玩具枪。

“衣服”其实并不姓“衣”，彪子压根儿不知道他叫啥，只是看这人衣着十分讲究，就给他取了这么个名儿，与“香宝捷”类似。

根据“衣服”的手机号，民警查到此人的开户信息是这样的：阴志良，男，1970 年 9 月 28 日出生，陕西泾阳县桥底镇东沟村人。再查此人的车辆信息，发现在阴志良的名下，有一辆奔驰和一辆帕萨特轿车。

阴志良是个搞建筑工程的，民警调查后发现，此人住在西安昆明路的雅逸花园。看了阴志良的照片，雅逸花园的保安说，此人开辆奔驰，经常晚上十一二点才回来。

2 月 24 日晚，曲江新区派出所民警在雅逸花园门口守候到深更半夜，却没见阴志良的奔驰车回来。他会不会是换了辆车呢？

第二天晚上，民警就改在阴志良家单元门口守候。守到晚上 11 点半，一辆尼桑天籁停在了单元门前。一个看上去很像阴志良的人下了车，准备进单元。民警上前一盘查，此人正是阴志良。

从阴志良家里，搜到了那把 M1911，还有 100 多发子弹。不用说，阴志良很快就被刑事拘留。

彪子还交代，他于 2013 年 6 月把一把长枪卖给了一个叫刘帅的人。一查刘帅的手机号，这是一部广东中山的手机。

可是，彪子一口咬定，刘帅说一口地道的西安话，绝对是西安人。民警只好将西安市符合年龄特征的几十个“刘帅”统统都调了出来，让彪子指认。

还别说，彪子还真从中找出了他的那个买主。刘帅名下没有汽车，但有了此人的户籍信息，民警还是很快设法找到了他在融侨城9号楼的住处。

3月1日，民警确定，刘帅在家。刘帅手上有枪，抓捕他就有风险。怎么骗他开门呢？

民警最后是以他邻居的名义叫开的门，理由是刘帅家给楼下漏水了。穿着睡衣来开门的刘帅被民警顺利抓获。

刘帅交代，那把长枪他放在了赌场吧台后面。刘帅的地下赌场在南二环西段的一栋联排别墅内。西安八个有钱的兄弟买了八套挨在一起的联排别墅。可后来，八兄弟全都移民国外了。房子他们又不打算卖掉，正好刘帅认识其中一个兄弟，人家就以一年一万五的白菜价租给了刘帅一栋，权当让他给看房子。

这房子不临街，属于闹中取静，知道的人很少，刘帅就把这儿搞成了地下赌场。起初，刘帅弄的是“动物乐园”“百家乐”等电子游戏赌博，来的人也多些。后来，公安局打击“黄”“赌”“毒”风声紧了，刘帅关了电子游戏赌场，但房子没有退。在一楼，刘帅养着条大狼狗。二楼、三楼，都有给他看场子的人睡的通铺。

本来，刘帅的地下赌场装有监控，看场子的人可以从楼上看到进出赌场的人。刘帅带民警去的时间，没有赌徒，看场子的人也就大意了，所以，直到民警出现在面前，这伙人才吓了一跳。

在三楼，刘帅弄了个“推对子”的小场子。据说，来这儿玩的都是些有身份的赌徒，有的名字说出来能吓人一跳。

那把长枪就藏在三楼的吧台后面。这是把能打BB弹、钢珠弹，像狙击步枪的玩具枪，并非“五六”式半自动步枪。

半自动步枪

专案组之所以对彪子卖给刘帅的长枪高度重视，是因为他们在获得彪子卖枪的线索时，就听说彪子有一把“五六”式半自动步枪。尽管彪子没有交代这把枪，他也说卖给刘帅的是把仿真长枪，但民警还是联想到那支军用半自动步枪。

抓了刘帅，刘帅也交代，确实见彪子拿过一把“五六”式半自动步枪。彪子自称偷渡去过越南，有办法从中越边境越南一方弄到真枪：“这把枪你要不要？配齐零部件，你给十万元。”

“我要这东西干什么？这不是要谋反吗？”刘帅当过兵，知道那是把真家伙。

再审彪子，他交代，枪是高陵人张宝庆的，枪的配件也不全。他借来跟人炫耀，主要是想跟人显示自己有实力。

彪子说，除了那把“五六”式半自动步枪，张宝庆还有弩、土枪和一把高压气枪。那把美国“秃鹰”牌超高压气枪，最大可充30个气压，而且有红外线瞄准器，可用于夜间狙击，100米外的野鸡可以一枪毙命。

张宝庆时年40岁，高陵县姬家乡姜李村的会计，管着村里的公章。彪子说，张宝庆的枪在他爸家放着，他自己家离他爸家很近。张宝庆有辆灰色的马自达轿车，彪子领着民警来到姜李村，发现张宝庆的马自达没在他家院子里放着。

3月3日晚上，民警坐在车里守候，先是看见张宝庆七八岁的儿子骑着个小自行车回来了，接下来，晚上11点，张宝庆的老婆干脆锁了大铁门，睡觉了。看来，张宝庆并没有在家。

3月4日，民警从一大早就开始守候。害怕在村里抓捕张宝庆会有麻烦，马岳波的设想是：先去一车人，在村里守着，发现人后，通知所里，所里的大队人马随时准备往高陵赶，会合以后再动手。好在这一路走绕城高速不堵车，很快就能赶到。

下午2点来钟，戴着个“治安巡逻”袖标的张宝庆开着马自达回来了。可能要回家取个什么东西，他车没熄火，一个人掏钥匙开门回家。一看他家里再没有别人，守候他的张江斌、王金刚等四位民警临时决定立即冲进去，将张宝庆控制起来。

这个时候，马岳波带人已经在半路上了。张江斌等人把张宝庆的车熄了火，然后关了他家的大门，现场就先审查张宝庆。

从张宝庆的身上，当下就搜出了二三十发自制的气枪子弹。这种子弹比一般的气枪子弹要重，圈里人称其为“重弹”。直到增援的民警赶到时，张宝庆仍然不好好交代他的枪藏在什么地方。

“那好，咱们现在就去你爸那儿！”警察这么跟张宝庆说。

因为要开他那辆马自达一起去，而马自达后排座位下就放着他那把高压气枪，人只要往上一坐，立马露馅儿。迫不得已，张宝庆只好松了口。

“能不能甭让我爸我妈知道你们抓我？他们老了，受不了。”张宝庆不希望家里人、村里人看见自己被警察抓走，而民警也不想节外生枝。于是，马岳波带着几个精干的便衣民警以张宝庆朋友的身份，跟张宝庆去他爸家，没有给他戴手铐。

可到了他爸家，张宝庆仍然不好好说。

从彪子的嘴里，民警已经知道，张宝庆的枪在他爸家二楼上放着，但二楼好几间房子，在哪一间却不知道。

张宝庆从一个放杂物的房间装模作样地翻出两根枪管，想糊弄警察过关，警察却面无表情地告诉他：“不对，你再找！”

实在没辙，张宝庆只好把警察领到隔壁房间。这间十分凌乱的房间没有通电，墙上挂着两套狙击手穿的吉利服。一看就知道，张宝庆是个铁杆的军迷。墙上的吉利服他是从网上买的，买回来自己又加工过。从这间房子里，民警一共搜到了制式猎枪三把、自制猎枪两把、“五六”式半自动步枪枪管一件、猎枪子弹 13 发，另外还有各种工具配件若干。

张宝庆交代，这些枪大多数是别人的，放在他这儿，他替人家修。张宝庆干这号事儿上瘾，在房子里一待，连上厕所都懒得下楼。房间墙根儿放了一溜儿饮料瓶，里面装的居然都是他的尿。

张宝庆交代，那支“五六”式半自动步枪不是他的，是张立的。张立比他稍大，他管张立叫哥。

民警让他立即联系张立，看看张立在哪儿。张立回话时，只是说他没在西安，晚上再给他回话。

把张宝庆押回派出所后，马岳波让张江斌拿着张宝庆的手机，别的电话一概不接，只接张立的手机。

晚上八九点钟，张立果然打来电话。他说，他现在人在武当山：“我有把驳壳枪，藏在你家老屋，就在我睡觉的房子顶篷上，你替我看好。”

一听张立这话，连张宝庆都蒙了，这把驳壳枪他也没见过，怎么会在他家呢？

3月5日，民警仍以张宝庆朋友的身份再回姜李村。果然，从张宝庆父亲家里一间房子里的顶篷里，又搜出了一把驳壳枪。

这是一把德国原装的“毛瑟”枪，和电影里李向阳拿的那种枪一样，可以打步枪子弹。只不过因为年代久远，木质的枪把已经没有了，因为缺了一个枪针，这把枪打不成了。

通过调取话单，专案组确定，张立确实在武当山。但武当山大了去了，到哪儿找他呢？

马岳波灵机一动，让张宝庆问张立，看那边的景色怎么样：“村上要组织村民出去旅游，要不，我和村长先来看看，你给我弄些发票，把俺们招呼好！”

张宝庆看来是真想配合警察抓张立，电话里即兴发挥时，说他要开辆好越野车过去。

这下，就给派出所出了难题：所里哪儿来那种豪华越野车呢？

还是薛亚知所长出面，向一个做生意的朋友借了一辆卡宴。民警王兴长得富态，年纪也偏大，村长就由他来扮演。马岳波呢？就是张宝庆的大款朋友，开卡宴的。除了卡宴，所里的那辆民用号牌的捷达也跟着去了。

3月5日晚上9点，两辆车一前一后连夜出发。因为是山路，路上大多数路段都限速80公里，车跑不起来。一进入商洛山区，还下起了雪。

这边，张立的电话不断地打过来，问他们现在到了哪儿。张立问过张宝庆，车里有几个人。张宝庆脱口就说三个人：司机、村长和他自己。

这样一来，快到高速公路出口，马岳波就只好停下车，把两个民警倒到后来的捷达上。带着警察去抓自己朋友，张宝庆也实在是迫不得已。如果一见面警察就动手，让他也实在拉不下面子。

马岳波答应他，一见面先不动手。但是，张立是个玩枪的人，对他的情况民警并不掌握。车上只有他和王兴两个警察，要控制没戴手铐的张宝庆，还要对付张立，万一局面失控怎么办呢?

马岳波于是与捷达车上的民警约定，如果卡宴不打双闪，说明局面还可以控制；如果打了双闪，捷达车就要马上冲过来，采取行动。

一出高速收费站，马岳波就看到路边停了一辆面包车，车边站着两个人，一个像是司机，另一个是个穿着灰色道袍的道士。

马岳波让张宝庆再给张立打电话，这边电话一拨，那边那位道士马上在接听手机。不用说，这人就是张立。

按原定方案，马岳波将车停在面包车跟前，张宝庆招手让张立坐到卡宴上，让面包车头里带路。

张立联系的宾馆就在离高速路口七八百米远的地方。原计划是要在宾馆大堂里动手，为保全张宝庆的面子，让民警连张宝庆一起抓。为确保行动不出纰漏，张宝庆必须跟张立走在一起，不能擅自行动。

可车停下，张立却没往酒店大堂走，而是走向一个吃饭的酒楼。看来，他是要先给张宝庆一行接个风。

走到吧台跟前，张立问喝什么酒，马岳波赶快说，车上有酒，他去取。出了门，马岳波向远处的捷达车招了招手。

酒楼里，张宝庆当然还要装模作样地喊几声“凭啥抓我”之类的话，做给张立看。

经审查，面包车确实是张立临时雇的，司机跟本案没有关系。

司机是个重庆人，张立来武当山出家后，时常雇他的车。让司机开车走人，民警们也连夜赶到十偃市重找了个宾馆，开始突审张立。

张立曾经做药材生意，早就有房有车。他还是个户外运动爱好者，去过珠峰大本营，还跟别人结伴儿走过墨脱。张立也是一个铁杆儿军事迷，爱好收藏枪支。他媳妇比他小十几岁，因为与岳父母关系紧张，导致夫妻失和，两口子正在闹离婚。但是，没等这离婚手续办下来，张立已经在武当山出家了。

他是去年3月份上的武当山，开始是习武养生，后来，因为对尘世越来越心灰意冷，他干脆开始了修行，并于11月份正式取得了“武当三丰派传承证”，以道号“资物”出家了。当然，接纳张立出家的道观并不知道他家里还藏有半自动步枪。

第二天上午，民警押着张立赶到他西安郭杜的家里。他的一辆陆丰越野车就停在他家楼后，上面已经落满尘土，轮胎气也瘪了。张立的家里同样也已经落满了尘土，看上去很久没有住人了。

从张立家里，民警搜出了“五六”式半自动步枪一把，还有一部分“五六”式自动步枪的配件，与在张宝庆家搜到的枪管是一套。拼到一起，这一套枪只差一个保证枪支处于关闭状态的复进簧。除此之外，民警还搜到一把“五四”式手枪的套筒和7.62毫米口径步枪子弹21发。

张立交代，那把“五六”式半自动步枪是他2009年从“铁血网”上一个网名叫“刺客”的人那儿买下的，花了9000元。“刺客”通过快递，把枪的零件分期分批给他寄过来，他自己组装到一起的。他试着打过一枪，枪的质量没问题。

从张立的床下，民警还翻出了三部报废的军用电台，看来这家伙真的迷得比较深。

张立小时候一直想当兵。17岁的时候，他被卷入了一起抢劫案，为此服刑一年半。后来，他又被无罪释放。服刑期间，他的钣金师傅跟张宝庆是一个村的，就这么认识了张宝庆。因为都是军事迷，俩人因此成了朋友。

而彪子跟张宝庆的结识更偶然。有一次，彪子到医院探望一生病的朋友，张宝庆正好和他那个朋友住一个病房，也是因为对枪械有共同爱好，俩人成了朋友，相互走动了起来。

3 月 14 日，民警抓获了另一名买枪的犯罪嫌疑人王晓峰。王晓峰是一个生意很大的房地产老板，碑林区人大代表。

前些年，彪子推销卫星天线时，认识了王晓峰。有一回，王晓峰在高新区新纪元宾馆后面的高尔夫球练习场打球出来，遇到了守在那里推销枪支的彪子。经彪子游说，王晓峰动了心。他先后从彪子手上买过一把金色左轮手枪和一把 M1911 式手枪，分别付给彪子 4000 美金和 3 万人民币。

王晓峰交代，他听信了彪子的说法，买枪是用来防身和收藏的。因为从王晓峰这儿挣的多，彪子一直没舍得交代。

至此，曲江新区派出所一共追回了 28 支枪，其中包括金色左轮手枪 3 把、M1911 式手枪 5 把、单管猎枪 5 把、“五六”式半自动步枪（制式）2 把、驳壳枪 1 把、格洛克手枪 1 把、自制火药枪（火铳）2 把、M4A1 仿真半自动步枪 1 把、迷彩气步枪 1 把、美国“秃鹰”气步枪 1 把、峨眉气枪 1 把、98K 气步枪 1 把、M1911 式气手枪 1 把、PPK 高压气手枪 2 把、网枪 1 把。共有 22 名犯罪嫌疑人被刑事拘留。

偷电缆的人

一

踩着厚厚的地毯，金娃怯生生地跟在朱老板屁股后面。这个时候，他其实还不知道朱老板姓朱。

十几分钟前，金娃才第一次见到朱老板。朱老板说普通话，但金娃听出，他也是陕南人。这次来西安，金娃有点儿低估了找工作的难度。他以为，他这么大个小伙子往人市儿上一站，马上就会有人来搭讪。金娃知道，人市儿学名叫劳务市场，但西万路口这个有名儿的劳务市场其实是自发形成的，说到这里，大家用的词儿还是叫“人市儿”，好像个卖人的地方。一大早，天都没亮，人市儿就开始人头攒动。背着锯的木匠、扛着滚筒刷的油漆匠就开始在这儿扎堆儿。那些做水工或者在建筑工地当小工的嫌手上的家伙标志不够明显，一般还都爱端着个硬纸壳牌子，写上“水工”之类的字儿，在路边站着或蹲着。如果有三五成群的女人扎堆儿，不用写字儿，人家就知道她们是应聘当保姆的。其实，在人市儿上来找差事的，一般都是新来西安不久的，或者就是学艺不精的匠人。你想，如果来得时间长了，谁还没个关系介绍个活路做？特别是有本事的匠人，手上的活儿都干不过来，城里人花钱请都还得排队呢。

金娃就是个初来乍到的新人。金娃 19 了，家在秦岭大山里。家里穷，他不能在家吃闲饭，所以，刚过完年，他就跟村上两个小伙子来了西安。本来金娃是要到建筑工地当小工，可来了西安后他乡党那个工地却不要人。咱是个下苦的，咋能寻不下事情干？经人指点，金娃就来到西万路人市儿找活儿干。没想到，他一站三天都没开张。问他的人倒也不少，但金娃啥技术都没有，就有把子笨力气。可人家找出力的人，又嫌他瘦、嫌他太嫩。遇上朱老板这天，金娃早上 7 点不到就来了，站到中午 11 点多，连早饭都还没吃，又冻又饿。朱老板 30 出头的年纪，个子不高。来时，他胳肢窝里还夹着个精致的小皮包。让金娃觉得怪的是，挺冷的天他却穿件笔挺的休闲西装。看见金娃，朱老板上上下下把他打量了一遍，就问了他两句话：“你会啥?”“你家在哪儿?”金娃老老实实地回答后，朱老板就喊他上车。

上车后金娃才发现，人家有棉袄，在车上扔着呢。朱老板开的一辆白色的伊兰特，金娃一眼就认出来了。金娃虽是山里人，但他在外面打过工，没事儿爱上网，像很多他这个年纪的小伙子一样，对汽车感兴趣，虽然他买不起。在车里，金娃还想，如果一会儿干活儿来不及吃饭，他就在朱老板家附近买个烧饼一吃拉倒，就是不知道能不能买到。朱老板是个话很少的人，路上，他只问了金娃一句肚子饿不饿。等车停下，跟着朱老板往里走时，金娃就有些傻眼了。原来，这是一家很高档的酒店。

接下来，金娃就接连经历了他的很多个第一：第一次吃烤鸭，第一次吃海鲜，第一次吃饭时用上了雪白的餐巾。吃饭时，金娃才知道老板姓朱，至于他是陕南什么地方的人，他才刚问一句，朱老板就眼一瞪："你问那么多干什么？"吓得金娃再不敢言语。

吃完饭一结账，花了三百多。这又成了金娃这辈子吃过的最贵一顿饭。埋过单，朱老板又从钱包里厚厚一沓儿百元钞票里取出两张，扔到金娃跟前："你跟我干，绝对不会让你吃亏的。"他究竟想让金娃去干什么呢？金娃很想知道，可朱老板就留了他个手机号，说有事儿我给你打电话，起身就走。

把钱往口袋里揣的时候，金娃觉得心里热乎乎的。走的时候，路过鱼缸，他看到玻璃缸里活蹦乱跳的基围虾，他突然想问一下人家，那水是淡水还是海水。要是海水，那得从多远运过来呀？不过，金娃没有开口。他想起朱老板说的话：问那么多干吗？

二

发现那辆可疑的面包车，是在凌晨4点半。当时，李猛坐在巡逻车的副驾驶位置上，一边嚼口香糖一边扫了一眼汽车仪表盘上的时间。4月下旬的夜晚，不冷不热，连钻进车窗里的风都是柔和的。因为这段时间天天上夜班，车上三个年轻人都不觉得困。海波在跟开车的小段聊着刚刚踢完的那场中超足球赛，李猛有一搭没一搭地插着话。这工夫，车子拐到了雁湖路上。李猛远远瞅见，雁湖小区门口停了辆白色的面包车，后盖敞开着。李猛就想了一下：深更半夜，这辆车在拉什么呢？

李猛30多岁，在雁塔分局曲江新区派出所当刑警。好多人一听他名字，以为他高大威猛呢。李猛既不高大也不威猛，还长得细皮嫩肉，脱了警服，谁也看不出他是个警察。但人不可貌相，这李猛搞案子却是把好手。常常不起眼儿的小案子到他手上，就能办成动静挺大的案子来。所里像海波、小段这些年轻人都挺服他，愿意跟他搭班儿巡逻。

巡逻车经过面包车跟前时，面包车的后盖已经合上了。"咱回去看看！”李猛说这话时，巡逻车已经开出了几十米。这边正掉头，面包车已经发动起来，速度很快地跑了起来。小段二话不说，开车就在后面追。

电影大片里，警匪追车看起来挺热闹、刺激，可现实生活中，这样的场景却非常危险。歹徒开车是在逃命，他们自己都在玩命，哪儿还顾得上路人的死活。可警察不行，要追车，还要避让正常行驶的车辆以及路上的行人。西安世园会开幕前，灞桥分局民警在追击一辆嫌疑车辆过程中，警车避让一辆拐弯的农用车，结果撞上了电线塔，车内民警、辅警两死一伤。不光危险，如果没有别的警车配合设卡围堵，仅凭一辆警车也很难控制住嫌疑车辆。可是，这天晚上，李猛他们的运气好得不得了。巡逻车追出三公里，那辆面包车拐弯太急爆胎了。面包车司机从车上跳下来，飞快地钻进了旁边的巷道。李猛也不追，他已经看清楚，车上还坐着四个人呢。

这是一辆经过改装的金杯面包车，后排的座位被拆除了，车里放的是一堆胳膊粗的电缆线，被剪成一截儿一截儿的，码成了一堆儿。四个小伙子都在 20 岁上下，全穿着迷彩服，要是头上再来顶帽子，别人可能会以为是一车预备役呢。他们一个坐在副驾驶位置，另外三个就坐在那堆电缆线上。对讲机叫来所里值班民警增援，大伙儿把人和车弄回所里，天已经麻麻亮了。

四个小伙子都是一问三不知，说是老板雇他们来干活儿。老板开辆白色的伊兰特，在远处用对讲机指挥他们干活儿。这边，传话的人就是那个跑了的司机。至于他们叫什么名字，谁也说不清。

三

自从吃过那顿奢华的午餐，金娃就在盼着朱老板给他打电话。可是，等了一周，朱老板的电话才来，约他晚上 10 点到三爻村的一个小招待所见面。他到了那儿，敲了朱老板电话里说的房间号，开门的小伙子就是后来从面包车上跳下来跑掉的司机。金娃后来听到朱老板喊这小伙子冒冒。金娃来了之后，又等来了另一个小伙子。听口音，他们几个都是陕南人，老家应该离得不很远。朱老板出现之前，他们三个就一起看电视，相互之间什么也不问。那个最后来的小伙子，金娃就见过这一次，后来再干活儿时已经没他了。

朱老板左等不来，右等不来。金娃给他把电话拨过去，那部手机却处于关机状态。这朱老板到底还来不来呢？冒冒在专心致志地看电视，看上去一点儿不急，金娃也就耐着性子等下去。果然，凌晨1点，朱老板开着他那辆白色伊兰特来了。金娃和那个小伙子换上了朱老板拿来的迷彩服，将手机、钥匙、钱包都搁在房子里，坐上冒冒开的面包车，跟着朱老板的车来到了南郊的富力城。朱老板让他们干的就是剪电缆。指好地方后，朱老板的车就开到远处的一个路口把风，用对讲机遥控冒冒干活儿。“咋样？”冒冒先让金娃他们坐在车里，他到路边用铁钩子揭起了井盖。“没问题，干活儿吧！”对讲机里传来了朱老板的声音。冒冒让金娃他们俩从车上搬下台液压钳，指着井里的一根电缆线告诉他们：这电缆线并排有六根，五根都带着高压电，只有这根是不带电的备用线。要是一剪子下去剪错了，那可不得了。金娃他们俩不住地点头。

金娃觉得，这活儿一旦干起来，就和别的下苦活儿没太大区别。按冒冒的吩咐，或者说是对讲机里朱老板的吩咐，他们把那根电缆线按一米五的长度剪成一截儿一截儿，冒冒开着车慢慢地跟着走，剪下来的就装车上。这期间，偶尔也有汽车从他们身边经过，甚至有行人经过，但没有人对夜间施工的工人发生什么兴趣。这天晚上，金娃他们干了三个钟头，天不亮回到舒心招待所，朱老板等他们换上自己的衣裳，就二话不说给他们一人发了一千块钱。

金娃不蠢，他当然知道朱老板干的是什么勾当。可一晚上就能挣一千块，这样的好事儿上哪儿去找？金娃是和他村的小毛合伙租的房，俩人原来就是好朋友。前头，朱老板请他吃饭的事儿小毛就知道，这回挣了钱，金娃就请小毛吃了烤肉喝了啤酒，顺便把这件事情也告诉了小毛。当然，他要让小毛替他保密，尤其不能回村乱说。小毛在建材市场给人家蹬三轮送货，从早忙到黑也就几十块钱，收入还不稳定，听说有这等好事儿，当然也想去试一试。为此，他还提前谢了金娃，一口干了一杯啤酒。结果，又等了一个多月，小毛的机会终于来了。朱老板给金娃打电话，让他替他找几个人。金娃就把这机会给了小毛，另外又找了他两个也在西安打工的初中同学。这次，还是深更半夜，还是在三爻村的一个小招待所集合。换上迷彩服后，他们坐上冒冒的面包车去了南郊一个别墅扎堆儿的地方干了几个钟头，回来后，还是一人一千块，个个比过年还高兴。

一周后，朱老板的电话又来了。还是那些人召集起来，在小招待所换了衣裳后上车出发。活儿就是那些活儿，只不过干的地方不一样。这次，他们在一个叫雁湖小区的门口施工。活儿干完了，大伙已经上了车，只是车后盖还没合上。这时候，金娃看到远处路口出现了一辆警车。金娃觉得有点儿不妙，赶快合上了车后盖，但警车还是开了过来。

冒冒开车狂奔的时候，金娃的心都跳到了嗓子眼儿。汽车爆胎、冒冒跳车逃跑的时候，金娃也想跑，可是，一摸口袋，他连一分钱都没有，手机、钥匙都在招待所撂着呢，这咋跑？这一犹豫的工夫，警察就已经把他们堵在车里了。

四

四个迷彩服看上去都还一脸稚气。他们都说，是老板雇来干活儿的，其他啥都不知道。

干的啥活儿？

剪电缆！

这是破坏通信设施，你知道不？

不知道。

干过几次？

人家说两次，金娃也说，这次是第二次。

但是，小毛把金娃给咬出来了，因为他这会儿已经觉得金娃是个扫帚星了。

问金娃，金娃说，就知道老板姓朱，到底是不是真的姓朱，他也没把握。除此之外，就知道朱老板一个手机号。平时，朱老板手机打不通。有事儿时，朱老板会跟他打电话。因为每次干活儿都是从三爻村出发，金娃跟小毛就在三爻村租的房子。每次打过电话，朱老板大概过上十来分钟就会开着他的白色伊兰特出现在村口。金娃还说，朱老板的车是从西边开过来的。

把这四个小子问完时，已经天光大亮了。

李猛带着金娃赶到三爻村，找到了他们换过衣裳的舒心招待所。老板是个50来岁的男人，一看来的是警察，老男人有点儿惶恐："那人看着不像坏人呀，穿得体体面面的。"大约凌晨5点，有个30来岁、个子不高的男人来退了房子。老板领着李猛到房间里察看时，房子已经打扫得干干净净。那金娃他们换下的衣裳以及钱包、手机这些东西呢？服务员说，没看见，退房时房里就再没别的东西。

朱老板的电话当然是再也打不通了。

李猛就寻思，这个陕南口音的朱老板会在什么地方落脚？从他和金娃的接触看，他是个长期在西安混的人，因此，他不会住宾馆。那居民小区呢？李猛想想，也认为不太可能。首先，朱老板干的事情见不得人，不大会拖家带口地买房子住。他这号人，应该随时有搬家的思想准备。对他来说，显然租房更合适。如果租居民小区住户的房子住，房东一定会看他的身份证；就算遇到个马大哈，不看他身份证就把房租给了他，但朱老板有车，出入小区，门卫也要登记车主信息。朱老板愿意将自己的个人信息留给人家吗？如此来说，朱老板藏身的地方就应该是城中村了。

在朱老板最后一次给金娃打电话的时间段，李猛做了一次实验：以十分钟左右的车程，顺着金娃所指的方向向西边一跑，结果，他发现这个地方是东姜村。东姜村说大不大，说小不小，暂住人口在一万人左右。就算朱老板住在村里，恐怕也不好找吧？但李猛这会儿要找的是车而不是人。找车，查车牌号不就行了吗？这属于常规思维。朱老板这号月黑风高时出没的人物，车牌号能是真的吗？但是，白色的伊兰特假不了。那么，东姜村住的人虽多，开白色伊兰特的人总不见得也多吧？

调出金娃的通话记录，朱老板给他打电话的时间一目了然。从这个时间往后再推不到十分钟，李猛调东姜村这个时间段的监控录像开始看。东姜村面临拆迁，村里挺乱，监控探头大多已经损坏，但村口的那个探头没有坏。果然，李猛从录像上发现一辆白色的伊兰特开出村口，行驶的方向正是三爻村。伊兰特上有牌子，一查，果然是假牌子。

接下来，就是在东姜村进行摸排调查，看看谁家有白色的伊兰特。这项工作不像想象得那么容易。在长延堡派出所负责东姜村的社区民警的帮助下，李猛的这项工作进行了半个多月，才算有了个结果：有个村民说，他家的房客原先有这么一辆白色的伊兰特。那车的主人是什么样呢？一米六五的个头儿，30 岁左右的年纪，穿得挺体面，陕南口音，姓朱，像个小老板。不用说，这人就是那个朱老板了。那朱老板登记的姓名是什么呢？房东说，没登记，因为姓朱的说他的身份证丢了。

房东说，这个姓朱的不爱说话，自称是搞拆迁的，经常拿着个长把子工具，还有一截儿很短很粗的电缆出来进去。李猛一听就明白，房东用手比画给他的长把子工具，就是用来剪电缆的液压钳；而他拿回那一小截儿电缆是用来计算出铜率的。在废品收购站，一米电缆可以卖到 400 多块。李猛逮住金娃他们那晚上，他们偷了 150 多米，这就能卖 6 万多元。就算朱老板给冒冒、金娃五个帮手一人付 1500 元，他一次仍能挣 5 万多元。

既然找到了朱老板的房东，守株待兔抓他不行吗？不行，晚了。因为朱老板已经搬走了。啥时候？房东一说，李猛气得直想骂街，就是他带金娃追到三爻村，刚刚发现朱老板退掉了舒心招待所房间那工夫。

那么，为什么不找给朱老板搬家的那家搬家公司呢？找到搬家公司，不就知道他把家搬到了哪儿吗？这又是常规思维。李猛也想到了，但他这回却不愿费这个劲儿。他认为，以朱老板的狡猾，他一定不会给搬家公司留下什么有价值的东西。

不查搬家公司，案子似乎又已经走到了山穷水尽。但李猛脑子里却闪出一个念头：这个朱老板生活中的状态会是什么样子呢？

五

李猛打探出朱老板在东姜村住处的时候，朱老板正在长岛吹着海风，晒着太阳，当然，还少不了吃着海鲜。

这会儿的朱老板当然不再是偷电缆的贼，而是一个普通的旅游者。他带着一个年轻女人住在渔家乐，看上去就像一对度假的夫妇。一般游客在岛上也就住三两个晚上，而朱老板因为喜欢这地方，所以一住就是十几二十天，岛上的所有地方他都徒步走了一遍。朱老板还特别喜欢一个叫庙岛的小岛。对岛上的妈祖庙他兴趣倒不大，他最感兴趣的是在码头上吃海鲜。那元贝、螃蟹都是用挺大的塑料盆往上端，一盆不过十块十五块钱。这海鲜从海里捞起来，到游客吃到嘴里，运输距离不超过五米。卖海鲜的小贩可能也是准备不足，除了点儿白醋啥调料都没有。再后来，朱老板出去逛，包里就爱带点儿日本芥末、海鲜酱油什么的。

那么，朱老板身边的女人是谁呢？是个小姐，是朱老板在济南一家歌厅里认识的。俩人热热闹闹地一起同居了一阵子，等从长岛一下船，朱老板说去上个厕所，打了个出租车就走了。至于他究竟是什么人，那个小姐也都没弄明白。

其实，朱老板以前还真是个干拆迁的，只不过他不是老板，而是工地上的一个下苦的，挣不上什么钱。这家伙懂电，帮着老板拆过电缆，知道这东西能卖大价钱。至于走上偷电缆这条道儿，和他的一个个人爱好有关。朱老板酷爱看侦探片。电视剧《黑洞》《天不藏奸》之类的警匪片别人不过是看热闹，到他这儿却会反复研究。他发现，要逃避警察的追捕，关键在于不能让身边的人知道自己的真实身份。尽管他身上并没有案底，但在外面混，他轻易绝不使用自己的身份证，也不让人知道他的真实姓名。别说劳务市场找来的金娃，就是冒冒跟他混了小半年，也对他的底细一无所知。

那天晚上，李猛发现金娃他们坐的那辆面包车时，因为走的是另一个路口，没从朱老板车跟前过，所以，朱老板没能在对讲机里及时对冒冒做出预警。接下来，那场警匪追车场景就在他眼皮底下发生。没有任何犹豫，朱老板马上开车奔三爻村。路上，他接到了冒冒的电话，冒冒告诉他出事儿了。朱老板马上关掉手机，从此再没使用过。到了舒心招待所，他到那间房子里取走了那四个人的全部东西。钱他留下了，其余的东西，他统统扔掉了，连手机都不要，有的扔在了村子里的垃圾桶，有的扔到了更远的地方。接下来，吃过早饭，他买了份报纸，在车里按报纸上的电话给搬家公司打了个电话，让人家去东姜村。在村子里接上头后，朱老板把自己房门钥匙给了搬家的工人，说他要去上个厕所，让人家先上去搬东西。朱老板的车没有熄火，他瞅着那伙人上上下下地搬了一会儿，看没什么异常，才出现在自己的房间。他把能反映个人信息的笔记本之类的东西用两只塑料袋装上，转身就走。包括跟房东结清房钱，前后没超过五分钟。其实，这个时候，把家搬到什么地方去，他自己都没想好。

“你们把车往大明宫方向开，咱们电话联系。”跟搬家公司联系，朱老板用的是一张新买的电话卡。这天早上，朱老板买了一部手机，办了两张卡，一张卡现在就用上了。

东姜村在南边，大明宫在北边，搬家公司要穿城而过，这就给朱老板留下了足够时间琢磨下一步棋怎么走。他开车先来到大明宫，临时租了一个小仓库，然后电话遥控搬家公司把东西送过去。因为事先就给过人家钱了，他跟人家连面都没再照。

接下来，朱老板去了鱼化寨二手车交易市场，要卖掉他这辆车。下午 2 点多，他的车就已经出手了。其实，他根本没把车往二手车市场里开，在路边遇到个二手车贩子，他就把车卖了。正常情况下能卖六万元的车，他五万五就出手了。在和搬家公司、车贩子联系之后，朱老板的那部手机和那张卡就再也没有使用过。

那么，朱老板准备把新家安在大明宫的仓库里吗？当然不是。

当天晚上，他就坐火车去了山东。他从济南逛到了胶东半岛，一个月后才又回到西安，落脚北郊的百花村。由于害怕留下了什么蛛丝马迹，他重新买了各种生活用品，大明宫那个仓库他一次也没去过。

六

朱老板从山东海边回到西安的时候，李猛已经知道了他的真实姓名。为此，他还专门去了趟朱老板在陕南山区的老家。

朱老板真名叫朱家宏，陕南镇安县人。朱家宏的老婆带着一儿一女，和他的爹妈住在一栋新盖的二层小楼里。在村子里，这栋漂亮的小楼挺显眼，村上的治保主任告诉陪李猛一起去的当地派出所管片儿民警，这样的房子盖下来得二十多万。

治保主任原先也在外面打工，后来腿摔坏了，一走起路有点儿高低不平。他说，朱家宏在西安做拆迁，一年到头回来不了几次。就是盖房子，也是把钱甩给家里，啥事儿都不管。话里听得出，他对比他小一轮儿的朱家宏还挺羡慕。

李猛自称是朱家宏生意上的朋友，到他家去看过。朱家宏的爹妈都是老实巴交的农民，他们说，朱家宏“五一”以后就没回来过，连个电话都没打。朱家宏的媳妇倒是追着李猛问，想从他这儿要到朱家宏的新电话，说他原来的电话已经打不通了，孩子生病都跟他联系不上。李猛只好说，朱家宏欠了他一点儿钱，他是想让他早点儿还钱。至于新电话，他也不知道。

冒冒开的那辆面包车，李猛没能查到什么更有价值的信息。车是偷来的，牌子是假的。至于冒冒，更没地方查。剩下的人，也就是金娃跟朱家宏接触还多一点儿。再审金娃的时候，李猛把半盒烟拍给了他。于是，他又从金娃这儿得到了一点儿情况：朱老板爱干净，总是把车擦洗得干干净净。这话值不值半盒烟呢？李猛觉得值。回来后他就琢磨，什么人会这样对待车呢？除了爱干净，还有什么呢？说明他是个喜欢车的人！

从陕南回来后，朱家宏就像初恋情人一般，几乎无时无刻不浮现在李猛的脑子里。他在分析这个朱老板下一步会干什么。

朱家宏家的小楼为什么会鹤立鸡群呢？因为别的山民没钱，二十多万对于他们来说，就是天文数字。对于朱家宏来说，他的生财之道就是偷电缆。让他改行做别的，他还能玩得这么帅吗？如果继续做这件事，他需要什么呢？帮手好解决，劳务市场随时可以找到；作案工具，可以买到。还需要什么呢？汽车。一个出门开惯汽车的人离了车会很不方便，何况他是个喜欢车的人。

这个时候，李猛已经查出，朱家宏那辆卖掉的白色伊兰特是用他的真名买的。既然金娃他们都不知道他叫啥名字，那么再买车，他还可以用真名买。有了这样的推测，李猛要做的事情就是隔三岔五地在公安网上查一下朱家宏的购车信息。结果有一天，电脑上蹦出了他想要的信息：在朱家宏的名下，有了一部二手的银灰色赛欧。

朱家宏是一周前买下的这辆车，车刚过户到他的名下，他的手机就又停机了。这部手机的通话记录只有卖车的原车主。而原车主跟他的通话记录中，却有一个他用固定电话打来的。还是老路数，朱家宏落脚的地方还是即将拆迁的城中村。可村子里手机信号不好，因为着急说事儿，朱家宏就用了百花村一部话吧里的电话。这下，他就把李猛引到了百花村。

李猛也还是老路数：以车找人。他和海波等人来到百花村，寻找那辆银灰色的赛欧。考虑到朱老板是个像作家路遥所说的“早晨从中午开始”的人物，他们的摸排工作放在下午才开始。这回，李猛他们还没进村，就发现一辆银灰色的赛欧朝百花村的方向开去。不过，这辆车的牌号不是朱家宏那辆。但这不要紧，反正朱老板的车又不挂真牌子。李猛赶快搭了路边的摩的跟了过去。走了一公里后赛欧进了村。等车停下来，李猛发现，开车的是个长头发小伙子，20岁左右，又瘦又高，显然不是朱家宏。

跟错了？

七

那天晚上，冒冒从金杯车上跳下来时，紧张得头发都要竖起来了。那会儿，他最怕的倒不是被警察追上，而是怕警察从他身后开枪，一枪把他撂倒。他才刚刚 20 岁，好日子似乎还没过几天。虽然已经在发廊玩过小姐，但说实话，他冒冒还没谈过一次恋爱。冒冒很想跟着朱老板多赚点儿钱，过上像城里年轻人一样的体面日子。

夜里，街上少有行人。冒冒东窜西拐地跑了几条街道后停下来，边喘气边用已经攥出了汗的手机给朱老板打电话，他这儿说完，朱老板只是“嗯”了一声，就挂断电话，关了手机。冒冒害了怕，第二天一早就坐长途车回了陕南老家，直到朱老板一个多月后在 QQ 上重新联系他。

冒冒也是在劳务市场上认识朱老板的。冒冒比金娃早来西安几个月，和金娃一样，也准备找个下苦的零工，挣钱养活自己。朱老板夹着个皮包翻着眼皮上上下下扫描他的时候，问的话和后来问金娃的差不多。家是哪儿的？会啥本事？冒冒也是陕南山里人，他一张嘴，朱老板就听出来了。山里人老实，对这些乡党，朱家宏心里最有数。他就是要找那种刚进城不久的毛头小伙子，这类人听话，心眼儿少，给点儿甜头儿，就不知道东南西北。不过，冒冒的回答跟金娃有所区别。他说他会开车，就是没有照。对于冒冒来说，这本来是句多余的屁话。会开车，没照有啥用？人家主儿家让你开车，还负责给你办照？但朱老板不这样想，请他大吃了一顿，给了他二百块钱，就把他搞掂了。

为啥让金娃他们换了迷彩服，留下手机、钱包在招待所，却让冒冒穿自己衣裳、带着手机呢？因为冒冒要开车。包括遇到紧急情况跳车逃跑，都是朱家宏提前跟他交代过的。万一冒冒被逮住了呢？这也不要紧，因为冒冒也不知道他的真实身份，手机一关，冒冒就找不着他。至于冒冒的 QQ 号，他是在第一次跟冒冒吃饭时就让他留下过的。此后，他一直没用过。如果冒冒像金娃一样被逮住关进了看守所，他怎么可能在 QQ 上出现呢？

买来赛欧之后，冒冒就成了朱家宏的专职司机。回家这一个多月，冒冒最大的收获就是拿到了驾照。所以，白天让他开车出去，朱家宏也没什么不放心。他们都在百花村租房子住，但按朱家宏的要求，冒冒住的是另一个院子，两个院子隔着四五十米呢。

一天下午，冒冒院子里来了一个新房客。房客中等个子，像冒冒一样，是个只身一人的老爷们儿。他给房东交了二百块钱押金，租下了二层靠水池子的一间房。冒冒怎么也想不到，他睡觉起来在楼道水池子洗脸的时候，那个新房客居然会掏出手机给他拍了照。

新房客不是别人，正是李猛。那天跟踪赛欧进了百花村后，李猛看着长发年轻人进了院子，就记下了门牌号。第二天一早，他跑到看守所提审了金娃。他把那个长发小伙子的样子一描述，金娃就说，这个人是冒冒。当天下午，李猛在那个院子里住下后，用手机拍下了那个人，然后用微信发给了在看守所当管教民警的一个警校同学，同学赶紧拿去让金娃辨认。金娃说，没错，这人就是冒冒。同学录下金娃的视频后马上发给李猛。李猛兴奋得狠狠挥了一下拳头，赶快把这个情况告诉了所长和他的搭档海波。他知道，找到冒冒，就离找到朱老板不远了。

下午 5 点多，冒冒终于出门了。李猛悄悄跟在后面，发现冒冒进了四五十米远处的另一个院子。这个院子有个面朝东的单面楼房，冒冒上了二楼，一个短发小个儿给他开的门。这回，轮到海波扮房客去租房子了。租下房子后，海波就去敲门借火。他一手拿着烟，一手拿着手机。小个儿掏出打火机的瞬间，他就拍下了他的照片。这张照片再次让李猛同学拿去叫金娃辨认，金娃说，这人就是朱老板，没问题。

门一开，一帮便衣警察就冲了进去。冒冒十分恐惧，而朱家宏一脸惊讶，脱口就问李猛：“你们是怎么找到我的？”他说这话时，李猛觉得这小子就像小孩子在玩躲猫猫。

八

能在百花村抓到朱老板，是因为李猛发现了他的真实身份。那么，李猛又是在什么地方找到他的破绽的呢？是一件朱老板送到干洗店却忘了取的西装。

照东姜村房东的说法，朱老板一直是一个人在这儿住，没有女人同居，也没有朋友来。朱老板从不生火做饭，也没见他洗过衣裳。不做饭，当然是吃饭馆。他可以在近处吃，也可以在远处吃。再加上饭馆人来人往，吃饭这事儿无从查起。他不洗衣裳，那衣裳穿脏了怎么办？当然是要送干洗店。李猛就想，在和干洗店打交道的时候，他还是个鬼鬼祟祟的贼吗？应该不会。这个时候，朱老板只不过是一个普通的消费者。回到正常人的状态，他会不会留下自己的真实信息呢？李猛认为，完全有可能。

东姜村一共有四家干洗店，李猛从离朱老板租的房最近的一家开始查起。这家干洗店离朱老板的住处隔了二十多家店面，老板是个30来岁的女人。一听李猛描述的样子，女老板就说，认识这么个人，这人的一件深蓝色西装干洗了好多天一直没来取，给他打电话，他的手机已经停机。

李猛一看女老板记的电话号码，果然是朱老板留给金娃的那个号，这说明此人就是朱老板。更让李猛喜出望外的是，在女老板这儿，朱老板留下了他的名字——朱家宏。

在30岁左右的年龄段，叫“朱家宏”的陕南人并不算多，总共只有四个。把四张照片调出来后，李猛发给了看守所那个同学，让他拿给金娃看。结果，金娃一眼就认出他的“贵人”来。

失踪的女人

不速之客

菊英坐长途车回到西安时，一场秋雨正下得唏里哗啦。菊英有些内急，想早点儿回家上厕所。早上出门时，看天气不好，菊英她妈本来想先不去西安了，但菊英说还是早点儿回去。菊英妈心脏不好，总是胸闷气短，菊英想带她妈到西安的大医院看看，实在不行就考虑装支架。

菊英有两个家，一个家在商南县城，一套80多平方米的两室一厅，是老辛给她买的。平时，菊英带着一儿一女在这儿生活，有时候她老娘也在这儿住一住，给她帮帮忙。菊英的儿子这年12岁，上六年级，是菊英和前夫所生的。

菊英的前夫以前在县上给一个领导开车，是

个很帅气的人，模样酷似一个老演电视剧的硬派小生。但这家伙就是没有责任心，像个永远长不大的孩子，结了婚也光顾着自己玩。前夫爱打麻将，赢了钱就招呼狐朋狗友到饭馆里大吃大喝。但更多时候，他总在输钱，而且还觍着脸到处借钱去赌，时间一长，亲朋好友都像躲吸毒的人一样躲着他。菊英生儿子之前，本来留了最后两千块私房钱，要给孩子用。前夫知道这事儿后，起初也非常赞成。但有一天晚上，他提出跟菊英借这笔钱，理由是最近手气不错，预感到要赢，这钱只借一晚上，然后加倍还给她。菊英不肯给，俩人说急了，没想到前夫居然硬是把那两千块钱从她的手上夺去。那个晚上，菊英寒心得不得了，哭了大半夜。再往后，有了孩子了，前夫依然如故，下班后正常回来的时候屈指可数。到前夫因为误了领导几次事儿被炒鱿鱼，菊英跟他的日子也就算过到了头。

菊英的妹子叫兰英，是个挺能干的女子。1991 年，兰英在西安自强西路开了个小卖部，一个人忙不过来，就喊菊英去给她帮忙。娃呢？有菊英她妈给带着嘛。菊英眼睛大，皮肤白，原先人有些瘦，但生过孩子后身材反倒更好了，看上去却比兰英还年轻。姐儿俩往一起一站，常有人拿兰英当姐姐。

老辛是先认识兰英，然后认识菊英的。老辛叫辛运哲，当时是西安市某事业单位的行政处长。老辛单位在自强西路有两栋家属楼正在施工，老辛管这事儿，三天两头往这儿跑。兰英的小卖部主要就是面向工地的工人。有时候买个烟买个水，老辛也来这儿。菊英一来，也就跟老辛认识了。

小卖部挣的是辛苦钱，利薄，姐妹俩忙来忙去，月底一算账，甚至连给人家打工都不如。老辛也是苦孩子出身，就爱访个贫问个苦什么的，姐妹俩也就跟他倒苦水。

“那还干这个干啥？我给你们介绍个地方去上班算了，比这强！”姐妹俩以为老辛也就是说一说，谁知没过几天，老辛把这事儿还真张罗成了。西郊的一家汽车修理厂打来电话，让她们姐妹俩去上班。

这是个公家的修理厂，规模不小，两个年轻女人到修理厂干，肯定不会去卸轮胎、钻地沟，虽说钱也挣得不多，但干的无非是抄抄写写、发个料之类的轻松活儿。在姐妹俩眼里，老辛就有点儿贵人的意思。

老辛的情况兰英都清楚，不光听老辛自己说，兰英跟老辛单位的人也打听过。老辛离婚了，两个女儿也都大了。他现在也是独身一人。

老辛第一眼见到菊英，兰英就看出他喜欢菊英，也就把菊英的情况跟老辛说了。菊英比老辛要小整整 20 岁，但她毕竟离过婚，又带着个孩子，再找也不好找。她们是外地人，在西安无根，每走一步都不容易。老辛这人挺厚道，也有本事，不就是大了几岁嘛！那个时候，老辛也就 40 几岁，男人在这个年纪往往不显老。再加上他这人当过兵，身板直，看上去还是蛮精神的。有了兰英的牵线，老辛和菊英很快就住到一块儿了。都是过来人，就不像小年轻儿那么讲程序了。后来，老辛也就是回陕南老家简单地摆了几桌酒席，算是把菊英的七大姑八大姨都认下了。本来，菊英一直催老辛领结婚证，等她给老辛生了个闺女，而且也姓了辛，她就没再催过这事儿。菊英村子里好些人结婚都是摆个酒席拉倒，特别是二婚的。孩子都生了，再去领证儿，人家不笑话？再说，老辛这么大岁数了，还能怎么样呢？

菊英跟老辛的家在小寨。本来，菊英是想带着儿子跟老辛过，但老辛这方面没气量，容不下菊英的儿子。到了上学的年龄，儿子就不能再像小时候那样，往老父母那儿一搁了。没办法，菊英只好让老辛在商南给她买了一套房，她大部分时间在那边带孩子。反正老辛也忙，成年累月在家吃不了几顿饭，天天都是喝得高高的才回来。

老辛岁数大，主意也大。他做什么事儿基本上不跟菊英商量。他有多少钱，菊英也不清楚。菊英是穷人家长大的，把钱看得重，只要老辛多给她点儿钱，她心里就挺踏实。

几个月前，也就是 2002 年六七月份，老辛在北门外纸坊村开了个酒楼。因为没经验，酒楼老在赔。菊英这回回来，也是想劝他把酒楼关了拉倒。由于一路颠簸，又下着雨，菊英一路都忍着，回家第一件事就是上厕所。

可是，进了卫生间，菊英脸上颜色都变了，拨通老辛的电话就破口大骂："怎么了？你说怎么了？纸篓里的卫生巾是怎么回事儿？"

她不在的时候，有野女人来过家里了！

陈年命案

2009 年 12 月 23 日，接到韩梅的举报电话时，郗毅超副所长正在一个度假山庄开一个分局刑侦口的会。

这一年，分局的刑侦工作在全市排名不理想，局长急了。局长就是刑警出身，当过多年的刑警队大队长，在别的分局当局长时，刑侦工作也抓得不错。怎么回到自己的老根据地，反而不行了呢？

召集这次会议，局长就是想推行一种"大刑侦"的工作格局，对刑侦工作做出大的倾斜，要人给人，要钱给钱，要车给车，以刑侦带动分局的全面工作。

不顾别人都在看他，郗毅超端着手机从会场里跑出来。电话里，韩梅跟他举报的是一起杀人案，这可不是闹着玩的。

这个韩梅，郗毅超认识快一年了。头一次，她是跟另一个郗毅超熟悉的男记者一起来的。由于工作性质，郗毅超常和记者打交道，一有案子记者就会闻风而至。时间久了，很多派出所领导都会有那么三两个记者朋友。韩梅在这家报社实习，算是这位男记者的学生。男记者的学生经常走马灯一样换，而且大多是 20 出头的小丫头。郗毅超常跟这个江湖气很重的男记者就这个话题开开玩笑。但当着韩梅，郗毅超一次玩笑也没开过，因为韩梅跟别人有点儿不一样。韩梅有二十五六，长得不错，打扮得体，但她跟史泰龙有点儿像，好像不会笑；与史泰龙不一样的是，她眼睛里有一种忧郁。总之，郗毅超觉得她心事很重，有一种和她年纪不相称的成熟。所以，韩梅跟他说的事儿，他信。

郗毅超是西一路派出所主管刑侦的副所长。接了电话，郗毅超就给所里打电话，让刑警王亚辉、杨新昌先把韩梅约到派出所来，做个笔录。

韩梅很快就来到派出所。她举报的人叫辛运哲，是市上某单位的退休干部。韩梅说，老辛可能把他的前妻给杀了。

韩梅比老辛小 40 岁，他们一起同居时，她才 18 岁。她曾以保姆的身份在老辛家住过一段时间，老辛的小女儿婷婷对她以“姐姐”相称，俩人直到现在还常在 QQ 上聊天。

那会儿，韩梅想跟老辛过，又怕婷婷她妈会随时回来搅局，所以就对这个女人的下落特别关心。问老辛，老辛说，她跟他吵架，一气之下就跑了，再没联系；问婷婷，婷婷也说，一直没再见过妈妈。

老辛开酒楼时，韩梅和胡艳妮都在那儿当过服务员。韩梅听胡艳妮说，那个女人被老辛给害了，是她老公金功力给老辛帮的忙。时间大约是 2004 年，杀人的地点是在秦岭山里。老辛和那个女人坐了个车在前面走，金功力带人坐车在后面跟着，一直跟进了山里。

听到这个说法后，韩梅曾经问过老辛，是不是把婷婷妈给害了。

老辛只是一惊，瞪大眼睛问她谁告诉她的。他这么说，让韩梅对他越发怀疑。

到底有没有这么一起案子呢？这事儿，最能说清楚的人是辛运哲，但没有证据，肯定不能先去找他，只能通过外围先调查。

辛运哲生于 1944 年，2004 年时，他刚好退休。

郗毅超分析，辛运哲如果要杀这个女人，最方便的地点应当是他们的住处。可是，当年老辛住的小寨的那栋多层建筑，已经不复存在，一栋拔地而起的高层已然盖到了半截子。再说，老辛杀的是谁，总得弄明白吧？也查不清楚。老辛的女儿婷婷在长安区一所寄宿式学校上学，因为她还是个未成年人，民警们不能直接面对她，所以悄悄到学校翻看了她的学籍档案。在亲属一栏里，婷婷只写了一个“父亲”，没名没姓。回到西安后，民警们印制了一些表格，准备以防“甲流”的名义，让婷婷班上的同学都填写一遍，以弄清婷婷母亲的真实情况。可是，他们再来到婷婷学校时，学校已经放寒假了，人去楼空。

辛运哲退休后，归老干部处管。到他单位老干部处，人家拿出辛运哲的档案一看，也没有那个女人的一星半点儿记录。上年纪的同事对辛运哲熟悉，知道他离过婚，有两个已经成年的女儿，连婷婷的存在他们都一无所知。

说到老辛，同事们都说，他这人脑子够用，能力挺强。老辛是蓝田人，从部队转业来到工会，他的履历上，立功、受奖不少。一个人要是没点儿本事，行政处长这么个官儿是不好当的。老辛这人心态挺好，退休后也热心公益事业。他现在住的那栋楼的物业费、水电费还是他收着呢。

再查婷婷的户口。婷婷是从商南县城关镇东岗社区转来西安的，那么，她妈妈的户口所在地不就在那儿吗?

此前，韩梅从婷婷嘴里听说她妈名叫刘菊英，郗毅超带着刑警们去了商南好几趟，但东岗社区压根儿没有这么一个叫刘菊英的人，从公安网上也查不出符合条件的这么一个刘菊英来。

如果在秦岭里杀了人，那具尸体是怎么处理的呢?刑警有没有发现无名女尸呢?

刑警们到长安、户县和蓝田的刑侦大队都去了，主要查看2004年的报案情况、无名女尸记录，但是统统对不上。

网上辨认

如今，身材高挑的韩梅看上去更像个职业女性，可谁能想到呢，她原先曾经是个风尘女子。

韩梅家在陕南农村。一般做小姐的如果从农村出来，通常都是先在酒楼、饭店之类的地方打工，然后，经不住挣大钱的诱惑才跟着先入道的同乡去歌厅、洗浴场所坐台。韩梅的经历是反着的，先坐台，后来认识了老辛，就到老辛的酒楼当服务员。实际上，她是被老辛包养着。老辛比韩梅整整大了40岁，但刚认识的时候，老辛正如日中天，社会上尽是朋友，手头也不差钱。有了这样一张长期饭票，韩梅确实动了嫁给老辛的念头。

韩梅原本是个聪明人，原先上学时书读得还不错，只是因为家境贫寒早早出来混。那会儿，她住在小寨老辛家里，周围尽是高校。有了老辛提供的稳定生活条件，韩梅也就收了心，还到一所大学混了张大专文凭。没事儿的时候，她还爱到书店里看书，在那儿一泡就是一天。

老辛刚退下来时，以前的关系还在，他也还出去发挥一下余热；再往后，他就成了一个普通的退休老头儿。而韩梅却已经重新开始打工。因为有了文化，她不再到酒楼端盘子，而是在一些公司做文员之类，虽然挣钱不多，但毕竟也算个白领。这个时候，韩梅就想摆脱老辛的控制了，毕竟她还年轻，还想嫁人，想有自己的生活。

可老辛却没那么好摆脱，他跑到她单位堵过她好几次，弄得她脸都没处搁。她怎么能让同事知道她跟这个可以做她爷爷的老男人有染呢?

可是，老辛她又惹不起。一是他对她知根知底，要是把她当过小姐的事儿传出去，哪儿还有单位肯用她?哪儿还有男人敢娶她?更何况，韩梅确信，老辛杀了他的前任女友。能杀那个女人，惹急了老辛怎么不敢杀她呢?

韩梅跟胡艳妮、金功力都认识。最早，他们都在一家歌厅干，韩梅跟胡艳妮坐台，金功力当服务生。那会儿，老辛是歌厅的常客，金功力跟他混得烂熟，不像服务生，倒像老辛的马仔。后来，老辛把韩梅带出去过夜，跟她搭上时，金功力跟胡艳妮也好上了。坐台小姐找个服务生或者保安当相好，也不是什么稀罕事儿。再往后，老辛开了酒楼，平时上班没人照应，就喊金功力去给他帮忙。金功力这人其实不地道，当经理期间没少弄老辛的钱。那会儿，韩梅名义上是酒楼的服务员，实际上已经让老辛包起来了。跟着金功力，胡艳妮也在酒楼干。后来，跟金功力结婚后，胡艳妮又回到歌厅坐台。“不干这个能干啥?”胡艳妮是湖北人，老家在长江上的一个江心岛上。这些年，岛上的人口越来越少，前些年还有十几万人，现在就剩下四五万人了。胡艳妮身高有一米七，打扮得性感得不得了，一眼看上去就像只鸡。前几年，她偶尔还跟韩梅一起吃顿饭。有一回，金功力把胡艳妮打了，胡艳妮找韩梅诉苦，一气之下把金功力帮老辛杀人的事儿露给了韩梅。

老辛的酒楼也就开了三个来月就关了门。那一年之后，韩梅只在2003年二、三月间见过金功力一回，大冷天，他穿了件很脏的衬衣。他说，他是越狱出来的。他找韩梅，是让她跟老辛捎话，要借钱逃跑。

韩梅告诉老辛后，电话里，老辛让韩梅先把手上的两万块钱给他，老辛不想见他，怕他这一“不见不散”，金功力那边“没完没了”。

后来，听胡艳妮那么一说，韩梅就觉得，老辛确实跟金功力有事儿，要不凭什么给他两万块钱让他逃跑?

这边，警察在碰了好多次壁之后，也打算从寻找金功力开始找找线索。因为韩梅对金功力的情况并不清楚，只知道他是陕南人，连他究竟叫“金功力”还是叫“金功利”也不能确定，郗毅超他们就在网上将“金功力”“金功利”排了个队，排除太老和太小的，然后将他们的照片资料通过QQ让韩梅挨个辨认。

结果，韩梅一眼就认出了那个山阳人金功力。

元凶落网

金功力现年29岁，山阳县中村镇人，是山阳县一个有名气的混混。这人长得挺排场，穿得也人五人六，但就是不大干人事儿。他从事的职业一般是歌厅的经理之类，手机里存满了小姐的电话，但更多的时候，他就是一个无业游民，出没于大大小小的赌博场所。

前段时间，他刚刚以环保人士的身份，去敲诈山阳县的一家矾矿。没想到老板并不尿他，还跟公安局报了警。尽管敲诈未遂，山阳的警察也正十分“想念”他。他屁股上的屎，多着呢。

这个时候，新城分局已经成立了专案组，人员由分局刑侦大队和西一路派出所共同组成。

2010 年元月 15 日，见到西安的同行找来，山阳县公安局中村镇派出所的民警挺帮忙，给金功力村里的一个干部打了个电话，问到了金功力家里的电话号码。电话打过去，金功力他爸接的电话。

民警跟老头儿说，金功力的二代身份证号码是错的，得赶快让金功力本人到派出所来。

半小时后，金功力打来电话，说现在肯定来不了。他伯伯过世了，明天要上山埋人，后天他一准儿到派出所来。

金功力能打电话过来，说明他此刻就在家。马上赶过去抓他如何？不行。去他家路上要翻两座山，金功力家就在山顶上，有半小时山路，完全在他家的视线下。这小子要是像电视剧《潜伏》里的翠萍那样，往山下的路上一望，一下子来这么多生人，他能不跑吗？与其把他惊动了，不如再等两天。

给山阳的同行留了话，民警们就赶回了西安。如果说原先找辛运哲他可以矢口否认这件事儿，现在，有了金功力殿后，就不可能由他瞎说了。

16 日晚，民警们来到自强西路辛运哲家楼下守候。老辛散步回来，听见有人叫他，昏暗的灯光下虽然看不清人，他还是热情地伸出手：“你好！”

但是，老辛接住的不是手，而是警官证和传唤证。

这下，老辛死活不肯上车。但这事儿已经由不得他了。

老辛上了岁数，眼睛有些花。传唤证上，民警特意把“故意杀人”几个字写得比较醒目。

来到派出所，老辛的对抗维持到 17 日凌晨四五点。

“我这辈子经历坎坷啊！”随着一声长叹，老辛终于开口，把他杀人的事儿一股脑儿说了出来。

这桩秘密在老辛的心底里埋藏了七年多，时光的流逝并没有消磨掉记忆的痕迹，反而像入了愁肠的烧酒，反复在胃里发酵，让他这些年常常与噩梦相随。怕警察找他，也怕杀手敲诈他。老辛甚至早就盼着这一天到来，因为他终于可以搬走心头的石头，一吐为快了。

菊英回来的前一天，老辛和金功力带着各自的女人到他小寨的家里住了一宿。韩梅正好来了例假，就把卫生巾随手扔进了纸篓里。菊英是个性情刚烈、脾气暴躁的人，发现这东西，当然要跟老辛吵架。这架不是吵了一次，而是一吵一个多月，吵得老辛头都要炸了。

老辛把这事儿推到金功力的头上，说是金功力跟他借过房子，他带女友来过这儿。但菊英不认识金功力，不信他这套词儿。菊英没再回商南，而是守在西安，时时刻刻都会打电话给老辛，问他在哪儿，跟谁在一起，有时候还会马上跑过去验证一下。

这个时候，老辛已经在跟韩梅同居。两地分居后，老辛对菊英已经很淡。何况菊英比韩梅要大二十岁，老辛本来就想蹬了她。见她又这样不依不饶，老辛恶从胆边生，就动了杀掉菊英的念头。

2002 年 11 月 22 日下午四五点，老辛跟菊英打车去狄寨塬给他老娘烧纸上坟。

老辛是个孝子，这一点不光菊英没说的，连菊英她妈都被老辛感动过。老辛的老母亲过世前，便秘拉不出来屎，老辛就用手给母亲掏。有几个儿子能做到这样呢？虽说没领结婚证，但给老人烧纸菊英没有不去的道理。

狄寨塬上，一半归灞桥，一半归蓝田。老辛他家在蓝田那边。如今，狄寨塬上建起了好多大学，人来车往，越来越热闹，但七八年前，那里还到处都是农田，沟沟坎坎，十足荒野。在半塬上烧了纸，老辛背过身接了个电话，然后跟菊英说，红旗市场那院房闲置很久了，现在有个人想租房子当库房。他们一起过去领人家看看房。

菊英爱钱，知道老辛在那儿有个房子闲着，是个自己盖的二层楼。一听房子能租出去，菊英当然高兴。俩人一起直奔塬下半坡路与咸宁路西北角的红旗市场去。

来的是三个小伙子，听口音是山阳人，离菊英老家不算远。这个时候，天已经黑透了。他们跟菊英谈价钱、看房子的时候，老辛说，他去市场里找人借个印泥和纸笔，一会儿好签合同。听到老辛在楼下随手关闭院门的声音，三个小伙子就跟菊英动了手。菊英毫无防备，都没来得及喊一声就被人捂住了嘴巴，一直到窒息身亡。

这三个小伙子是老辛花五万元请来杀菊英的杀手，为首的就是金功力，金功力找来的两个帮手，是他的堂弟金功凯和表弟黄光学。他们在小寨老辛家门口跟踪过菊英好多次，但一直找不到机会下手。11月22日，老辛给金功力打来电话，说一会儿他要跟菊英去狄寨塬上给他妈烧纸，塬上比较荒僻，让金功力想办法在那儿下手。菊英哪里想得到，孝子老辛差点儿把她杀在他妈的坟前。老辛打车出门后，金功力三人便也坐了一辆出租车跟着上了塬。老辛烧纸的地方的确挺偏，但这儿四周没遮没拦，又是大白天，躲在远处的金功力害怕突然有人经过这里，最终没有下手。

这天，对于杀菊英，老辛是下了决心的。烧完纸，他就电话通知金功力，然后以租房子为名，带着菊英往那个红旗市场赶。

这是他早就想好的备用方案。

深山埋尸

2010年元月17日下午2点多，专案组民警来到山阳县公安局中村派出所。他们正和当地警方商量抓捕金功力的方案时，户籍内勤民警推开会议室的门："金功力来了，在户籍室呢。"

一辆白色的面包车停在院子里，金功力就是开这辆车来的。民警们一拥而上，在户籍室将他按住。

"哎，你们搞清楚，抓错人啦！我是金功力，力量的力。"听见有人叫他名字时发音不对，金功力挣扎着这样叫喊，完全没料到警察要抓的就是他。

金功力是和他哥及村上一个乡党一起来的。一问他们，巧了，办完丧事，金功凯也坐这辆车一起来镇上了。

中村镇是沿着一条马路东西向布局，派出所在东头，而金功凯去镇西头的医院看眼睛去了，等金功力在派出所办完事儿去接他。一听这话，民警们赶快赶往镇医院，可是上上下下都看了，却没见金功凯的影子。民警也问了眼科大夫，大夫拿出当天门诊病人的名单，上面并没有金功凯的名字。有人想出一招儿：既然金功凯是坐金功力的车来的，看到这辆车，他就会过来。何不把那辆面包车开到医院守株待兔?

分局刑警黄静立马回到派出所去开那辆白色的面包车。车子刚开到镇子中间，就有个人挡车。此人不是别人，正是金功凯。

黄静将车子一停，金功凯拉开车门就坐在了副驾驶位子上。

“我是小金西安的朋友，”一看这情况，黄静的脑子反应飞快，他并不掩饰西安口音，“小金在派出所办事儿还得一会儿，他让我先来接你。”

镇子不大，一脚油的工夫，没等金功凯脑子转过弯来，车就已经到了西头镇医院。

设伏的民警们一拥而上，给头脑一片空白的金功凯戴上了手铐。

听到风声，已经入赘到武功的黄光学跑掉了。但是，这起案子已经拿下来了。元月 18 日，刑警以及法医们在金功凯的指引下，冒着风雪严寒来到山顶，寻找埋尸地点。这么多年过去了，山体、地貌都已经发生了很大变化，荆棘丛生，发掘工作开展得十分艰难。

当天夜里，民警们就借宿在山民家。次日清早，村长带着十几个山民到山上增援。上午，那两个埋了七年多的旅行箱终于被挖了出来，里面的尸体已经完全白骨化了。至此，这起案子完全真相大白。

杀了人后，金功力第二天才处理尸体。那个时候，金功力也不过是个二十一二岁的小伙子，对怎么处理尸体也没主意，不断地打电话跟老辛商量。金功力在河南固县的一家金矿上干过，知道在那儿的农村小卖部能买到硫酸。为此，他专门租车跑了趟固县。第二天晚上，老辛给他们三个打开院门，他们仨跑到楼上，把买来的两瓶硫酸浇在了尸体上。二楼上立即腾起很大的烟雾，老辛站在一楼亲眼目睹了这一惨状。但是，第二天，他们开门一看，尸体并没有化掉，硫酸只是腐蚀了尸体表面。于是，他们分头采买东西，然后回到红旗市场，用钢锯和老辛又亲自去买来的菜刀将尸体肢解后，装入五个黑色大塑料袋，然后放进两个拉杆旅行箱。他们将菜刀、钢锯和一些骨头渣扔到了高新区赵家村口的一个垃圾场，然后雇了一辆面包车，将旅行箱拉到了山阳县。路上，司机觉得三个小伙子不像正经人，到了山阳县城说啥都不再走了。金功力只好在县里重新雇了一辆面包车，把东西拉到了山顶，找了个地方埋了。从杀人到埋尸，他们前后折腾了六天时间。

在金功力答应杀人时，老辛就给了他五千元，杀人后一个月之内，老辛将剩下的四万五千元酬金全部付给了金功力。从金功力这儿，金功凯得了五千元，金功力又从中扣除租车、吃饭、买东西等支出，金功凯拿到手的只有三千元；而黄光学也就拿了这么点儿钱。用杀人得来的钱，金功力回老家和胡艳妮办了婚事。杀人的事儿还在酝酿准备阶段，胡艳妮就已经知道了这事儿。后来，胡艳妮跟警察说，她曾经试图劝阻过金功力，但没有劝住。

2003 年春节过后，金功力把钱花完了，就又想起了老辛，想再从他那儿敲诈点儿。于是，他自称越狱，从韩梅这儿拿走了两万。

此后，金功力又曾给老辛打电话，说家属院传达室有他一封信。老辛赶紧跑去取了信，打开信一看，顿感头比身子还大。到那个时候，金功力居然还以为老辛是姓“谢”。他在信上写着：“老谢的妻子每年过生日都回家，现在已经很久没回来了，这究竟是怎么回事儿？如果谁见了她请转告我们，有酬谢!”金功力跟老辛说，同样内容的信，他抄了一份贴在了他单位大门外。老辛吓得不轻，赶紧往单位跑，一看，原来是虚惊一场，是金功力在吓唬他。什么意思？当然是拿他当了银行，向他要钱呗。

老辛这会儿惹不起金功力，只好一次次地满足他。此后一年之内，金功力分几次从老辛这儿又敲走了两万五千元。当然，这些钱他并没有让他的堂弟、表弟知道。一个肯让老婆坐台的男人，除了认钱，什么都不认。

尾 声

辛运哲被抓到派出所后，他 70 多岁的姐姐以及他与前妻的女儿都来到派出所，和民警大吵大闹了一场。他们完全不能相信老辛会杀人。

老辛当处长时也是个有办法的人，但他与前妻的两个女儿一点儿他的光都没沾上。老辛的前妻是个典型的贤妻良母，也是因为老辛有外遇，才跟他分的手。他俩离婚时，大女儿 13 岁，二女儿 11 岁。老大判给了老辛，实际上也一直跟着母亲生活。老辛每月只给 50 元生活费。一段时间，她们娘儿们过得很苦。因为父母这场婚变，两个女儿的学习受到很大影响，没有受到良好的教育，至今也没有找到一个稳定的工作。

当西安的警察找到门上，菊英她妈都不肯相信女儿已经不在人世。老太太态度生硬地告诉民警，菊英出去打工去了。老辛不愧是当过领导的人，协调能力超强。一个大活人从人间蒸发，家属、社会方方面面怎么解释？老辛不仅瞒了这么多年，没人找过他什么麻烦，还找关系注销了菊英的户口，这就是西安警察从网上无论如何都查不出菊英这个人的原因。菊英娘们儿住的那套房子，也让老辛给卖掉了。他只给了菊英妈三千元，而菊英妈一直认为他是个好人呢。

17 岁的婷婷即将成为孤儿。案发后，她被姥姥接了去，但年后又被送回了西安。婷婷还得继续上学，究竟是跟着姑姑还是跟着姥姥，成了个矛盾。不管怎么说，这个姑娘的人生将彻底发生转变。

把姐姐介绍给了这样一个中山狼，兰英把肠子都悔青了。案子破了后，她常常以泪洗面。

别说她把老辛看走了眼，退回到 1991 年，老辛能想到自己会沦落为杀人凶手吗？如果当初他没当那个官，他的人生又会是怎么一副模样呢？

家暴之丧

陕西蒋卫锁乳品有限公司法人代表、总经理蒋卫锁被人打伤，在医院一直昏迷不醒。此事发生在2012年11月12日。

因为他有“中国乳业打假第一人”之称，“打伤蒋卫锁的幕后黑手可能是乳业老板”之类的新闻在网上被热炒。一时间，“蒋卫锁”吸引了无数人的关注。随着蒋卫锁的死亡，各种说法更是传得沸沸扬扬。

11月23日，公安雁塔分局召开案情通报会，向媒体澄清，蒋卫锁之死与乳业打假无关，而是死于家庭暴力，他的妻子、犯罪嫌疑人杨萍已经被刑事拘留。

蒋卫锁究竟是一个什么样的人？一个企业家为什么会命丧家暴？他与妻子之间究竟发生了怎样的矛盾？

乳业打假第一人

蒋卫锁生于1968年4月11日，陕西省杨凌区大寨乡蒋家寨村人。20世纪90年代，蒋卫锁在杨凌卖过麻花、开过饭店。

2000年，蒋卫锁创办了杨凌宝丰农业科技开发有限公司，是陕西首个“托牛所”的创始人。他开办了杨凌农业示范区第一家机械化挤奶站，还创办了良种改良和疾控防治中心。2002年年底，蒋卫锁开始向西安一家全国知名乳制品企业的分公司供应鲜奶，三年后，他发展为该企业在陕西最大的奶源供应商之一。2004年，蒋卫锁在杨凌大寨乡官村的私人奶站已经达到日收奶量三十多吨的规模，年产值两千多万元，挣了几百万元。也是在这段时间，他荣获“陕西省十大杰出青年农民”“陕西省农村优秀人才”“陕西省共产党员致富带头人”“杨凌示范区十大杰出青年”“第九届全国杰出青年农民提名奖”等称号，一时间成为杨凌风光无限的“三农”人物。

但是，到了2005年5月，蒋卫锁第一次发现自己的牛奶卖不出去了。那家企业的西安分公司一夜之间变了脸，由过去扶持奶站发展，转而提出“限量撤点”策略，蒋卫锁被要求日交奶量由三十多吨限量到十一吨。企业要大批限量，而奶农要每天交奶，蒋卫锁陷入两难境地。

这样的情况延续了三个月，蒋卫锁个人损失四十多万元，他的奶站也从此陷入困境，再也不曾翻身。

让蒋卫锁吃惊的是，在公司“限量撤点”的时候，他的身边悄然出现一批制造掺假牛奶的同行。这些掺假牛奶不仅走俏市场，而且公司给出的收购价还比他不掺假的高。

有一个奶站，名叫“三陵奶站总站”，常常不等奶农离开，奶站老板就开始指挥工人将自来水，一袋袋标识为蛋白粉、脂肪粉、维生素C、抗生素、双氧水、硝酸盐等的物质放入洗衣机内搅拌，然后再将这些搅拌物装入已经盛有鲜奶的奶罐里。几个小时后，那家企业西安分公司的收奶车就会开到三陵奶站，将奶罐拉走。奇怪的是，企业给三陵奶站开出的收奶价，一吨反倒比蒋卫锁的高一百元。

2005年10月开始，蒋卫锁先后八次带着证明“原料奶掺假”的证据来到该公司的集团总部，在数位高管面前指证其产品质量存在重大问题，并期望集团制止西安分公司在陕西几近疯狂的造假行为，但他的指证如石沉大海，没有任何反响。他也曾到省质监局稽查局举报过三陵奶站，但稽查人员从西安赶到杨凌，却从三陵奶站一无所获。

原来，奶站每制造一公斤假奶成本是四毛，卖给公司的价格是每公斤一块八或一块九。造假掺假具有诱人的利润空间。挣了钱，奶站和公司员工分成，使得奶站掺假比不掺假更赚钱。

蒋卫锁悲哀地发现，牛奶掺假居然已经成为行业的潜规则。别说他，那些拒收掺假奶、不愿同流合污的员工，都会被企业通过各种手段清洗掉。

在陕西的乳品企业有银桥、光明、东方、蒙牛、伊利五家，他们当时大多都没有自己的奶源基地，只能争夺当地的奶源以满足生产需要，急需奶源是大家的共同难处。

一天，蒋卫锁在宝鸡一家全国知名乳品企业的生产基地门口，遇到两个外地的货车司机。聊天中，两个司机告诉蒋卫锁，当天他们俩给这家厂子拉来了十五吨奶粉，其中一个是从呼和浩特拉来的，另一个是从当地的雪儿奶粉厂拉来的。

乳品企业买奶粉做什么呢？答案只能有一个：生产还原奶。

尽管国家出台文件专门规定，还原奶必须进行明确的标注，但几乎没有一家乳品企业遵章办事。也就是说，大量的还原奶到了市场上，成了“纯牛奶”。

吃了假奶大亏的蒋卫锁于是痛下决心，实地调查中国西部乳业发展的真实状况。

2006年，一支久经筹划的由农民企业家、农业专家、新闻记者组成的“中国西部乳业万里行”新闻采访团就此诞生，蒋卫锁出任团长。

2009 年，蒋卫锁在接受《中国质量万里行》记者采访时，曾以“抱着棺材走路”形容自己当年的西部乳业万里行。用他自己的话说，有人买他的人头。因为他站到了“另一个利益群体的对立面上”，打破了潜规则，很多人都不理解他。活动过程中，有的企业婉言回绝，说负责人不在，搪塞了事；有的则直接闭门谢客；有的虽表面热情，却唯恐记者拉赞助或搞新闻曝光；政府官员也热情、冷漠不一，有的甚至直言不讳地问：你们到底想干啥？

为了这次“西部乳业万里行”，蒋卫锁卖掉了他经营多年的“水碧园”酒家，这十五万元就是这次万里行的启动资金。

但是后来，他遇到的最大问题，仍然是资金问题。虽然缺口仅仅为五千元，但当时他这一行十余人远在三千多公里之外的新疆，实在是一筹莫展。大家不得不一起掏口袋，把剩下的钱凑在一起用。他们住最便宜的招待所，吃最便宜的饭菜。途经新疆哈密时，依维柯车的两个前轮毂烧得通红，差点儿发生车毁人亡的事故。

“打假比造假成本高得多”，是蒋卫锁最深切的体会。

“西部乳业万里行”活动之后，蒋卫锁相继接受过《南方周末》、中央电视台等媒体的采访，揭露乳业造假现象，被媒体和业界称为“中国乳业打假第一人”。“三聚氰胺”事件发生之后，2009 年 3 月 15 日，蒋卫锁被评为“首届网络 3·15 十大维权新闻人物”。

蒋卫锁的第三次婚姻

认识杨萍之前，蒋卫锁有过两次失败的婚姻，第二任妻子给他生过一儿一女。2007 年 1 月，蒋卫锁与第二任妻子离婚。这个时候，蒋卫锁走到了他的人生最低谷。

2010 年 3 月，网名“万里行”的蒋卫锁通过“世纪佳缘”网站，认识了网名为“爱我所爱”的杨萍。

杨萍1975年10月生于陕西省富平县，她的生父姓王，她因为从小抱养给了渭南她姨家，所以姓杨。在养父母家，她是老大，下面还有一个弟弟和一个妹妹。杨萍从小是个爱学习的孩子，但是因为患有类风湿关节炎、桥本氏甲状腺炎等疾病，最终没能参加高考。后来，她通过参加成人自考，上了西安交通大学医学院，并且通过了专升本，于2006年拿到了本科文凭。2010年，她考取了职业医师资格证；2012年，她还拿到了国家高级营养师的资格证书。

杨萍第一次结婚，是在2002年。她的前夫是西安的一位小学教师，学体育出身。他们俩原来是中学同学，用杨萍的话说，前夫追了她八年之久，对她非常好。但是，她对前夫却没感觉，既不喜欢，也不反感。两个人生活习惯也有很多不同之处，婚后，杨萍对这些格外在意起来。比如，前夫是个粗枝大叶的人，脸都不洗就可以出门，这让有洁癖的杨萍不能接受。总之，结婚之后，她过得并不开心。2004年，他们二人协议离婚。

可分手之后，杨萍开始怀念前夫对她的种种好，特别是比较了一些别人介绍给她的男朋友，她更是觉得前夫是个好人。可是，等她想和前夫复婚的时候，已经晚了。离婚半年后，前夫已经找到了新女友，不久，人家结婚了。

那些年，杨萍一直在为生计和个人前途苦苦打拼。她摆地摊儿卖过服装，做过幼儿教师，还在安徽亳州的铁路专线货场当过仓库管理员。学医之后，她也在一些医院打过工。

2010年3月，她与蒋卫锁第一次见面，是在阳阳国际酒店31层的餐厅里。

当时，乍暖还寒，蒋卫锁穿着一件黑色的棉袄，带着一个电脑包。

“我随时可能都要出差，所以东西都要带在身边。”蒋卫锁看上去十分忙碌，他这样跟杨萍解释。

杨萍是一个多月前在“世纪佳缘”网站注册的。在见到蒋卫锁之前，她还见过两个男网友。这两个网友几乎如出一辙，见过一两次面就要求和她到酒店开房。杨萍这方面比较保守，不能接受这样的男人。而蒋卫锁给她的印象是：稳重、大气。于是，他们开始了交往。

一个月之后，有一次，他们一起在南大明宫外的肯德基吃饭、聊天，出来时已经很晚了。蒋卫锁一把揽过杨萍的腰，俩人依偎着走过马路，进入对面的一家酒店。他们的同居生活由此开始。

认识蒋卫锁的时候，杨萍正在备考注册医师资格证书。

拿到注册医师资格是一件不容易的事情，为了能顺利通过考试，杨萍和她的好朋友小芬（化名）都把工作辞了，全身心投入复习备考。小芬没多少积蓄，家里条件又不好，时常会去捡拾空饮料瓶子卖钱，连她男朋友对此都熟视无睹。

可是，有一次，当蒋卫锁看到小芬在捡瓶子，一下子愣在了那儿，当场掏了一百元钱，不由分说塞给小芬："你与其捡瓶子，还不如给我卖羊奶粉呢。"

那时候，蒋卫锁生活非常拮据，口袋里并没有多少钱。这件事让杨萍认为蒋卫锁是个心地善良的人。

这里要说一下当时杨萍与蒋卫锁俩人的经济状况。

2007 年，当房价还只有四千多元一平方米的时候，杨萍在西安交大第一附属医院对面的阳阳国际买了一套建筑面积五十多平方米的小户型房子。认识蒋卫锁的时候，房子的按揭已经还完。另外，她还买了一辆安驰小汽车代步，也算是个有房有车的人了。

在"世纪佳缘"上，杨萍是按自己真实的状况进行注册的。找男人，她当然希望对方也有房有车。她说，蒋卫锁的注册资料上，就是有房有车。

为此，她后来耿耿于怀，认为蒋卫锁一开始就骗了她。

第二次见面时，她问蒋卫锁他的车放在哪儿，蒋卫锁支支吾吾地说，车让朋友借走了。其实，他不仅没车，连驾照都不曾考过。

后来，他们从同居到结婚，住的都是杨萍名下阳阳国际的那套只有一室一厨一卫的小房子，蒋卫锁被暴打致死，也发生在这套房子里。

蒋卫锁在西安不仅没车没房，后来杨萍还发现，蒋卫锁还有一屁股债，在杨凌家乡欠着四五十户奶农的一百多万元奶钱。蒋卫锁遇害后，电视台记者采访奶农时，奶农们对这些债务能不能还清都深表忧虑。

不仅如此，杨萍还发现蒋卫锁有严重的糖尿病，他的皮肤会因为过于干燥而起皮。蒋卫锁脾气暴躁，两个人在一些事情上看法不一致而发生争执时，他常指着她的鼻子令她“闭嘴”，如果她再说，他就会举起手作抽打她的样子。

认识不到一年后，有一次杨萍正开车，两人发生争吵后，蒋卫锁在等红绿灯时就动手打了她。在结婚之前，他们曾经好几次差点儿分手。那杨萍为什么还会嫁给蒋卫锁呢？用她自己的话说，她看上的是蒋卫锁的事业。

2010 年，他们俩人认识的时候，蒋卫锁已经开始做以他名字命名的羊奶粉。那个时候，羊奶粉刚刚起步，只有儿童公园、糖坊街等几处销售点在惨淡经营。为此，蒋卫锁承受着很大的压力。他是一个对事业非常执着的人。一般来说，晚上 10 点多，他就上床睡觉了，但一觉睡到天亮的时候非常少。半夜两三点，他就睡不着了，一个人坐在床上想事儿，或者站在窗前发呆。想到什么，他会立即开灯做笔记，写一写，又停下来，来来回回在房间里踱步。蒋卫锁的身体长期处于透支状态，他的二型糖尿病就是累出来的。

认识蒋卫锁、接触到他的羊奶粉生意之后，杨萍认为，自己所学的专业有了用武之地。羊奶粉面对的用户主要是婴幼儿，蒋卫锁需要一个懂医的人答复客户的一些咨询，杨萍填补了他这方面的空白。

后来，学了营养师之后，她做了蒋卫锁乳品有限公司的营养顾问，还兼着秘书、助理、司机、装卸工等多种角色，她的安驰小车从副驾驶到后座位上常常都塞满了要发的货，有一次货堆得她连倒视镜都看不着，只能壮着胆子盲开上路。

杨萍对蒋卫锁的事业也算肝胆相照，蒋卫锁资金短缺时，她甚至把自己那套房子的房产证拿给他，让他去抵押贷款。这套房子还曾是他们创办公司之初的办公地点。后来，公司发展之后，先搬到了西门，又搬到了现在办公的紫竹大厦。

杨萍是个工作态度很严谨的人。有一段时间公司改包装，上面的说明开始时是“容易造成小孩子窒息”。杨萍看到后，觉得容易让家长产生恐惧，就商量改为“容易造成小孩子呛奶”。

杨萍的到来还给蒋卫锁打开了网络销售这扇窗户。

2010 年 9 月，蒋卫锁公司有了羊奶粉网和淘宝网店，这让他的业务发展上了一个台阶。日后，他的加盟商能发展到二百多个，和有网上业务密不可分。

面对媒体采访时，蒋卫锁曾对自己这样定位：首先是个农民，其次是个商人，第三才是个打假者。

蒋卫锁的生意从起步开始，就是他和弟弟蒋卫国、妹妹蒋卫利一起在做。说白了，这就是个家族企业。认识杨萍的时候，他的公司还没有正式注册，实际上只能算个卖羊奶粉的营业部。即使到案发时，蒋卫锁的公司也没有正规的账目，客户的订货款、加盟费都是打在他个人银行卡上的。

但是，随着公司的发展，蒋卫锁有摆脱家族经营模式的想法。在公司里，蒋卫利已经从员工名单里消失，而蒋卫国也只是采购部的负责人，虽然这个花钱的部门是蒋卫锁亲自掌管着。在公司里，杨萍只是个营养顾问，手下没有一个员工。这样的公司架构就与杨萍以功臣自居、不由自主老想以老板娘面目出现的行为方式发生了冲突。

杨萍与蒋卫锁是 2012 年春节在渭南摆的婚宴，真正领证结婚，则在 2012 年的 6 月 22 日。杨萍生性多疑，再加上当时还没跟蒋卫锁领证，对蒋卫锁公司的女性就非常敏感。有一次，她甚至打了公司一位女副总一记耳光，导致这位副总辞职不干了。她在公司并非管理层领导，却喜欢对员工指点江山，也让员工对她无所适从。

其实，蒋卫锁与杨萍的这次婚姻，一开始就遭到蒋卫锁家庭成员们的强烈反对。蒋卫锁的弟弟、妹妹平时跟杨萍几乎不交流，特别是蒋卫国，一见杨萍出现在公司，就会生硬地轰她走。

而蒋卫锁也干脆没在公司给杨萍留办公桌，让她就在家里办公。她和同事的交流基本上是在 QQ 上进行。蒋卫锁每个月给她发 3000 元工资，也有说法，这笔钱是蒋卫锁每个月给她的生活费。

公司的矛盾延伸到家里，常常演变成家庭暴力。蒋卫锁喝了酒后，爱跟杨萍动拳头，为此，杨萍曾报过两次警。

7 月 12 日，蒋卫锁把杨萍头部打烂，到医院缝了好几针。小寨路派出所民警接杨萍报警后出过警，对此事有详细的记录。

有时候，两口子发生冲突后，蒋卫锁事后也后悔。杨萍的手机上还保留着一条蒋卫锁 10 月 23 日发给她的短信，上面只有三个字："我错了。"

家暴升级酿成命案

10 月 30 日，蒋卫锁乳品有限公司的加盟商订货会在富平召开期间，杨萍把一个熟悉的加盟商单独带到蒋卫锁在富平开的水盆羊肉饭馆去吃饭。

负责会务安排的蒋卫国知道后，追到饭馆里来，把那位加盟商又带回统一食宿的酒店用餐，这让杨萍很没面子。杨萍追到酒店蒋卫国的房间跟他理论，蒋卫国就一个字："滚!"

杨萍没有滚，而是叫来了她的两个亲弟弟，出手打了蒋卫国。赶巧蒋卫国的老婆、儿子也都在房间，见有人打蒋卫国，他们上前阻拦，也被杨萍的俩兄弟一人给了两耳光。

事后，杨萍感到后怕，怕蒋卫国告诉蒋卫锁后，蒋卫锁饶不了她。但是，蒋卫国并没有告诉蒋卫锁，而是在电话里告诉了蒋卫利。还在杨凌的蒋卫利非常生气，拨通了杨萍的电话，俩人吵了起来。

杨萍边哭边骂，嗓子都喊哑了，于是，她挂了手机，发短信与蒋卫利继续对骂。

31 日，订货会散了，杨萍没敢回西安，而是开车去了阎良。杨萍的亲大姐嫁到了阎良，是个已经有了孙子的老太太。见杨萍一夜都处于亢奋状态中，大姐除了一再劝她，也没什么办法。第二天，快到中午时，杨萍离开了大姐家，但她没回西安，而是去找她养母家的妹妹杨彩英。

刚上车，杨萍就给杨彩英打了电话，让杨彩英给她找俩人，把她送回去。

“我到哪儿给你找人呀?”虽然妹妹并没答应她，但杨萍还是开车直奔杨彩英在阎良的出租屋。

杨彩英在阎良的一家超市上班，她的丈夫林凡是个司机，有时候开出租，有时候开货车，都是给别人打工。杨萍到的时候，赶巧林凡也在家。

杨萍低头拨开头发，让他们看她头上的伤，声泪俱下地控诉了蒋卫锁的暴行，请求妹夫找两个人送她回去，吓唬蒋卫锁一下，不要让他再打她了。

杨萍是家中的老大，平时对家人不错，跟杨彩英的感情也挺好。姐姐话说到这份儿上，他俩怎么好意思无动于衷呢?

于是，林凡当场给两个同学打了电话，没说去打人，只是说让人家跟他一起到西安逛一圈儿。

林凡的两个同学，一个叫李尧华，一个叫王渭，其中王渭还跟林凡是一个村的。王渭说，他正在阎良医院看一个病人，那地方有点儿远，林凡就开着杨萍的车去医院接他。

赶巧，在医院，林凡、王渭又碰见俩同学，一个叫谷六伟，一个叫林晨光。于是，林凡也让他们上车一起去西安。一帮人汇聚到林凡的住处时，却不见了杨萍。

原来，她叫一个朋友开着车，又去富平叫上了她的侄女王静静。而她让王静静跟她去西安的理由更荒唐，居然说是去帮她搬家。

杨萍回到林凡这儿，见林凡这儿兵强马壮，十分激动，少不了又一次声泪俱下地对蒋卫锁进行控诉，但她并没有告诉人家，她已经叫人修理了蒋卫锁的弟弟。

一个大老爷们儿，怎么能动不动就打女人，还打得这么狠? 杨萍的“临战动员”收到了良好的效果，林凡和他请来的小伙子们都表示，应该让蒋卫锁的家暴行为立即收敛。

这个时候，交通工具成了问题，杨萍那辆小安驰哪里坐得下这么多人呀！

杨萍掏了二百元钱，让杨彩英从二楼扔给林凡，让他租了一辆雪佛兰克鲁兹。这辆车由谷六伟开上，拉着李尧华、林晨光和王渭一起走；林凡开小安驰拉着杨萍、杨彩英和王静静三个女将，一前一后上了路。

刚上高速，林凡的手机响了，是他的同学丁金西打来的。丁金西当过伞兵，前段时间一直在新疆打工，最近刚回到西安，跟着他叔叔给人家安装消防器材。丁金西跟林凡关系好，因为林凡有车开，他回阎良时，常让林凡在高速公路阎良出口处把他接一下，送回村子里。这天他打电话，又是这事儿。

林凡告诉他，自己正在去西安的路上，让他干脆就在西安等着，他办完事儿拉他一起回。在哪儿见面呢？林凡跟他约在了西安肿瘤医院，就是杨萍家的斜对面。

于是，两辆车在肿瘤医院会合时，这批人里就又多了个丁金西。在肿瘤医院旁的一个通道里，他们在地摊儿上随便吃了一些东西。

杨萍又做了一次“临战动员”：“如果他回来好好的，就算了；如果他再敢打我，你们一定帮我把他好好地教训一顿。”

因为人太多，怕引起保安的注意，杨萍让这些人分成几拨儿进入阳阳国际小区。这个时候，蒋卫锁还没有回家。

杨萍掏了一千元钱，让杨彩英在隔壁的阳阳国际酒店开了一间房，让来人都先待在那里。

这天晚上，蒋卫锁左等不回来，右等也不回来，打电话也不接。这边，林凡这帮同学着急了，要回阎良。

这个时候，已经是晚上 10 点。杨萍没办法，只好把他们往外送。

走到小区门口时，蒋卫锁的电话来了。他说，他马上就到家。

于是，杨萍让这些人赶快再回到酒店房间里，等她的电话。

蒋卫锁是被公司三个同事坐出租车送回来的。订货会虽然结束了，但加盟商并没有全走完。晚上，蒋卫锁又在西安宴请了一些人，喝了白酒。这之后，因为一位公司同事过生日，蒋卫锁又赶到一家 KTV 去唱歌。在 KTV，他又喝了些啤酒。虽然酒喝了不少，但蒋卫锁的神志还是清醒的。三个同事都没来过他家，所以，路还是他指引，也是他自己走着回来的。

开了房门，一看蒋卫锁满嘴酒气，杨萍责怪那三个同事："他有糖尿病，不能喝酒，你们难道不知道?"

平时，蒋卫锁有应酬时，如果杨萍在场，他的确很少动酒。杨萍不让他喝。

酒店房间的电话不久就响了起来："他回来了，又打我呢。"

林凡等人马上出门。因为谷六伟要开车，天也晚了，他们临时决定让他留在酒店房间里养精蓄锐，反正人也够了。于是，谷六伟因此躲过一劫，他是本案涉案人员中后来唯一被取保候审的男性。

林凡等人冲进房间时，蒋卫锁已经脱掉了外套，穿着秋衣、秋裤横躺在大床上。按说这个样子，不像是刚刚打过杨萍的样子。

但是，门一开，林凡等人一进来，杨萍就是一声："给我打!"

林凡先跪上床，抽了蒋卫锁两耳光。之前，在酒店房间安顿好请来的这拨人后，杨萍曾向他们交代过："我老公有病，你们打他时不要打头。"可这会儿动起手来，大家早把这话当成了耳旁风。

进去的小伙子人人动了手，但这些人里，属林凡和那个半路上杀出的程咬金丁金西打得最起劲儿。林凡用电话机砸蒋卫锁，把话机都砸裂了。丁金西抄起椅子砸蒋卫锁，把椅子都砸变形了。

这些人站到床上踢打蒋卫锁的时候，杨萍抄起一根棍子，在蒋卫锁的屁股上狠劲儿地打，一边打还一边哭着数落蒋卫锁。

蒋卫锁则一边惨叫连连一边跟杨萍求饶："我爱你，我跟你好好过!"

接下来，蒋卫锁被要求跪在床边。

杨萍提出，要蒋卫锁变更公司的法人代表，由蒋卫锁变成她；同时，她要求蒋卫锁把他弟弟蒋卫国开除出公司。

空口无凭，立字为据。蒋卫锁当场给她写了个东西。

杨萍的要求还没完，这时，她提出让蒋卫锁交出银行卡，并且说出密码来。这边，蒋卫锁说一个密码，杨萍就在电脑网银上试一个，一连试了三个密码，统统不对。

事后，警察办案时才整明白，杨萍之所以要蒋卫锁的银行卡密码，是因为开订货会时，加盟商都给蒋卫锁的银行卡上打了些资金，这钱加起来有二百多万元。

对蒋卫锁下手最狠的是丁金西。杨萍一说密码不对，他就用扫铺的小扫把抽一次蒋卫锁的嘴巴。

他还用香水瓶砸蒋卫锁的手："是哪个手打的人?"

他这儿一问，杨萍就亢奋地接话："两个手都打过!"

于是，丁金西就用香水瓶砸蒋卫锁的双手手指，每砸一下，蒋卫锁就惨叫一声。

杨萍问蒋卫锁要银行卡密码的时候，有人开始觉得不对劲儿了。

林凡的同学李尧华曾经因为抢劫罪被判刑七年，有过牢狱经历，他对法律的理解就比别人深："咱们是来帮人出气的，跟钱没关系，现在逼着人家要密码，这成了什么事儿？性质变了呀。"

李尧华跟王渭、林晨光小声一嘀咕，那俩人也觉得是这么回事儿。

于是，他们仨立马起身跟林凡告辞，并且告诉了林凡理由。

林凡不能再留下他们，就干脆让一直袖手旁观的杨彩英也跟着他们的车走了。

林凡之所以觉得自己不能马上离开，是想把局面再稳定一下，因为杨萍十分害怕他们一走，蒋卫锁再动手报复她。

怎么办呢？杨萍决定把蒋卫锁绑起来，工具就用衣柜里的领带。绑完双脚又绑双手，没脑子的丁金西还跟她说："这样绑不行，他一挣就开。你应当从身后绑他的手。"

由于林凡、丁金西在跟前，蒋卫锁不敢反抗。

杨萍把他的手一前一后绕过脖子绑了起来。因为这样绑有难度，杨萍喊和杨彩英一样也一直袖手旁观的侄女王静静过来帮她。

王静静不肯出手帮她，气得杨萍狠狠抽了王静静一耳光，打得王静静嘴角血都出来了。

在林凡、丁金西也出门走了、王静静在卫生间洗嘴角上的血的时候，房间里只剩下了杨萍与蒋卫锁。杨萍的恐惧、仇恨与疯狂已经达到了极点。

后来，她跟警察说，蒋卫锁这时候恶狠狠地瞪着她，并且扬言要杀了她。

她抓起茶几上的水果刀向他扔了过去。发现他的左胸开始流血，她这下慌了，喊出王静静来，又赶紧给蒋卫锁做人工呼吸。

不知为什么，她和王静静的手机拨打“120”都拨不通，她只好叫开邻居的门，向一帮从来没说过话的群租女孩儿求助。

最后，那帮女孩儿打通了“120”，蒋卫锁被送进医院，但再也没有醒过来。

法医查看蒋卫锁左胸的伤口后认为，造成这样的创伤，水果刀更大可能性是捅进去的，而不是像“小李飞刀”一样扎进去的。

11 月 2 日中午 12 点半，蒋卫锁公司副总杭燕接到杨萍的电话，说她失手用水果刀捅伤了蒋卫锁。杭燕来到她家时，她家里除了王静静之外，还有公司另一位负责人。

杨萍说，蒋卫锁在住院，需要用钱，而她手头不够。杭燕和那位负责人用信用卡一人刷了一万元，垫付了蒋卫锁的医药费。被送到医院后，蒋卫锁大多数时间昏迷。有一次他短暂醒来，杨萍曾向他询问银行卡的密码，但没有得到蒋卫锁的答复。

杨萍事后向杭燕解释说，她不是想向蒋卫锁要钱，而是想将钱取出来，用做蒋卫锁的医疗费。

当天下午在医院的时候，杨萍认为蒋卫锁不会去世。她焦急地问杭燕，蒋卫锁好了之后，会不会和她离婚。杭燕安慰她说，不会。

杨萍喃喃自语，如果蒋卫锁成了植物人，她会一辈子照顾他。

但是，这样的机会杨萍没有了。下午 4 点 40 分，公安雁塔分局小寨路派出所接到蒋卫国的电话报警。接下来，分局刑侦大队介入调查，当天就将杨萍抓获归案。

“摇一摇”之祸

“摇一摇”

霍姐跟小孙第二次见面，选在一家小火锅店。

去之前，霍姐精心地补了妆，希望让自己显得年轻些。其实，霍姐皮肤白，五官也周正，没结婚那会儿，追她的人可不少呢。

霍姐原本是陕西省西安市阎良区人，十几年前，离婚后，霍姐开始在临潼打拼。她一边拉扯孩子，一边开了一家蒸饺店。这些年来，左邻右舍的饭馆走马灯似的换着门头，甚至改成了服装店，但霍姐却挺了下来，尽管她的蒸饺店门脸一如既往还是那么小。手上有了些资金后，霍姐开始投资防水工程，和一个合伙人一起揽下了一个工程。这单生意她已经投入了二三百万元。至于蒸饺店，她干脆交给了一位亲戚打理。

时间过得飞快，从前牵着她手、仰着脸跟她说话的儿子，转眼间已经 22 岁，从部队当兵都复员回来了。可是霍姐却仍然单身着。

前些年，通过手机微信“摇一摇”，霍姐认识了一个小她近十岁的男人。

俩人一见钟情，很快就领了结婚证。因为男人小太多，“摇一摇”的认识方式似乎又过于草率，霍姐跟别人不说新老公是手机“摇”出来的，而是她公司的一名员工。可惜，这段婚姻变成了闪电婚姻，俩人转眼间又领了离婚证。俩人之间究竟发生了什么矛盾，谁也说不清楚。

不管怎么说，霍姐还是很受伤。不过，对于“摇一摇”的交友方式，霍姐却并没有因此而选择排斥。

小孙和她就是通过“摇一摇”认识的。摇微信的是小孙，他主动要加霍姐。

微友见面，一般都要先发张图验明正身。小孙发的是他当下用手机拍的照片，属于“原生态”；而霍姐发给小孙的，则是一张美图秀秀做过的图。毕竟已经 47 岁了，对自己的容貌，霍姐的内心早已经没了当年的满满自信。

下一个程序，当然就是要见“活的”了。

可是，第一次见面，霍姐就发现，小孙的目光像一个走字儿的电子屏幕，一闪而过的，是“失望”二字。如果模样还可以通过化妆术作些补救，但如果一个中年女人被“游泳圈”绑定，就几乎像球场上的压哨球，是无可挽回的。

本来说要一起吃个饭，但小孙盯着她愣了两秒钟，就说有点儿急事：“实在不好意思，临时接了个电话，不能一起吃饭了。回头我联系你。”

小孙看上去 30 上下，中等个儿，听口音，也是临潼本地人。霍姐觉得挺扫兴，本来以为跟这人的缘分到此为止，却没想到小孙在微信里又真的跟她接着聊。

说实话，小孙是个什么人，霍姐其实并不太关心。她只是喜欢他的年轻，小伙子长着一对儿剑眉，显得阳刚、英武。如果说关心他的过往，她也只是在意他有没有结婚。

这种游戏，她不想伤着什么人。用电影《手机》里费老的台词说，那叫“麻烦，太麻烦！”

作为一个身体健康的女人，她的生活中需要异性。有过第二次婚姻的失败后，她觉得，自己的日子也就只能这样饥一顿、饱一顿地过下去。当然，这只是属于她自己的小秘密，即使是跟自己的儿子，她也只字不能说。

不管怎么说，霍姐都是个热爱生活的女人。像孔雀开屏一样，她总是想把自己最靓丽的一面展示给别人看。她剪了动感的短发，一直做着美容，身上穿的衣裳都是精挑细选的，从戒指、耳环，到项链、手链，各种零件她出门时一个都不能少。

她觉得，自己已经苦尽甘来，有理由享受一点儿生活。通过手机认识个把“小鲜肉”，对她来说，就是个充满神秘感的乐子。

2015 年 11 月 12 日下午，小孙给霍姐打电话，约她晚上 6 点出来吃饭。

霍姐在家披挂整齐，告诉儿子自己有个饭局，让他晚饭自己解决，之后，开着她的本田风范，准时赶到了小孙说的那家小火锅店。

选择吃火锅，是因为这天下了小雨，天气有些阴冷。小孙看来是个忙人，吃饭的过程中，霍姐发现小孙一会儿就得接一个电话，感觉打电话的人是同一个人，好像有什么急事要找他。

“不管他，咱吃咱的。”这回和第一次见面不一样，小孙看上去并不着急。吃过饭，当然是发出邀请的小孙很绅士地买了单。

小孙拿起手机，给那人回了个电话：“我吃完饭了，那你过来吧。”接下来，小孙又跟霍姐聊了一小会儿，俩人才一起出了门。

一个年轻人已经等在门外，向小孙招了一下手。年轻人身材敦实，像一截儿刚锯下来的、连着树根的树桩。霍姐想，这就是刚才有急事找小孙的那个人吧？

口罩男

11 月 15 日是个星期天。一早，临潼区火车站公安派出所接到一个小伙子报案：他的母亲，也就是前文说的霍姐，自 11 月 12 日晚上出门后，就再也联系不上了。

霍姐的蒸饺店离火车站派出所不远，小店开得又久，民警都在那儿吃过饭，所以对她印象深刻。

一个单身中年妇女，有生意，家里又有个还没有成家的儿子，按说，离家几天，给儿子连个招呼都不打，这事儿很反常。

临潼分局刑侦大队城区中队中队长朱君黎正好在火车站派出所下沉协助工作，就把这事儿给刑侦大队孙晓卫大队长汇报了。

孙晓卫一听，也觉得事情反常，马上安排民警围绕她的车先做工作，以车找人。

调取监控视频，民警发现，霍姐驾驶的轿车于 11 月 13 日凌晨 2 点 10 分，曾从临潼与渭南交界的田市交警卡口经过。然而，开车的并非霍姐，而是一个头戴棒球帽、戴着大口罩的男子。

那么，霍姐坐在副驾驶处吗？没有，副驾驶位子空着，没有人。

调取霍姐失踪后的通话记录，到 13 日凌晨为止，她总共给三部电话拨打过。

霍姐的儿子在电脑上替她备份了她的手机通讯录，民警对照后发现，这三部电话属于两个人，一位姓黄，一位姓张。经查，这二人都是霍姐生意上有往来的朋友，黄先生是个长期在临潼包工程的外地人；而张先生是湖北十堰人，人也在十堰。

经与黄先生联系，他说，12 日晚上 10 点多，他接到了霍姐的电话。霍姐说，她在阎良遇上了车祸，急需十万元救急。听上去，她的声音的确显得很紧张。

“这么晚了，我到哪儿去找这么多现金呢？”黄先生没把话说死，跟她说，“你看明天天亮以后，我去给你想想办法行不行？”

话说到这儿，霍姐只好说“行”，就挂了电话。但是，时隔不久，霍姐的电话第二次打来：“要不，就先借我五万，我先应个急，你看行不行？”

黄先生只好说，他想想办法。

黄先生跟霍姐还比较熟，人家第一次开口借钱，不好驳了人家面子。第二天一早，黄先生拨打了霍姐的电话，想问她事故处理得怎么样了。但是，霍姐的电话已经关机了。

那位张先生接到霍姐电话的时间要更晚一些。这么晚了，要不是手机上显示有霍姐的名字，他都会视作骚扰电话，根本不理。他跟霍姐交情不深，又远在几百公里外的湖北，霍姐跟他开口借钱，他内心其实挺反感。同样听了霍姐关于遇到交通事故的陈述后，张先生平淡地回答，他手上没有现钱，没法帮她。挂电话后，张先生很快就睡着了。

再查霍姐的银行卡信息，结果发现，11 月 12 日 23 点 45 分，霍姐随身携带的一张工行卡在临潼区栎阳街道的一个邮政储蓄柜员机上有过查询记录。栎阳是临潼靠近阎良的一个街办，这里地处渭河北岸，距离城区有三十多公里。

民警驱车赶到那里，调取 ATM 机上的监控视频，结果发现，查询霍姐银行卡的人也是个戴着棒球帽、大口罩的男子。这个人和驾驶霍姐轿车的人特征相同，只是难以确定是不是同一个人。

又要开车，又要取钱，如果这人是劫匪，那么他是不是会有同伙呢？毕竟，在他下车到柜员机上查询的时候，车上得有人控制住霍姐吧？

顺着这个思路，民警又调取了柜员机外面的一个监控。

从这个监控上看到，离开柜员机后，这名口罩男回到了车上——就是霍姐的那辆车。

恰巧，刚坐进车里，口罩男的手机亮了。

借着手机微弱的光，民警发现，口罩男回过头说了五十秒的话。也就是说，后排真的还坐着人。

DNA

渭南市北环路有一段新修的断头路，白天，会有人在这儿练车；晚上，因为路灯还没有装好，这里黑漆漆一片，基本没人来。

有个本地人在路边开了个小烟酒杂货店，平时把自己开的一辆拉货的面包车就放在门前。12 日晚，有亲戚把他的车借了去。13 日上午，杂货店老板开门时发现，平时自己停车的位置，停了一辆本田风范小轿车。他以为是谁临时停一下，谁知这车停在这里，淋过雨后又开始落灰，却并没有开走的迹象。

起初，杂货铺老板对这种鸠占鹊巢的行为挺生气，一直留意来取车的人，想美美地骂他几句。可是，过了几天后，杂货铺老板开始觉得不对劲儿，认为这事儿应该告诉警察。好在环北路派出所离他铺子顶多也就二百米远，有天从派出所路过，他就进去跟一个熟悉的民警说了这事儿。

环北路派出所对这一可疑车辆展开了调查。

根据这辆车的牌号，11 月 20 日民警发现，车主是临潼人赵某。民警电话联系到赵某，才知道霍姐已经失踪多日。赵某就是霍姐那位接了她蒸饺店生意的亲戚。

这个时候，临潼分局已经抽调刑侦大队、火车站派出所民警组成了“11 · 12”抢劫案专案组。得知这一情况，刑侦大队副大队长张江楚带人立即赶到渭南，当晚就将这辆车拖回了临潼。

结果，民警从驾驶室门把手、方向盘上都提取到了一些微量元素。经过 DNA 检索，很快锁定了一个名叫尚新房的犯罪嫌疑人。

31 岁的尚新房是临潼相桥村人，曾因伤害罪被判刑，2014 年 4 月才刚刚刑满释放。此前，他还曾经因盗窃被判过刑。回家之后，尚新房今天在麻将馆帮人端茶递水，明天又被人喊去帮着讨债，没有稳定的经济来源。但是，他目前正在装修家里的老房子，准备结婚用。也就是说，他现在经济压力比较大。

如果尚新房是这起抢劫案的主要嫌疑人，那么，谁是他的同伙呢？

专案组决定，暂时先不动尚新房，摸清他的底细。

这个时候，尚新房在临潼城区一家茶馆里给人家干点儿杂活儿，一天挣一百元。

民警私下里了解到，尚新房和代王街办门家村一个名叫邢平涛的人来往密切。民警通过监管系统信息网查询获知，这个邢平涛与尚新房原先曾经是狱友。据了解，在坐牢的时候，他俩的关系就特别铁。这个邢平涛与尚新房年龄相仿，刚从监狱里出来时间不长，经济上比尚新房还困难。也就是说，这俩人合伙“弄钱”的可能性非常大。

邢平涛根本不在家住，一直在外头漂着，居无定所。为防止这二人再合伙作案，专案组决定，马上抓捕尚新房。

临潼城区有个潼河路市场，专案组获得确切消息，尚新房在这儿的一家小麻将馆里落脚。为了尽可能不惊动邢平涛，民警们决定，不在麻将馆里抓他，等他出来再动手。

12 月 2 日，民警在小麻将馆外面布控守候，从早上等到天黑。晚上 6 点，尚新房终于从小麻将馆出来，被民警三两下制服，塞进了车里。

审讯持续到 12 月 3 日凌晨 2 点，尚新房构筑的心理防线终于全线崩溃。

按照民警设计的方案，尚新房打电话将邢平涛约到了临潼城区东三叉。就这样，邢平涛也被民警抓获。

俩狱友

11 月 12 日晚上 9 点多，霍姐从火锅店出来时，不由自主地做了一次深呼吸。刚下过雨，空气湿润、清新，这和火锅店里的浓油赤酱味儿区别很大。

霍姐的心情挺不错，这一点，小孙早就心里有数。

见了等他的那个身材敦实的人，小孙跟霍姐说：“这是给我开挖掘机的司机，娃病了，急着回家。能不能帮下忙，把他送到北田？”

北田离城区有十几公里，也在渭河北岸。对于开车的人来说，也就是一脚油的事儿嘛。人家小孙刚请自己吃了饭，这么个要求，怎么好意思拒绝呢？霍姐也就一口答应下来。

"要不你坐到后面，让他开？他路熟！"听从小孙的建议，霍姐和小孙一起坐在了后座上。

北田地区原来都是成片的农田，现在，许多地方已经被水泥硬化，成了渭北工业园临潼现代工业组团地盘。临潼组团规划面积101平方公里，主要发展现代装备制造、轨道交通、机电设备制造、新能源、新型科技建材等产业，上面正在把这儿"着力打造"成一个国家级的现代工业基地。不过，由于正在施工，有些路段还是断头路，有的地方的路灯还没跟上。

"挖掘机司机"把车开到秦王一号路的一段这样的断头路，在漆黑一片的地方停了下来。

一上车，霍姐的手就被小孙悄悄地握住了。

霍姐手心有些微微出汗，她的身体有些发热。再后来，小孙把他的左手搭在了霍姐的肩头，霍姐已经变得像一团面一样柔软。

这个时候，车子停了下来。她以为"挖掘机司机"要下车解手，谁知右边坐着的小孙左手搂住了她的脖子，右手却把一把刀子搁在了她的脖子下面："把钱掏出来吧！"

小孙当然不姓孙，之前，他和霍姐相互之间是用微信昵称打招呼，再后来，才自报家门，说是姓孙。

霍姐当然已经无从知道，小孙的真名叫尚新房。尚新房是个苦孩子，打小父亲就去世。因为缺少家教，他从上小学就开始偷东西。后来，他就成了个两次坐牢的刑满释放人员。起初摇微信，尚新房倒是真想找个女人玩个一夜情。可是，摇出个霍姐来，一见面，吓了他一跳。他虽然是来寻欢的，却对一个大妈没有兴趣。

可是，回去以后一琢磨，尚新房发现，这个女人披金戴银，举手投足像是个富婆。于是，尚新房就开始接着跟霍姐聊。

霍姐是个生怕别人不知道她有钱的人，尚新房没费什么劲儿就把她的底细摸到了。

“我手机摇出了个富婆，咱俩把她绑了咋样？”11 月 10 日，邢平涛从河南一回来，尚新房就把想法跟他说了。

“行！把她钱一抢，把人再一拾掇。”一听有这么一票生意，邢平涛马上决定跟狱友联手来干。

于是，11 月 12 日一早，俩人专门到西安买了虚拟电话卡，这张卡可以显示机主在天津。这张卡，他们将专门用于作案。回到临潼，他们又在潼河路市场买了一顶棒球帽、一副口罩和两双线手套、两把刀，另外还有一卷胶带。

此间，尚新房跟霍姐约下了晚上的饭局。吃饭过程中，邢平涛按照尚新房的要求，每隔 20 分钟就给他打一次电话，为后面的搭车行为做铺垫。

在刀子的威逼下，霍姐交出了她的包。包里有四千元现金，还有三部手机，其中一部苹果 6S，一部 5S。她的这些东西让尚新房进一步确信，她是一个富婆无疑。但是，眼前的两个歹徒的胃口可远远不止这么一点儿。

在摘下了霍姐的全部金首饰之后，俩绑匪问她银行卡的密码。可是，霍姐随身带的这张工行卡上并没有多少钱，她也不用瞒着。“那不行！”在挨了一顿打之后，霍姐被胶带封口，双手扭到身后捆起来，双腿也被胶带捆了起来。就这样，她被塞进了后备厢里。

“你得给你的朋友打电话，让他们给你的卡上打钱。有十万元，就放了你。要不然，就别怪我们不客气。”两个绑匪凶相毕露，不给霍姐丝毫商量余地。

当着霍姐的面，他们甚至故意扔掉了她的一部手机。被逼无奈，霍姐只好给黄先生打了借钱的电话。

人家到底有没有把钱打到卡上？黄先生没有一口回绝，所以，连霍姐也无法确定这事儿。

于是，尚新房开车，一路继续往北，就到了栎阳街道。找到一个柜员机，尚新房把帽子、口罩交给邢平涛，由邢平涛去 ATM 机上查询银行卡余额。发现卡上没有钱，邢平涛回到车上。

在他回头要跟尚新房说明查询情况的时候，他的电话响了。这个时候，是当天23点50分，电话是邢平涛的老婆打来的。邢平涛并没有接，所以手机持续发光。

就是通过这微弱的光线，民警日后从视频里确定，这起案子不是一个人干的。

接下来，他们逼着霍姐再打电话。

霍姐只好又给张先生打了电话。得知张先生不肯借钱给霍姐，霍姐也声称当晚无法从别人那里借到钱，俩小子决定杀人灭口了。

邢平涛按住霍姐拼命挣扎的身体，尚新房用一根给手机充电的数据线勒住霍姐的脖子，直到将她勒死。

接下来，他们开着车寻找抛尸的地点。开到阎良武屯杨居村一带，他们找见了一口灌溉农田的机井，将霍姐的尸体头朝下扔进井里。因为井口太小，尸体半截儿卡住了，尚新房还上去用力踩了几脚，结果，他的一只皮鞋随着尸体一起沉入了机井里。

此后，尚新房戴上棒球帽和口罩，开着那辆本田风范一路到了渭南。发现一处断头路四周漆黑一片，他们把车扔在了那里，然后打出租回了西安。

起初，他们打的是一辆渭南出租车。深更半夜，看这俩小子面不善，特别是发现其中一个人脚上还少了一只鞋，司机开了一段后，便不肯往临潼跑。为摆脱他们，司机下来替他们拦了一辆西安牌照的出租车。

就这样，俩小子深夜潜回了临潼的住处。抢来的现金，一人分了两千；后来，他们把霍姐的金货拿到渭南卖掉，换了六千元，一人也分了三千。至于手机，他们怕惹来麻烦，早早就给扔了。

12月3日上午，霍姐的尸体被从那口机井里打捞出来。

案子破了，但俩小子的交代却吓了大家一跳。

作案第二天，尚新房就又摇出了一个女人。这些天，他正跟这个女人聊得火热，女人已经迫不及待要见"活的"了。

"伙计，又钓了一个富婆！"尚新房已经和邢平涛约好，准备再干一票。

2号下午从麻将馆出来，他原本是要去和女微友见面的。

“快闪”的中介

每到寒暑假来临，大中学生们都想通过网上中介找份临时工作，像每年的汛期一样，周而复始——

“暑期工（星巴克兼职）日结”

要放暑假了。西安的大学生唐诗和朋友小程、小江决定，找一份暑期零工做一做。一是多接触一下社会，积累一些人生经验；二来也挣点儿零花钱。毕竟已经长大成人，不能老是掌心向上跟父母要钱嘛。

年轻人办任何事都首先想到网络。找工作这事儿，他们当然也要到网上踅摸。

7月5日上午，小程在“58同城”网上看到一则“暑期工（星巴克兼职）日结”的招聘信息。按上面留的电话打过去，人家说，应聘的人比较多，需要到未央区玄武路凯旋大厦18A01室去面试。用手机地图一查，凯旋大厦就在地铁二号线大明宫站的D出口楼上。哥儿仨决定，马上就去凯旋大厦看看。

中午11点半，他们找到了地方。接待他们的，是一个瘦瘦的年轻人，自称“缑经理”。缑经理说，他们是一家人员管理公司，星巴克的职位满了，但可以把他们介绍到新城区五路口一家咖啡厅工作。

具体做什么事儿呢？哥儿仨挺好奇。

“后厨！”缑经理回答得挺肯定，“你们如果愿意去，要签一个协议，每人交400元的押金。等你们工作一周后，拿收据来，我们给你们退钱！”缑经理二十五六岁，中等个头儿，瘦瘦的，看上去像邻家哥哥一样亲和。

“好的、好的，我们再考虑一下。”小唐他们仨出门时，缑经理客客气气地把他们送到了门口。

在这座城市里，虽说也泡过酒吧蹦过迪，但都是同学生日之类的时候偶尔去过一两回。说到咖啡厅，小唐他们仨还都不曾有这方面的经验，更不知道到咖啡厅的后厨能干什么。

“除了磨咖啡，还会做一些西式简餐吧，比如三明治之类的东西。”小江小声跟两位朋友嘀咕。

不管是学磨咖啡，还是做简餐，对这三个年轻人来说都挺有诱惑力。有了这咖啡香味飘进脑子里，哥儿仨下午再照着手机上的招聘信息转到别的地方时，都觉得像手里的瓶装水一样寡淡无味。

本来，他们一开始就对到咖啡厅打工蛮有兴趣，只是因为400元押金的门槛，才让他们犹豫起来。

转悠到下午5点多时，哥儿仨分析了可能找到的工作的各种利弊后，最终决定，早点儿去凯旋大厦吧，别等人家下班了。人家不是说了嘛，工作一周后，拿着收据给退钱嘛。

还好，中午接待他们的那位缑经理还在，依然是那么亲和。缑经理让他们仨一人填了一张《入职申请书》，然后领他们到财务，让他们每人交了400元，给他们一人开了张收据。

“不好意思，印泥没了，今天给你们盖不成章子了。”财务也是个小伙子，他把三张没盖章的白条子撕给哥儿仨：“先拿着，要盖，明天来。”

缑经理加了三个人的微信，亲切地拍拍他们的肩膀：“好了，回去等通知吧。”

“不签协议吗？”小程嘴快，其实小江也想问。

“不用了，有这个申请书就行了。”

回去时，哥儿仨专门绕道去了一下五路口。可是，五路口可以指地铁一号线的一个站点，也可以是一个很大的概念，周边下一个公交站点以内的地方，都在其范围内。缑经理可没跟他们说，那家咖啡厅究竟在什么位置。

原本说好第二天一早就能去上班的，可一夜都不见动静。第二天上午，小唐就代表哥儿仨打电话问缑经理。

“你当找工作是在市场上买菜那么简单？我不是跟你们说过了嘛，工作找好了，我会马上微信通知你们的。”电话里，缑经理的态度可就相当不耐烦了。

钱已经交出去，就算拴死套牢了。哥儿仨没辙，只好硬着头皮再等信儿。可一想起昨天收据上没盖章子，就觉得这是个隐患。万一以后退钱时，人家不认怎么办？这样一想，哥儿仨就决定再跑凯旋大厦一趟。除了盖章，也顺便催催缑经理。

下午4点半，哥儿仨又来到凯旋大厦。

可是，18A01房间却大门紧闭。今天是星期四，这家公司怎么会不上班呢？

门口，还有四个年轻男女。一问，都是没找到工作来这儿要求退钱的，而且都来过几次了。

打通缑经理的电话，他只说了一句“正忙着呢”就挂了电话。再打，干脆就不接了。原来，这家公司是在耍流氓啊！

哥儿仨彻底被激怒了，决定报警。

水杯还搁桌上呢

凯旋大厦是一栋商住两用楼，里面既有住户也有出租的写字楼。未央分局大明宫派出所民警余家驹出警时，看到凯旋大厦18A01室房门锁着，西安宏智财景商务信息咨询有限公司的员工不知去向。

余家驹找了物业，物业提供了房东的联系方式。联系了房东，房东又给了租房子的人的电话，此人名叫李强。

余家驹电话打过去，是空号。

余家驹和同事又来到大明宫工商所。这家“宏智财景”公司在工商所登记的法人代表名叫杨鑫，另外两个股东一个叫李强，另一个叫赵凯。杨鑫、赵凯的电话一个也拨不通。房东说，租房子时，这三个人一起来的。那个杨鑫，房东还叫得上名字。

有警察、房东在场，物业人员弄开了宏智财景公司的门锁。进去一看，除了没人，没什么不正常呀。公司的隔子间里，员工喝了一半儿的茶杯都还搁桌上呢。

余家驹发现，这家公司其实除了办公的桌椅，连一片完整的纸都没有了。

这些年来，涉众诈骗案呈井喷式高发，而公安机关的警力有限，一般来说，5000元以下的诈骗案，派出所只能作为治安案件立案。以大明宫派出所为例，一个月光刑事案件就要立案170起左右，每个刑警手上都有一堆在办的案子。像这样一起每人被骗400元的案子，值不值得投入大量警力进行侦查呢?

所长郭广强认为，尽管这起案子案值不见得有多大，但一定要查下去。这种以暑期工为诱饵的中介公司，坑的多是在校的大学生、高中生。对于他们来说，这段经历可能就是走入社会的第一堂课。如果任由骗子逍遥法外，不仅他们还会继续骗人，这些受骗的年轻人刚刚开启的人生之路，也会蒙上一层阴影。所以，大明宫派出所不惜代价，也得把案子查个清清楚楚。

那么，仅有唐诗等三名报案人，就远远不够。民警起草了一个通告，让物业贴在了18A01房间的门上。通告说，宏智财景公司涉嫌诈骗，让受害人尽快到大明宫派出所报案。

但是，通告贴出去后，效果并不明显。

刑侦所长赵朝刚提出，让受害人唐诗通过朋友圈在手机上发布这一信息。

这下，每天都有宏智财景公司的受害人来大明宫派出所报案。半个月内，报案人已经达到了97人。

从受害人报案的情况看，宏智财景的工作人员多数用的是化名，或者像“缑经理”这样，不留具体名字。公司员工的电话、工作微信和QQ号，也都是临时使用。

杨鑫不接电话，余家驹就亮明身份，添加了他的微信。从此，杨鑫每天都会收到余家驹要求他到派出所来接受调查的通知。有警察天天在屁股后面追，总不是件轻松愉快的事儿。杨鑫东拐西绕，居然托了好几路熟人找余家驹说情。

“让他先来所里!”余家驹是个湖北人，用湖北味儿的西安话跟谁都这么说。在杨鑫微信“嘀”声一响就毛孔紧张的时候，余家驹还在埋头苦干，加紧搜集他的各种信息。

一天，杨鑫发现，警察连他女朋友回岐山老家坐哪辆大巴都能知道，终于扛不住了。7月18日，杨鑫到大明宫派出所投案。

“不敬业”的员工

杨鑫是陕西白水人，27岁，长得高高胖胖。他的西安宏智财景商务信息咨询有限公司注册于2月份，6月23日才搬到凯旋大厦，到7月5日关门，总共在凯旋大厦营业了12天。

这12天一共接待了多少求职者呢？他说不清，因为公司根本就没有账目可查。求职者留下的收据存根，都在当天就销毁了。开公司，他们就是以骗求职者的钱为目的。比如，招聘广告上说的肯德基、麦当劳和星巴克，人家企业从来也没有委托过他们寻找求职者，而他们也不曾跟这些企业联系过。

除了两个合伙的股东，杨鑫交代，他手下还有四名员工，他们分别从事“来访”和“面试”两种职位。做“来访”的负责在网上发布虚假招聘信息，除了小唐他们上当的“58同城”，还有“赶集网”“自联招聘”和“百姓网”等。“来访”在网上留下自己的工作电话，有人来电话咨询时，他们负责接待。干“来访”的没有相貌要求，但要特别会说话，几句话就得说得人想来公司看看。人一来，“来访”的任务就算完成，把人交给“面试”，完事儿。

干“面试”的，甭管男女，就都得有点儿形象、气质。他们的工作也不复杂，但要会看人下菜。人家冲着肯德基、星巴克来的，你总不能说，给人家找的工作正是肯德基、星巴克吧？人家上门一问，不就穿帮了吗？空气一样的工作，也得看人下菜，给人家说得真真的。不见人下来，也得楼梯响。对于“面试”来说，那份《入职申请书》不过就是件道具。节目演完，领到财务去交钱，才是玩真的。

后来，民警统计凯旋大厦的受骗者时发现，他们中，大学生、高中生占到了七成以上，少的被骗200元，多的被骗800元，他们大部分和小唐哥儿仨一样，每人被骗去400元。

一般来说，“面试”都会答应，三天之内给人家通知。三天之后，怎么办？那也好说，网上不是有海量的招聘信息吗？随便下几个微信发给人家，先糊弄着。

有个冲着麦当劳来应聘的大学生，就这样被“面试”糊弄到了一家快递公司分拣邮件。干了半天后，那个小伙子不愿意干了，便来公司要求退钱。

这些交过钱的应聘者，在宏智财景公司被称为“售后”。每天都会有“售后”来，不是催问工作，就是要求退钱。

遇到这种情况，“面试”们的办法就一个字：拖！他们最常见的说法是：退钱，需要我们经理审批，而且需要15个工作日。

你问，经理在哪儿？经理不在。出差了。

至于那个不愿干快递分拣工差事的大学生，在公司眼里，倒是个难得的活广告：看，公司不是不给人介绍工作，是介绍了，这个人不愿意去干嘛！

不管“接待”还是“面试”，都是不拿工资的。至于提成，每个人拿的比例也不一样。比如“面试”唐诗等三人的那个“缑经理”，因为是有经验的老手，每单可以拿到55%的提成呢。

“缑经理”名叫缑某轩，全国只有一个。专案组调出此人的户籍信息让唐诗等人辨认，三个受害人确认，就是这个人。几天之后，缑某轩就在一家网吧被民警抓获。

缑某轩的真名也就杨鑫知道。在这儿干的员工，大多用的是化名。有的对应聘人员用化名，在公司内部用真名；有的即使对内部的人也隐瞒真实姓名。因为是临时扎的堆儿，有的人，大多数员工就知道他一个“胖子”之类的外号。

缑某轩到案后，交代了化名“刘欣”的“面试”时某欣。

23岁的时某欣是咸阳人，短发，戴眼镜，一张如刀利嘴，即使面对警察也依然猖狂。民警从她的手机上调出了她发送的各种招聘信息，有麦当劳、肯德基、德克士服务员的，有酒店服务员的，有超市促销员的。问她都是哪个具体单位的，她一概称不知道：“那几天来公司应聘的人少，我就临时做了几天接待。信息都是转同事的。”

民警问她：“你给别人介绍工作，却对这些工作岗位什么都不知道，你解释一下原因。”

时某欣的回答居然是：“说明我不敬业呗。”她自称就是公司里一打酱油的，也就是混日子的。

“那么，你能给求职者安排你微信上说的那些工作吗？”民警再问她。

她承认：“不能。”

这个时某欣也算个老江湖。18岁时，她就曾因涉嫌诈骗被西安某派出所传唤过。当时，她干的就是这一行。也就是说，她在这一行当里，至少已经有五年的从业经历了。在凯旋大厦干，她的提成和缑某轩一样，也是55%。

公司套公司

时某欣说，她的招聘信息转自同事张盼和王婷。

民警加了这二人的微信，将她们传唤到派出所。人来了才知道，张盼名叫张某盼，而在公司里对求职者声称名叫“王玥”的“王婷”，其实真名叫王某婷。

找这个王某婷，余家驹还费了不少劲。余家驹发现，“王婷”的手机上关联了一部别克轿车，这部车有违章记录。调出车主的照片让时某欣、缑某轩等人辨认，“王婷”就变成王某婷了。

老家在旬邑的王某婷也是个“资深从业人员”，而且是公司的“金牌面试”。在凯旋大厦的12天里，她的收入是8000多元。

另外，还有一个“金牌面试”。这个脸上有疤的安康人汪某武，还是另一个公司、西安秦衡企业管理有限公司的股东。时某欣、张某盼、王某婷等，其实都是秦衡公司的人。

据杨鑫交代，在凯旋大厦18A01室里，同时有两个公司在办公，虽然只打了宏智财景公司这一张招牌。

杨鑫说，秦衡公司的老板叫李欢欢，是这个行当里最“资深”的人。起初，李欢欢给别人干，后来，他开了自己的公司。这号以骗人为目的的公司，都是“打一枪换一个地方”。李欢欢的公司原先在小寨，他手下人手多、业务多。合在一起办公，会显得宏智财景公司更有人气，对杨鑫来说，是好事儿。

李欢欢被传唤到大明宫派出所。“我哪儿是什么老板呀，我就是个普通的员工。”

李欢欢说，他所在的西安秦衡企业管理有限公司，法人代表另有其人。在凯旋大厦这段时间，他的职位是“面试”，总共收入了6000余元。

民警再到工商所一查，发现这家公司的法人代表名叫罗某，另有包括汪某武在内的三个股东。那么，李欢欢究竟是个什么角色呢？

调查杨鑫的资金来源，结果发现，在 12 天里，他一共收入了 4 万余元。而他的钱，是由李欢欢的支付宝转过来的。也就是说，李欢欢应该是杨鑫的上线。

随着罗某的归案，谜底被揭晓了：这家秦衡公司是 2016 年 9 月李欢欢让罗某出面去注册的，在这个公司，老板仍然是李欢欢。李欢欢很早就在这个行当里混，曾经是宏智财景股东赵凯哥哥公司的员工。通过赵凯，他认识了杨鑫。钻进这个缺德的行当，这个 29 岁的年轻人已经把户口从甘肃环县老家迁到了西安，并且在西安已经买了两套房子。兔子不吃窝边草，可这小子啥草都吃。在民警传唤他们期间，他还骗了罗某一万元，说是要替他打点办案民警，好让警察放罗某一马。

到 10 月 13 日，本案涉案的 20 名犯罪嫌疑人中，有 13 人已经被刑事拘留。

10 月 15 日，大明宫派出所举行了一个赃物发还仪式，将五万余元现金发还到 131 名受害人的手中。

QQ 刺客

猫　眼

2017 年元月 21 日，星期六，已经是腊月二十四了，浓浓的年味儿，几乎随时可以从这座城市堵成一锅粥的交通状况中感受到。因为要给春节攒假，这个周末就只休元月 21 日这一天。

这天晚上，小伍和女友约了几个好朋友，到他们租住在西安城北咸丰花园的住处来小聚一下。都是在西安打拼的外地年轻人，过几天，公司一放假，大家就都要各自回家乡。再见面，就是鸡年了！

晚上 8 点左右，一帮人酒喝得正在兴头上时，一位没喝酒的女客人首先听到隔壁传来“咚、咚”闷响。

是墙上还是地上？她提示后，大家一起竖起耳朵听了一下，闷响声不像是在往墙上钉钉子，而像是在砸什么东西。大过年的，家家都在备年货，管人家什么闲事呢？“喝酒、喝酒！”大家只不过稍愣了一下神，干了杯中的酒。刚才正说在兴头上的那位接着被打断的话题，又有鼻子有眼地往下继续吹。

隐约间，小伍听见邻居家的门铃响过，但没有听见开门声。

小伍的邻居是一位和他们年纪相仿的女子，打扮时尚，长得不难看，但也说不上有多漂亮。女邻居不像个上班族，小伍跟女友很少在电梯里碰到她。有一天，女邻居忘了买电，晚上 9 点多家里突然停了电。为这事儿，她曾经按过门铃，问小伍他们借蜡烛。小伍家也没有储备这东西，礼貌地告诉了她。电梯里再见面时，又跟生人一样，他们之间又是谁都不搭理谁。说起来，这是他们搬这儿一年多以来，和女邻居打过的唯一一次交道。

说笑间，小伍的手机闹铃响了。锅里蒸着一条鲈鱼，到点了。

小伍正往厨房跑，门铃响了。

“谁呀？”女友问了一声。

门外像是个女人的声音，却含糊不清。

接下来，便是不礼貌的拍门声音。

从猫眼里往外一看，女友吓了一跳。楼道里站着一个穿睡衣的女人，披头散发不说，头上、身上还尽是血。像是女邻居，小伍女友却又不敢确认：“妈呀，吓死我了！”

听她一说，那几个朋友放下酒杯，也轮番往猫眼跟前凑。

放下鱼盘子，小伍也来看过后，伸手要开门。

女友却拦住他：“我先打 110，你等下再开！”

出　警

接到出警指令，高华赶快回宿舍取了自己的警帽、单警装备和执法记录仪。等他再经过值班室时，咸丰花园第二个报警电话已经打来。

刚才报案的那个女的说，门一开，刚才那个浑身是血的女人已经一头栽倒在他们家了！

高华时年不满 27 岁，是未央分局大明宫派出所最年轻的民警。去年，他谈了个女朋友，已经到了谈婚论嫁的份上了，姑娘却变卦了。他是所里的刑警，生活没规律，一有案子，就得没日没夜地忙。特别是嫌疑人一抓，法律手续一样不能少，而且羁押都有时限，哪儿敢马虎？等下了班，最想干的事就是蒙头大睡。还有，他约会时，甭管在饭馆还是电影院，所长一个电话，他二话不说就得扔下姑娘往所里跑。如此折腾几次，就让那位本来把他那身警服看得很高大上的姑娘心凉下来。现如今，谁不讲究个生活质量？可嫁给这么个男人，有啥生活质量可言呢？这么一来，去年秋天，尽管高华把婚房都装修了，俩人却分手了。

和高华一起出警的是社区民警冯晨雨果。小冯今年 30 岁，公安大学毕业。前几年，有回发生了起绑架人质案，一名分局刑警扮成出租车司机，驾驶一辆出租车，载着受害人家属去和劫匪周旋。怕劫匪人多，刑警一拳难敌四手，小冯被藏在后备厢里，准备关键时候出击。那天，小冯中午喝了不少豆浆，天又冷，早就憋了一泡尿。可是，他们在明处，劫匪在暗处，若发现后备厢里藏着个大活人，劫匪还不得撕了票？结果，几个钟头下来，差点儿把小冯憋出毛病。这会儿，小冯走道儿还有一点儿瘸。他前段时间打篮球把脚摔骨折了，还没好利索呢。

警车赶到咸丰小区时，120 的工作人员正把那名受伤女子往救护车上抬。高华和小冯上到 18 层楼，看到小伍家与女邻居家的门都大开着。

高华、冯晨雨果掏出警械，慢慢地进入那个女子家。此时，他们还不能确定，伤害这名女子的嫌疑人是不是还在现场。

这是一套两室两厅一厨一卫的房子，有七八十平方米。高华发现，地上最大的一摊血，是在客厅沙发与茶几的过道间。沙发上，明显有搏斗过的痕迹。茶几上有两包香烟，其中一包是女士吸的细烟。另外，有一把带血的剪刀。房间里已经没有任何人了。

几乎在那个女子一头栽倒时，小区保安跟着一个外卖小哥就已赶到了。一走访，原来，那个外卖小哥是这起警情的第一发现人。

案发半小时前，受害人从网上订了两杯奶茶。送货上门时，小哥听到了门内传出的惨叫声。摁过门铃后，贴着房门，他听见一个女人在用嘶哑的嗓子喊救命。两口子在打架？怎么这么惊悚？

小哥犹豫了片刻，立即下楼去喊保安。不用说，如果不是他正好在那个时候摁了门铃，受害人恐怕就不会有机会出门呼救了。

那么，受害人究竟是什么人？为什么会引来这样的杀身之祸？

那个要置她于死地的人，又是什么人呢？

“引娃”

因为在犯罪现场找见了受害人的身份证，孙璐璐的身份得到确认。孙璐璐生于1990年，西安临潼区人。在关中农村，有“引娃”的风俗。比如，一双夫妇长年不能生育，就会抱养一个娃娃。而往往有了这个抱养的娃之后，女人也就能怀上自己的孩子。孙璐璐就是这样的一个“引娃”，她的父母其实就是她的养父母。而她这个“引娃”也确实起到了应有的作用。民警们眼前这个胡子拉碴、貌似岁数更大的男子，就是孙璐璐为养父母引来的弟弟。

案发当晚，通过临潼分局同行的帮助，民警就联系到了孙璐璐的养母，养母又通知了在西安的儿子与儿媳。

凌晨4点，高华与这起案件的主办刑警阎洪涛在抢救室外见到了孙璐璐的弟弟与弟媳。

据她弟弟说，大概是知道了自己的身世，孙璐璐上初中后就十分叛逆，上高中后就离家出走了。可能也是因为不是自己的骨肉，她最后一次出走后，她的养父母就没再下功夫找她。她在外面以什么为生、跟谁在一起，家里人一概不清楚。前几年，孙璐璐的养父病故。这以后，她弟弟就再也没见过她。提起这个姐姐，这个少年老成的男人十分淡漠：“她现在只跟俺妈有联系，你们留俺妈的电话吧。”她弟弟、弟媳都不肯再为姐姐的事跟警察打交道。

两位刑警提醒护士长："一会儿手术时，一定要让大夫给她提取阴道试纸。"案发时，孙璐璐穿着睡衣，这就不能不让民警们怀疑，她有可能遭到过性侵，或者刚刚与嫌疑人发生过性行为。

早上 7 点多，两位刑警再次赶到医院。重症监护室里，一个 50 来岁的妇女一脸愁容地守在孙璐璐的病床边，她就是孙璐璐的养母。护士长告诉民警，孙璐璐现在还不能说话，需要静养。从阴道试纸检测看，孙璐璐案发前确实刚刚有过性行为。那个男子的精液当然也将提取 DNA。

他们下午再去医院，护士说，病人可以做简单的交流了。有她养母在跟前，有些话她肯定不方便说，于是，阎洪涛让护士以给病人买些流食为由，把她的养母支走了。

但是，孙璐璐却不承认她案发前有过性行为。

"这个问题，就不要再纠缠了。我们让大夫取过证据，你应该知道的。"

听警察这样一说，孙璐璐闭上了眼睛。沉默了一会儿，她终于承认有这么一回事儿。

那么，那个男的究竟是谁呢？她用低沉、沙哑的声音告诉民警，那人是她的一个网友，是在一个群里加的，她并不知道他是什么人。

"一周前，那个男的在网上要我加他。我们聊过几回，对他，说实话，我不反感。"孙璐璐说一会儿话就得吸一会儿氧，尽管手术后她已经脱离了生命危险。

她说，案发当天下午 5 点多，男网友在网上跟她说，想来见她。她一个人在家，也没事儿，就答应让他来。晚上 7 点多一点儿，那个男网友来了。这人中等个儿，偏瘦，长发，戴个眼镜，穿个暗红色的外套。一进门，他们就有了亲密动作。她提醒他先去冲了个澡，然后，他们在次卧的大床上发生了关系，而且做了两次。男网友再次去冲澡的时候，孙璐璐坐在客厅沙发上，用手机订了两份奶茶，这事儿她也没跟男网友说。等男网友出来，他们就坐在客厅里看电视、各自玩手机，孙璐璐还点了一根烟在抽。

可是，突然间，那个男的抓起茶几上的烟灰缸，猛地向孙璐璐的头上砸去。

孙璐璐惨叫一声，愤怒地质问："你为什么打我?"

男人并不吭声，而是继续打她。她开始拼命反抗，此间，她被那个男的揪着头发撞在了地板上。邻居小伍他们听到的"咚咚"声，就是这时发出的。

俩人从地板上又重新打斗到沙发上。

这时，那个男子抓到茶几上那把剪刀，猛地刺向了孙璐璐的喉咙。孙璐璐害怕了，知道这男的要杀她，就开始苦苦地哀求他。

就在男子准备继续下毒手的时候，门铃响了。

知道是送奶茶的来了，孙璐璐拼死呼喊救命。但拍门声响过后，急促的脚步声向电梯方向走远。

那男子丢下孙璐璐，站起身，飞快地从孙璐璐的钱包里掏出1400元现金，抓了钱和孙璐璐的手机，夺门而去。

密　码

孙璐璐说，那个男网友跟她不曾通过电话，他们联系就是QQ，可是她不记得自己的QQ号了。

其实，勘查现场之后，刑警对孙璐璐是个什么人就已经有感觉了。一个未婚的女子却租了个两室两厅的高层居住。虽是城中村的回迁房，但房租一个月也得一千七八。她的卫生间里摆了很多化妆品，还都不是便宜货。衣柜里，她的衣裳也不少，不像有些单身打工者，一个行李箱就能提走自己的全部家当。从茶几上的两包烟看，她抽的烟也都不便宜。那么，这个女子靠什么养活自己呢？孙璐璐自称在做微商，卖些小挂饰之类。这么个不靠谱的生意，和她的消费水准差得也太远了吧?

勘查现场时，民警还从她卧室的抽屉里发现了避孕套和女性自慰器。这说明什么呢？说明她是个私生活十分混乱的女子。

阎洪涛是个做事情力求完美的人，做事情细心、耐心。

不久前，有个姑娘被人骗婚，一年之内被骗了 18 万元。报案后，这个姑娘精神处于崩溃边缘，经常打电话问他案件的进展。反复解说，虽然也烦，但即使正在开车，他也会把车停在路边，跟她平和地解说。因为总是有办不完的案子，每天晚上，躺在床上，他会不由自主地把案子在脑子里过一遍，看看还有没有什么漏洞。这样的习惯严重影响到他的睡眠。虽然才 32 岁，但他的“熊猫眼”已经有两三年了，怎么也去不掉。

接下这起案子，阎洪涛当然又会一遍遍地把这起案子“过电影”，寻找突破口。

阎洪涛、高华又一次来医院，还是让护士设法支开了孙璐璐的养母。

这回，孙璐璐说出了自己的 QQ 号，却声称不记得自己的 QQ 密码了：“我的 QQ 在手机上挂了很久了，平时不用输密码，所以我也不记得自己的密码了。”

两名刑警把案情进展汇报给了所长赵朝刚，却并没有等着领导替他们解决问题。

再来医院，两个刑警轮番开导孙璐璐：“我们不是不能破解你的 QQ 密码，但这需要时间。耽误破案时间，你知道，就是纵容犯罪嫌疑人。”

32 岁的“熊猫眼”阎洪涛很能理解孙璐璐此时的矛盾心理：“你看，我们跟你谈话，专门支开了你妈，就是保护你的隐私。但是，你知道那个人为什么要加害你吗？在那家伙没有归案之前，不排除他再祸害其他人，也不能排除他再来伤害你。”

孙璐璐终于说出了她的 QQ 密码。

孙璐璐只记得，那个男的的地址是陕西安康，连他的网名都不记得了。

民警们通过查她加好友的记录，确定了五个 QQ，让她辨认时，她指认了其中一个。

归 案

正月十六，嫌疑人程仑在陕西境内某高速公路边的加油站被抓获。

程仑30岁，安康人，中专毕业后进入这家石油企业。程仑是个性格内向的人，工作勤勉，已经提拔为副站长了。三年前，程仑和一位同事结了婚。妻子后来调到了高速公路另一头的加油站工作，俩人把家安在西安，但聚少离多，也没有要孩子。

案发这天，程仑加入了一个招嫖群。他发了一个表情，孙璐璐马上回复了他一个表情。于是，程仑就主动添加了孙璐璐为好友，双方就开始谈价钱和地点。地点，就是孙璐璐的住处；价钱嘛，二人讨价还价，说定700元，做两次。QQ上，孙璐璐一再催促程仑快点儿来，程仑于是出发赶往咸丰花园。一进门，孙璐璐就先跟他收了那700元。

完事儿后，程仑突然心情很糟糕。

程仑小时候，他的父亲在外打工，很少给家里钱，偶尔回来，还常当着他的面殴打母亲。他还很小时就知道，父亲这样做是因为在外面有了野女人，而且还不止一个。于是，对那些不正经的女人，程仑早早就埋下了仇恨的种子。可是，自己现在不就变成了父亲一样的坏男人了吗?

想到这里，程仑就觉得，眼前的这个抽着烟、玩着手机的女人特别下贱。如果不是她一再催促、勾引，我怎么会跑到这里来干这种事情?

突然，他生出了教训她一顿的念头。

可是，用烟灰缸砸下去之后，这个女人马上和他打在一起。程仑脱不了身，就下了狠手。茶几上有把剪刀，程仑抓起来就朝这女人的脖子上捅。这个时候，他就是想杀了这个女人。偏巧，外卖小哥就在个节点摁响了门铃。

竖起耳朵，听见外面的脚步声一远，程仑就丢下受伤的孙璐璐，准备往外跑。从这个女人的钱包里拿钱，是他临时起意；而拿走孙璐璐的“爱疯七”手机，是怕警察通过 QQ 找到他。

案发后，程仑马上从那个招嫖群里退出；而孙璐璐从休克状态中一清醒过来，也借养母的手机登录 QQ，第一时间就退了那个群。

程仑被抓获时，孙璐璐已经出院。她嗓子恢复得还不错，已经能正常说话了。

民警和她见最后一面时，她已经重买了一部“爱疯七”。据说，程仑指认过犯罪现场后，她就搬走了。

3 月 17 日，未央区人民检察院以故意杀人和抢劫罪，批准了对程仑逮捕的决定。

女　贼

女“烟民”樊莉娜的案卷材料就放在陕西省西安市公安局未央分局缉毒科副科长李洲怀的办公桌上。缉毒科就是现在禁毒大队的前身。此时，是1996年12月12日，一个寒冷、阴霾的早晨。

从案卷上看，这个22岁的女人好像没什么特别之处。11月18日下午，她在北关新村一间民房入户盗窃，被主人当场抓获，扭送到了派出所。她承认自己吸毒，而且要养活9个月大的孩子，这才出来偷东西。因为她是作案未遂，派出所又不掌握她其他犯罪事实，于是，她被作为“烟民”送到了未央分局戒毒所强制戒毒。分局就有自己的戒毒所？对，那年头儿，真有。翻了案卷，李洲怀就琢磨：既然她每天都要吸毒，怎么可能只偷了这一次呢？“贼无赃，硬似钢”，他决定查查她的经济来源。

樊莉娜被传唤到缉毒科。再次审查深挖的结果，出乎所有人的意料：眼前这个相貌平常、毫无出众之处的女人，在一年多时间内，竟然入户盗窃作案达 157 起。案件进展到 12 月底，民警们从查证落实了的 60 多起案子中，已追回价值 10 万余元的财物。10 万元在第一批商品房尚未产生的当时来说，可是一笔巨款啊。她偷来的赃物中，有彩电、录像机、手机、金首饰，甚至还有一支军用手枪。无论是平房还是楼房，也无论人家家中有人没人，甚至无论人多还是人少，樊莉娜总能够一次次得手。而她在这一年多时间里，还经历了怀孕和生孩子。甚至在临产前 15 天，这个挺着大肚子的女人，居然还在作案。面对这样一名犯罪嫌疑人，许多办了十几年案子的警察也十分困惑：究竟是什么原因让这个女贼如此胆大妄为？为什么她能够频繁作案而又屡屡得手呢？

女怕嫁错郎

应该说，樊莉娜是在一个生活条件相当优越的家庭中长大的。父亲在铁路上一个掌实权的部门工作，她又是家中最小的孩子，从小衣食无忧、娇生惯养。1989 年初中毕业后，她没有去上技校，而是想自己出来闯闯。于是，在学会理发之后，15 岁的樊莉娜在东八路开了间银座发廊。可是，发廊只开了三个月就开不下去了。那时，稚气未脱的樊莉娜还相当可爱，引起了身高不足一米六的闲人潘全胜的注意。潘全胜每天准时来到她的发廊，只要他一来，别的顾客就休想理发，直到有一天，樊莉娜终于答应他，和他一起去看电影。再以后，樊莉娜就和潘全胜一样，认为发廊没有什么必要再开下去，因为潘全胜家有的是钱。尽管潘全胜游手好闲，可潘家有门面房，有生意，光汽车就有两部。在当年，有几个人家有私家车？

这以后，樊莉娜断断续续地给南方人看过一阵儿服装摊儿，在与潘全胜的打打闹闹中，幻想着今后当阔太太。在他们已经同居之后，她才突然发现，原来这一家子是贩毒发的财。

潘全胜的大哥潘全喜从 1989 年就开始贩毒。接下来，他的姐姐潘全珍、姐夫田信民也做起了这项一本万利的生意。起初，他们全都只贩不吸，所以迅速成为暴发户。潘全喜、田信民常到外地去进货，而毒品也同样有假冒伪劣，需要尝试、辨别。这样三尝两尝，这俩人就都染上了毒瘾。最后，老二潘全忠、老三潘全胜也相继变成了“烟民”。

发现潘全胜吸毒后，樊莉娜决心与他一刀两断。1992 年夏，离家已很久的樊莉娜回到了父母的身边。可事情不再像原先那样简单了。三个月后，潘全胜找上门来。一天晚上，他把樊莉娜从楼上叫下来，逼她与他回去“过日子”。潘全胜扬言，如果不听他的，不仅她没好果子吃，连她爹妈也别想安宁。

这次谈话的结果是，潘全胜将她一顿拳打脚踢之后，还用一把随手摸到的瓦刀将她砍昏。樊莉娜终于没能抵抗住潘全胜的软硬兼施，在家躺了一周之后，为了不连累父母，她回到了潘全胜的身边。

她与潘全胜住在一间不算大的房间里，可这间房子里却常有十来个人和潘全胜一起在吸毒。她长时间在这种空气中生活，慢慢地就像得了重感冒一样，直流清鼻涕。这时，潘全胜就拿出那东西让她试试，说是能治病。接下来，樊莉娜就成为这个大家庭中的第五个吸毒者。

坐吃山空。潘家入不敷出，靠贩毒而殷实起来的家道，很快就败落下来。

据办案民警掌握，樊莉娜每天都必须吸 500 元至 1000 元的海洛因，家中其他人比她只多不少。到 1995 年夏天，她已完全没有可能再从潘全珍夫妇或者老大潘全喜那里赊账了。

从紧张到从容

这年 9 月，已有身孕的樊莉娜在一个名叫张娟的姑娘的带领下，开始了第一次入户盗窃。当时，她还只是给张娟望风。由于她极为紧张，在不该咳嗽的时候咳嗽了好几次。可是几次得手之后，她便不再害怕了。此后作案，她几乎都是孤身一人，撬门进入别人家中，就仿佛是回自己的家，只不过忘记带钥匙罢了。

1995 年 9 月某日，樊莉娜在按响龙首村青家公寓一家住户的门铃后，防盗门后出现了两个 10 岁左右的小姑娘。

“你找谁?”其中一个小姑娘隔着防盗门问她。

“你贵姓?”樊莉娜灵机一动。

“姓卫。”姓卫的小姑娘正与同学在家做作业。

“我找你爸你妈呢。”樊莉娜微笑着，轻声说。

“他们没下班。”小姑娘扑闪着眼睛说。

“那我等他们一会儿。”樊莉娜看样子准备站在门外不走了。

“阿姨，您进来坐吧。”小姑娘是个懂事的孩子。既然是父母亲的熟人、朋友，如果让人家一直站在外面，父母回来就会批评她没礼貌。这道理，她懂。

此时是下午 4 点多，离下班时间还早。小姑娘把她让进屋，还从厨房给她沏了一杯茶，端到了客厅。她一来，两个小姑娘也就不学习了。樊莉娜一边跟孩子们聊天、折纸船，一边寻找要偷的东西。“来，咱们来玩捉迷藏吧！你们在阳台上闭上眼睛，数上一百下，然后出来找阿姨!”两个孩子很开心，这个小阿姨竟然可以跟她们玩捉迷藏，这比折纸船更有意思！她们一声“好”，马上就躲到了阳台上。可是，她们数到一百时，却发现阳台门开不开了。

“阿姨，时间到了，不能耍赖皮!”她们推着阳台门叫喊的时候，樊莉娜已经带着偷来的东西，大模大样地下楼走了。

1996 年 4 月的一天下午，龙首村西北区 11 栋 1 单元二层居民袁素清老太太正在家看孙子。4 岁的孙子嚷着要吃饼干，袁老太便随手带上防盗门，领着孙子下了楼。那个时代的防盗门其实就是个铁栅栏门，门上还都装着纱窗，天热时门关着，照样可以通风。老太太带孙子下楼时，樊莉娜就站在二层与三层之间楼梯的平台上。看到老太太下楼、到了马路对面，她立即把手伸进防盗门内，将门拧开。

进到屋里，樊莉娜一眼看见了和电视机摆在一起的一台录像机。

90 年代，电视机、电冰箱差不多家家都有，但是有录像机的人家却并不多，而且录像机国内也不生产，都要用外汇券买，或者出国人员省吃俭用，回国时买一个带回来。也就是说，在一般老百姓的家中，录像机还是件奢侈品，也是家里最值钱的东西。那会儿家里地方都不大，如果录像机摆在外头，那么，装录像机的箱子肯定在。环视一圈，这箱子没在外头，当然就只能在床底下。樊莉娜迅速从床底下找出箱子，将录像机装好，大大方方地提走。临走时，她还不忘替老太太带上防盗门。

女人身份帮了她

潘家兄弟告诉她，出去偷东西，女人比男人更方便，因为女人目标小，不容易被人注意。如果有人问，就说是找人，随口说个名字就能应付。即使被人当场抓住，只承认这一案，警察也不能把她怎样。事实上，日常生活中，谁会将一个在院子里、楼道中偶然遇到的时髦女郎，甚至是一个挺着大肚子的孕妇，与一名小偷联系到一起呢？女人这个身份的确帮了她不少忙。

过去，城市里多层居民楼最经典的户型是一梯三户，都是两室一厅。左右两边的房子都是一南一北一大一小，而居中的房子则是两间朝阳，中间的客厅很小。莲湖分局一位民警家里就住的是这样一套两间朝阳的两室一厅。

1996 年 5 月的一天，这位民警家的防盗门被一只纤手轻轻拉开，里面的木门也被推开。

“你找谁?”此时，这位民警正好在家。

“对不起，走错了。”一个女子立即拉上防盗门，飘然下楼。

民警稍微一愣，很快反应上来：此人是贼！可是没有证据，这人又是个女的，他便打消了捉住她的念头。谁知两个月后，这只手居然再次伸进这扇门内。这一回，民警没在家。他上初中的女儿正在一间房内写作业，而另一间房子是锁上的。樊莉娜悄无声息地钻进客厅，将电视机旁的一台录像机抱了出去。

1996 年 5 月 28 日晚上 8 点左右，樊莉娜从大明宫铁四村的一排平房中，偷出了一台东芝 2128 彩电。刚出房门，就有个老太太问她："你抱个电视干啥？"她从容地回答："这家电视坏了，我帮人家修呢。"这时，又有一个邻居出来，她居然问人家讨了一杯水喝了。天气闷热，作案又紧张，这时，樊莉娜确实渴了。而那个邻居看她一个女人，还抱这么重个电视机，挺同情她。

这时，一辆机动三轮车从这里经过，樊莉娜伸手拦住车，让司机替她把电视抱上了车，然后直接将电视拉回了潘家。

因为房门是用塑料片捅开的，房间里又没有什么翻动迹象，而且樊莉娜搬电视机时还没忘拿走天线和遥控器，失主回来之后，就一再怀疑接触过他家钥匙的亲戚朋友。直到案子破了，他疑点最大的小舅子才算被"平反昭雪"。

专撬锁着的抽屉

通常情况下，人们总是认为，家里没人时，才需要防小偷。而大多数人防范小偷的方式之一，便是将现金、国库券、存折、金项链、金戒指等值钱的东西，和身份证、户口本等重要的东西一起，放到抽屉或柜子里锁起来。殊不知这办法防君子不防小人，女贼樊莉娜就专门钻这些空子。

1996 年元月 17 日，也就是樊莉娜临产前 15 天，她来到了太华路纱厂街一户门面房的 2 楼上。樊莉娜从门缝中看见，一个三口之家正在第一间房内围着桌子吃晚饭。樊莉娜从搭在走廊里的简易厨房内摸了把菜刀，直接溜进最里面那间房内，撬开梳妆台下的一个抽屉，在一个女式夹包内掏走了现金一万元，作案前后不超过五分钟。另一次，一个住在一楼的退休老汉在家洗衣服，门没有锁。老汉做梦也想不到，就在他站在南面阳台上搭衣裳时，会有一个女贼钻进他北面房间里，撬开他的五斗橱，将他夹在户口本里的 850 元现金偷走。

1996年6月的一天下午3点多，樊莉娜走进八府庄西安弹簧厂家属院一栋三层的简易楼，上到二层，看到东边水龙头处有个妇女在洗菜。樊莉娜来到西边第二个房门前，里面的木门没有关。她隔着纱门看得清清楚楚，一个男人正躺在床上睡觉，灰色西装挂在房间东北角的一个立式衣架上。她敲了敲纱门，里面没有反应。她立即拉开纱门进去，从西装内口袋掏出折起来的一沓子共2000元钱，马上出门。她的手还没离开门把，钱还攥在手心里，那个洗菜的妇女端着洗好的菜回来了。原来，她就是这个房子的女主人。

“找谁?”女人警惕地看着她。

“找个姓王的。”樊莉娜平静地回答。

“没在这儿住。”女人继续用狐疑的眼光看着她。

“对不起，我走错了。”樊莉娜再次化险为夷。

同年夏天的一个傍晚，她在文艺南路还偷过一部手机。那时候，手机还绝对属于奢侈品，被视为一个人身份、实力的象征，人们一个月工资也就二三百块，一部手机往少里说也得万八千的。

那是一个摆设简单的平房套间。隔着门帘子，樊莉娜听见里间屋子里一男一女正在说话。

“她今晚回来怎么办?”女人说。

“不会的，这两天她回娘家了。”男人回答。

樊莉娜便从客厅里拿走了那部折叠式手机。后来，当办案民警押着樊莉娜，拿着追回的手机找到这里时，当着妻子的面，这位中年男子居然一口咬定，自己的手机从来不曾丢过：“看，我的手机在呀!”他掏出的是一款与被盗手机一模一样的黑色折叠式手机，摩托罗拉。

这回偷了把毛瑟枪

一次又一次，樊莉娜在公公、婆婆的眼皮底下将一台台彩电、录像机等乱七八糟的东西搬进潘家，公公、婆婆一概装聋作哑。她偷的东西绝大多数都送到了潘全珍家，由姐夫田信民随意估价之后为她记账，付给她相应的毒品。潘全胜的毒品，也天经地义地要靠她来提供。每当田信民说，潘全珍的账上没她的钱了，而她又没有偷来东西，即使他们手中有毒品，她也休想吸上一口。在老大潘全喜那里，也是同样道理。拿到樊莉娜偷来的钱，田信民、潘全喜才能到河南去进货，低价买回来，然后再高价卖给樊莉娜。也就是说，潘家其他几个“烟民”，也是靠樊莉娜偷东西直接或间接养活着。樊莉娜一天离不开毒品，也就一天离不开盗窃。

1996 年 11 月 11 日，樊莉娜钻进西北三路一户住宅。房子不小，可是家里的家具、家电都很陈旧。从房间里的照片、衣物看，这里住的像是一对老夫妇。樊莉娜感到挺失望，因为她看来看去，也没找到值得一偷的东西。

然而她掀起枕头时却愣住了：这里居然放着一把装在牛皮枪套中的手枪。

出于好奇，她把枪从枪套中取出来，在手里掂了掂。枪沉甸甸的，枪口黑洞洞的，像把真家伙。一个女人对枪可没有更多的兴趣。

她把枪放回枪套，把枕头重新放好。

临出门时，她突然想起老大潘全喜曾念叨过，想弄把枪防身用。贩毒的人干的是刀口上舔血的活儿。要是有把枪，不就能增加点儿安全感嘛。樊莉娜心想，用这枪可以在老大那儿换到毒品呀。

尽管翻大衣柜时她已看见了里面挂着主人的一身笔挺的毛料警服，她还是返回身，从枕头底下偷走了那把手枪。

据办案警官介绍，这是一把性能极好的德国造毛瑟手枪，在陕西省内也并不多见。手枪的主人是一位参加过抗战的老革命，曾经主持过陕西省公安厅的工作。战争年代过来的人爱枪如命。像当年许多老革命一样，老先生一生生活简朴，吃穿统统不讲究，家里最珍贵的东西也就这把毛瑟手枪了。

好运气到头了

偷枪三天之后，樊莉娜又来到西五路一栋楼房作案。

半小时内，她连续几次敲一家房门，房子里都没人应声。确信里面没人之后，她从口袋里掏出塑料片，三两下就捅开了门。她走进房间里，正准备搜罗现金和值钱的东西，身后一个男人的声音像炸雷一般突然响了起来：“你想做啥?”

这一次，她判断错了。一个30多岁的男人不仅一直在家，而且在她捅门的时候就已经做出了反应。他从门后抽出一根木棍，悄悄地躲进了门口的厨房里。

在她进入客厅之后，他突然挥舞木棍，拦住她的去路。

男人高声喊来邻居，和邻居一起，将她扭送到了西五路派出所。

遗憾的是，看上去挺老实的樊莉娜最终让民警有点儿大意了。在樊莉娜已经交代了30多起案子之后，11月18日凌晨1点，利用上厕所之机，樊莉娜从派出所二楼戴着手铐翻窗逃走。

出租车上，她跟司机讨要一根烟抽。在伸手去接司机递过来的香烟时，司机发现了她的手铐：“咋回事?”司机吓了一跳。

“你甭管。开到，给你钱就对了。”

这个司机咽了口唾沫，没再说话。也许，大冷天，深更半夜，一个女人如此落魄，让的哥动了怜香惜玉的情怀；也许，的哥本来就是个多一事不如少一事、只顾挣钱糊口的人。总之，司机照她的吩咐，把她平安送到了姐姐潘全珍家。

这时，樊莉娜的老公潘全胜已被碑林分局戒毒所收容，姐夫田信民骑上车子，连夜跑去喊来了老二潘全忠。他们找来一把钢锯，为她锯开了铐子。

当天下午，樊莉娜一觉醒来，第一件事就是想吸海洛因。可是，不偷东西，她哪儿有钱买毒品呀？于是，从床上一骨碌爬起来，她洗把脸就去了北关新村。这一带她最熟悉。可是，她的好运气好像已经用光了。撬门入室后，她刚刚来得及用剪刀别开人家床头柜上的锁，一个抱孩子的妇女就站在院中，像哥伦布发现了美洲大陆一般大声地喊了起来。听到声音，左邻右舍很快把门堵得严严实实。不久，警察再一次来到她的面前。

随着樊莉娜的落网，潘全喜、田信民、潘全珍、潘全忠以及潘全胜等五名犯罪嫌疑人也相继归案。唉，瞧这一家子。

“吕氏四贤”古墓被盗案

“承议郎”的墓被盗了

2006年元月初，大个子警察韩清龙从古玩市场得到一个情报：有个叫宝田的人盗了个宋代“承议郎”的墓，弄出一批瓷器要出手。

韩清龙时年41岁，西安市公安局刑侦局二处五大队的大队长。他这个大队，负责的是文物缉查和市场监管，专门收拾形形色色的盗墓贼和文物贩子。那么，宝田是何许人？承议郎又是个多大的官呢？

先说承议郎。承议郎是隋朝开始设置的一个文散官名。文散官就是不拿事儿的文官，在唐朝，承议郎为正六品下，也就相当于现在的助理巡视员；到了宋代，神宗元丰改制之后，承议郎为从七品，也就相当于现如今的助理调研员，副处调。在遍地埋皇上的八百里秦川，这么个官儿简直不能算官儿了。

但是，韩清龙还是马上派人开始查这起案子。之所以重视，是因为西安一带宋墓较少，物以稀为贵嘛。同事们都知道，韩清龙是个喜欢较真儿的人，常常有些不起眼的线索到他手里，就会整出些动静来。

身高一米八八的韩清龙原来是河北篮球队的主力，司职小前锋。1990 年，河北队在成都夺得了当年的全国联赛冠军，也就在那场冠亚军争夺战上，韩清龙跟西安结下了不解之缘。当时，西安市公安局正在组建自己的篮球队，球队定位的起点挺高，队员都要从专业队里挑。赶上韩清龙正好因伤打算退役，西安市公安局去的两位同志把他提出的要求一股脑儿全都答应下来。当时，韩清龙还没结婚，这边答应替他安排家属的工作；至于他本人，人家说了，公安局的工作岗位，你看上什么干什么，就跟到菜市场买菜，看上什么拿什么差不多。外地人到西安，成家立业得有房子吧？给你分个两室一厅行不行？那年头儿，年纪轻轻就住两室一厅，可是够腐败的。就这么着，韩清龙从成都直接就到了西安。来了以后，发现被忽悠了。房子是分了，但少了一间，是个一室一厅，四十多平方米。工作呢，先在政治部挂了四年多，他的任务就是打球。直到 1995 年文物缉查处成立，在他的一再要求下，才被分到了文物处工作。至于老婆的工作，来了以后，领导也帮了忙，安排到公安局名下的一家企业，临时性质。后来，公安局跟这家企业脱了钩，韩清龙老婆也早就不在那儿干了。

受骗上当，只是挂在嘴边说说而已。实际上一干上文物缉查，韩清龙很快就进入了角色。运动员出身的人，一般小小年纪就开始训练，书都没好好读。等退役下来再干别的工作，好些人就有力不从心的感觉，一辈子只能跑龙套，成不了"角儿"。但也有些人则是把运动员的不服输精神发扬下去，什么事情不做则已，做就要力求完美。韩清龙就属于这号人。当一名刑警，从问笔录，到相关法律知识，都得熟悉；而搞文物案件，你对文物方面的知识跟不上，也不行。凭着打球时的刻苦精神，几年下来韩清龙就成为一个搞文物案子的行家里手。2002 年，西安市公安局机构改革，文物缉查处撤销，保留了两个大队并入刑侦局二处，韩清龙是六大队的大队长；2005 年，五、六大队合并为一个大队，成为全国公安机关专业打击文物犯罪的唯一一个整建制机构，韩清龙从那时起一直担任五大队的大队长。在搞文物案子方面，说他是“角儿”，不会有什么人不服气。

查“承议郎”这起案子，韩清龙还是得从宝田查起。圈子里一打听，宝田这人多少还有点儿知名度。宝田本名叫邱兆军，40 多岁，家住道北二马路，吸毒，平时倒腾文物为生，时常会在古玩市场闪个面。韩清龙得到的情报说，此人最近挺忙活，私下里买了探杆、铁锨之类的东西，还租下了一辆白色的富康车。圈里人一看就知道，他这阵势是要盗墓。盗墓这事儿，一个人干不了。这些日子都谁跟邱兆军打得火热呢？打探的结果，是又知道了两个人名儿：一个叫吕富平，一个叫熊义方。

熊义方是个河南人，30 出头，长得挺英俊，有点儿影视剧硬派小生的意思，当然，这也是后来警察破了案见了活人才得出这么个印象。“硬派小生”实际上是个挖墓的。挖墓这行当是个古老的职业，就是考古队挖墓，人家专家也只是“指手划脚”而已，不会自己去抡探铲、铁锨，这类事儿都是雇临时工干。这些临时工可不同于建筑工地上的小工，没太多技术含量。这些人都是些专业从事这行当的人，学名叫技工，这就要分个技术高低。考古队是国家养着，一个项目经费往往有限，能雇的人常常是些水平一般的人。那水平高的跑哪儿去了呢？盗墓贼雇去了。为啥？为钱！盗墓贼给的钱多呀。熊义方就属于这种手艺人，在盗墓这圈子里小有名气。

至于吕富平，对于警察来说，就更不是什么生人。五年前，五大队的教导员韩育林就曾经亲手抓过他。

2001 年 4 月，汉文帝的夫人窦皇后的墓被盗，墓内陪葬的 200 多件黑陶裸俑被先后几拨儿盗墓贼盗走。一年后，美国纽约索斯比拍卖行要拍卖其中流失出境的六件黑陶俑，中国政府费了很大的劲儿，通过外交途径才让美方终止拍卖，将这六件黑陶俑追回。那起案子，吕富平就参与了，并且获刑三年半。这些年，随着全民收藏热的高烧不退，各地古玩市场嗷嗷待哺，盗墓这一本万利的行当也越来越火。吕富平除了盗墓没听说有别的什么一技之长，指望他坐一次牢就金盆洗手，恐怕也不现实。

元月 9 日晚，那辆被韩清龙、韩育林他们 24 小时监控的白色富康车上了绕城高速，直奔蓝田县方向而去。下了高速，蓝田县东一个岔道，西一个路口，黑灯瞎火，白色富康开得飞快。可能也是怕被警察跟踪，白色富康故意在乡间小路绕来绕去。四周都是空旷的麦地，要是再跟踪下去，就要被富康车发现了。韩清龙只好让大家打道回府。

返回西安的路上，韩清龙、韩育林他们就在反复琢磨。这伙人当中，吕富平就是蓝田人。那个承议郎的墓会不会就在他家周围呢？

吕氏四贤

据蓝田县五里头村里老人们回忆，一直到解放初，五里头村一带植物都特别丰茂，到处是参天的古树。离五里头村五六里远，有个村子名叫桥村。桥村有两大姓氏，其中吕姓有二三百户。据考证，吕姓人家都是宋代吕通的后人。

据陕西省考古研究所研究员张蕴女士考证，吕姓家族原本就是一个大家族，出自山西吕梁山，商代时，吕家被分封到了现如今河南卫辉这地方，称为吕国，国人都以吕为姓。商灭周兴，吕氏祖宗又被封到山东做官，一部分人从河南迁徙到了山东。到了汉代，河南的吕姓就已经是名门望族。北宋中期，河南汲郡一个叫吕通的人被封到陕西做官。吕通是个文人，当地人传说，有回天降大雪，吕通踏雪寻梅，骑着头毛驴上了白鹿塬。待登临塬上，四顾之下，到处白茫茫一片，吕通蓦然间发现白鹿塬东边、灞河北岸有一块地方却是郁郁葱葱，雪落无痕。吕通会看风水，站在塬上感慨良久。后来，他做出个决定，将这块风水宝地买下做了吕家的墓地。

不过，据《汲郡府志》记载，在蓝田买下墓地的人，是吕通的二儿子吕贲。“吕贲其先，汲郡人，任比部郎中；父通、仕太常博士。贲过蓝田，爱其山川风景，遂葬通于蓝田，因家焉。贲娶瞽女生五子，四子登第，即大忠、大防、大钧、大临也。”用现在的话说，就是说吕贲是汲郡人（今河南汲县），刑部四司比部郎中，其父吕通，任太常博士。吕贲路经陕西蓝田时，由于喜爱蓝田山川风景秀美，就把父亲吕通的骨骸移葬到此，并安下家来。后来吕贲娶了个女盲人作妻（一说女盲乐师），生下五子，四子中了进士，即：吕大忠、吕大防、吕大钧、吕大临，后人称其为“吕氏四贤”。但是，后来，吕氏墓地被发掘之后，考古专家通过墓志铭研究考证认为，虽然吕贲在蓝田买了墓地，但并不在五里头村。买下现在这块墓地的，应该是“吕氏四贤”，是他们把爷爷和父辈的坟迁到了这里。

“吕氏四贤”与苏轼是同时代人，其中吕大防比苏轼年长十岁。有专家认为，从文识造诣方面比较，“四吕”并不逊于“三苏”。“四吕”中，论做官，以吕大防成就最大。吕大防官至宰相，而且是北宋名相，在政治、军事上都颇有作为，在经学、地理学和文学上也有很高造诣。“吕氏四贤”中，大忠与大钧、大临都是关中理学祖师张载的学生，在同胞兄弟们的支持下，吕大钧编写了《吕氏乡约》《乡义》等。《吕氏乡约》提出约人要“德业相劝”“过失相规”“礼俗相交”“患难相恤”等。这是亘古以来的第一个乡约，是乡约的鼻祖。后世仿效《吕氏乡约》的乡规民约不胜枚举，它还传到了朝鲜、日本等国，对于民风教化起到了很大作用。吕大忠在担任陕西转运副使期间，于元祐二年移唐明皇李隆基亲笔书写的《石台孝经》等唐宋名碑于“府学之北墉”，就是现在的西安碑林，是公认的西安碑林创始人。而吕大临不但是当时著名的理学家，还是我国最早的金石学家。他是最早将青铜器铭文作为一门学问进行系统研究的学者，所撰《考古图》《考古图释文》两书，奠定了现代考古学、古文字学的基础。

吕蕡实际上有六个儿子，除了“吕氏四贤”，另两个儿子分别是老四大受和老六大观。大受和大观都是 20 来岁就去世，没能成名。

吕氏家族在蓝田生活了四十来年，就赶上了金人入侵，北宋变成了南宋。吕家经济条件好些的，都南迁了；一些穷亲戚留了下来，这就是现在桥村的吕姓后人。

现在的五里头村小学，原先是吕家的家庙。吕大钧曾在这里讲学，收过很多学生。吕氏家庙毁于金代战乱，到了明代，吕家的牛姓学生开始在吕氏家庙讲学。明末清初，被称为“关中大儒”的牛兆濂修整扩建了吕氏家庙，以吕大临的号“芸阁”为名，成立了芸阁学社，在这儿继续讲学，过着“十亩薄田，一度春风一度雨；数椽茅屋，半藏农具半藏书”的耕读生活。牛兆濂死后，就葬在了芸阁学社后面的坡地上。若干年后，陈忠实的小说《白鹿原》把牛兆濂写了进去，“牛”字多了一撇一捺，他就成了书里的“朱先生”。

吕家的墓地就在家庙后边。这座家庙在新中国成立后成为五里头小学，当年芸阁学社的老房子从 80 年代开始陆续被拆除，一直到 2003 年，芸阁学社的旧房子才被全部拆完。

当年，吕氏家族南迁之时，也留下了后人在家庙守墓。如今，家庙所在的五里头村，姓吕的人家只剩下一户。这户人家里，有一个成员就是吕富平。

堵了一次被窝

再说韩清龙他们。跟踪邱兆军、吕富平他们来到蓝田时，警察们对吕氏家族还一无所知。吕氏家族墓虽是县级的重点文物保护单位，但吕氏墓既没有墓碑，也没有坟头，那块地方早就变成了果园、庄稼地，当年的参天古树也早就荡然无存。更何况，这个时候，警察仅仅知道邱兆军他们盗的是东边一个承议郎的墓，连在不在蓝田都不敢确定。韩清龙他们还是押宝似的选择了吕富平老家附近的田野作为侦查重点。

一场大雪过后，隆冬的蓝田乡村到处白茫茫一片。在无际的田野寻找盗墓贼留下的盗洞，和大海捞针差不多是一个概念。可你要是不去找，谁会告诉你盗洞在哪儿呢？一连四天，韩清龙带人每天去那一带徒步搜寻，天天走到两腿肿胀，鞋子、裤腿上全是烂泥。一般来说，盗墓贼钻盗洞都要换衣裳，这种脏衣裳如果还要再用，就不会往回拿。如果这伙人确实在这一带盗过墓，他们换衣裳的地方在哪儿？元月 13 日上午，侦查员们在一个看果园的小屋里，发现了几只塑料袋，里面窝着一些浑身是土的衣裳，其中一件衣裳口袋里，还有一盒酒店赠送住店客人的火柴。按常识，换衣裳的地方离盗洞应该不远了，但是，警察搜来找去，却找不见盗洞的任何痕迹。

离果园五六百米远，就是五里头村。这样远离市区的村庄，就不同于人来人往的城中村了。如果有生人在这儿落脚，村民应该会马上察觉。依据这样的判断，民警们来到村里走访。果然，有人告诉他，吕富平带几个生人在村上住过。他们落脚的地方是吕富平门中一个哥哥废弃的老房子，就在村口。吕富平家在西安，实际上是城里人。五里头只是他的祖籍罢了。在五里头村，他既没有房，也没有地。

找见那座老房子，当然人去房空。但是，如果墓里的东西没偷完，那伙人很可能还会在这儿落脚。也就是说，13 号晚上，可以在这儿守一守，如果墓地不远，田野上有动静，可以抓个现行。

这个时候，韩清龙想到那盒火柴。火柴盒上印的是“西佳宾馆”，这座小酒店位于友谊东路。火柴盒说明，这伙人刚刚入住过西佳宾馆。能在这儿住，就有他们住的道理。如果墓盗完了，大晚上他们返回西安，是重新找地方方便，还是去刚刚住过的熟悉酒店？只要没有受到惊扰，想必是后者。韩清龙决定一路人留在蓝田五里头守候，自己带另一路人去查一查西佳宾馆。这就叫堵被窝。

14 日凌晨零点左右，警察摸到了西佳宾馆。他们把入住登记一查，一楼有一间房就是吕富平开的，入住时间就在 13 日晚上。

一听是警察，服务员挺配合，愿意给开门。问题是宾馆房间门里都有插销，他这儿就是开了，也进不去。“回头咱给人家宾馆赔门吧。”韩清龙决定踹门闯入。

元月 14 日凌晨两点，一切准备就绪。韩清龙仔细考察了宾馆地形，房前屋后都安排了人。深更半夜，破门而入，就是图个出其不意。那辆白色的富康车并没有停在宾馆，这说明什么呢？说明房子里住的应该是外地人，西安人已经回家了。此时，如果有点儿风吹草动，惊动了屋里住的人，人家一个电话把风漏出去，这案子不就成了夹生饭？再说，如果里面的人有凶器，早就准备拒捕呢？

按照分工，五大三粗的高军负责踹门，韩清龙、韩育林和探长王楠负责进屋抓人。“咚、咚”，踹门的声音在夜深人静的宾馆里显得特别响，可高军一连两脚都没把门踹开。韩清龙急了，推开高军自己冲上去狠狠又是一脚。门“咣”的一声被踹开，黑暗中能看见，一个躺在床上的人正在拨手机。韩清龙扑过去，一把夺过那部手机。手机调出的人名正是吕富平，只是还没来得及拨通。再搜房间，文物是没有，但雪亮的匕首倒是有一把，这玩意儿可不是墓里挖出的文物。悬不悬？

拿手机准备打电话的那位，就是熊义方；岁数大些、身材瘦小的人，名叫丁新现。一见抓他的人，熊义方乐了。为啥？有熟人。几个月前，熊义方就认识高军了，相互之间还留了电话。知道这个河南人是个人物，高军就想从熊义方这儿获得些情报。熊义方呢，也想认识个搞文物案子的警察，好给自己留条后路。这几个月里，他们还通过几次电话。熊义方倒是“高哥”长、“高哥”短的，对高军挺尊重，也说些捕风捉影的所谓线索，但有价值的一条没有。也是，他自己就是这道儿上混饭吃的人，没短处让警察捏着，凭啥要自己砸自己饭碗？可这会儿见面，就不同了。熊义方挺激动，马上就把邱兆军、吕富平他们都交代了，好像他是在给高军提供破案线索，这事儿跟他无关一样。

熊义方交代，他们挖的这个墓，就是吕富平家的祖坟，也就是宋代的“吕氏四贤”家族墓。文物一共出了一百多件，都在那辆白色的富康车上，让邱兆军、吕富平拉走了。13 号晚上，从蓝田回来，熊义方、丁新现被安顿在这儿住宿，邱、吕二人临走跟他们说好，14号要租辆好车把东西往广州送，让他们在宾馆等电话。

和处于亢奋状态的熊义方不同，比他大十几岁的丁新现见了警察吓得可不轻，说话语无伦次。虽然都是河南人，但熊义方家在襄城，丁新现家在新密。熊义方从邱兆军手上接下活儿，就雇下丁新现当帮手。丁新现长得精瘦，身高只有一米五几。打眼一看，警察就知道他是个挖坑钻洞的材料。这个丁新现是个没见过世面的人，出来干活儿，全听熊义方的；现在，被警察抓了，他的脑子乱极了，也后悔极了。这不，警察给他做完笔录，让他签字，他拿过来一看，心想完了完了，这下得坐牢了。情急之下，丁新现“唰、唰”两把将一张自认为关键的笔录给撕了，还塞到嘴里给吞了下去，仿佛他是个电影里机智的情报人员。民警哈哈一笑，让他安安稳稳地重新落座，怕老兄噎着，还给他倒了杯水。丁新现原以为如此跟警察对着干，挨一顿暴打是免不了的。见警察拿他还当人，就十分诧异，觉得眼前的警察不太像警察。其实，丁新现一惊一乍，顶多让警察觉得他挺可乐。守着个大活人在，一张笔录，没了就没了，有什么关系呢？等他平静下来，重新再做一份就是了嘛。

后来，丁新现戴罪立功的愿望比谁都强烈。他自告奋勇带着民警去五里头村的一个桃园指认了他们的盗洞。难怪韩清龙他们找死都找不到那个洞，没他指认，任谁也想不到，果园深处一根插在地面上的枯枝下，竟隐藏着一条十余米深的盗洞。案发后，西安市文物保护考古所曾派人到现场查看，在写给西安市公安局刑侦局的报告中，考古所详细描述了古墓被盗的情况：“墓葬南北向，墓室在北，墓道在南，为土洞式墓。墓室南北长3.5米，东西宽1.8米，底距现地表14米，墓室顶端前半部下塌，所以墓室前端塌土堆积较厚，后端较薄。现墓室顶端至塌土堆积下空约1米，盗墓者所挖盗洞位于墓室口，为从地表下挖深1.3米、直径1.2米的坑后，再用炸药炸出直径0.6米的盗洞，直通墓室”。元月13日晚，在最后一次下洞之后，他们用三根木棍架在了那个0.6米的盗洞口，用尿素袋盖在木棍上，然后用土回填了上面那个坑，在上面插了一截树棍作为标记。这个标记更像是新栽种的一根树苗，如果没人指认，警察如何能想到这根小树棍下居然有个盗洞呢?

熊义方等人所炸盗洞，使用的是现在盗墓贼们惯用的挤压式爆破技术，盗洞一次成型，省时、省力，而且坚固、安全。这种爆破方式是盗墓贼借鉴煤矿爆破技术自己发明的。所用炸药并非普通的TNT炸药，而是用硝铵化肥、锯末、柴油、硫黄等乱七八糟的东西炒制而成的土炸药。炸盗洞时，先在上面挖个大点儿的土坑，然后用洛阳铲挖一个洞，看墓子深度要多深就打多深，将土炸药填充进去，放炮前，要把上面大坑里的土回填好。这样，一炮就可以炸出一个能容一个人钻进去的洞，直达墓室。因为盗洞无须出土，土是往洞的四周挤压，所以盗洞很结实，不会塌方。至于土炸药的配制比例、上面的坑挖多深、炸药放多少，这就是技术。炸洞盗墓就是一锤子的买卖，所以技术不过关的干不好这活儿。如果学艺不精，药放多了，就会炸出一个很粗的洞，人下去很危险，有时把墓子也炸毁了；药放少了，炸药冲击波弱，又形成不了一个让人能钻进去的通道；还有的干脆放了哑炮，那当然就更没戏了。在90年代末期，据说阎良某个村子最早研制出这种爆炸方式。那会儿，这个村子盗墓成为组织行为，村上统一组织掘墓，卖掉东西后统一分钱。后来，遭到打击处理之后，村民们就以出卖这种技术为生。到了现在，这种技术对于盗墓贼来说，已经没有玄机可言了。熊义方就属于这方面的歪才。

熊义方落网后，表示愿意配合警方抓捕吕富平。按警察的要求，熊义方给吕富平打通了电话：“老吕，你在哪儿?你啥时候来宾馆?”熊义方虽然来自河南农村，但他长得排场，一点儿也不像农村人，打电话说的也是普通话。

吕氏家族墓

吕氏家族墓在解放初期尚有8万余平方米左右的坟园，里面树木杂草丛生，有封土15座，坟园前有牌坊1座，碑石7通。农业合作化后，墓地被垦为耕地，牌坊碑石被毁，仅留几座封土堆和龟座碑石一通，碑石上刻“蓝田县四贤爷之墓”。1958 年食堂化时，将碑石拉回了村里，1966 年“破四旧”，仅存的几座封土被平毁，后碑石和牌坊构件散失。“文化大革命”后蓝田县对原墓址加以保护，并公布为县级文物保护单位。但是，所谓的保护单位也仅仅是树了个碑立在五里头村而已，村民们过来过去，熟视无睹。您想，虽然“吕氏四贤”都很了不起，吕大防还当过宰相，但近千年过去了，普通老百姓有几个人知道他们？何况老乡家里死了人，甭管张三李四王二麻子，总还有个坟头。这“吕氏四贤”墓连个坟头都没有，谁还当回事儿呢？

但一般人不当回事儿，并不等于盗墓贼不当回事儿。这没坟头的墓照样被盗了。2006 年开始，陕西省考古研究所开始对吕氏家族墓进行抢救性勘探和发掘。负责这个项目的张蕴研究员介绍，这座墓地是由 29 座墓葬、“门”字形围沟、家庙遗址三大部分配套组成的整体结构。出土的众多墓志铭文确定了大部分墓葬主人的名讳身份，以此为依据，可排列出家族墓葬的分布次序：墓葬布局呈马蹄状，最南为高祖吕通墓，身后为祖吕英、吕贲墓，其后为一字排开的父辈 7 座墓葬，包括吕大临等兄弟。再后属“山”字辈子嗣墓葬。重孙辈仅葬一人，因夭折而附于祖父坟茔之侧。故此，蓝田吕氏家族墓地中共埋葬五代人，使用时间在北宋中、晚期的四十余年之中。

吕大钧是“吕氏四贤”中最早去世的一个。他 52 岁病逝于转运司副使任上，这是军中一个管粮草的官。当时，军队在征伐西夏途中，大钧死于富延，就是现在陕北富县、延安一带，算是马革裹尸。

吕大临是中国考古的鼻祖，想必他对盗墓这样一个古老的职业也挺了解。整个墓地，大临的墓最特别，他的墓上有两层空穴，这是专门用来防盗的。

苏轼写过“日啖荔枝三百颗，不辞长作岭南人”。但人们可能未必知道，苏轼还写过这样的诗句：“问翁大庾岭头住，曾见南迁几个回？”过去被贬到岭南，也就是现在的广东，就跟判死刑差不多。绍圣元年，也就是吕大临去世两年后的公元1094年，吕氏家族遭受了一次沉重的打击。哲宗亲政后，重用新党，将高太后垂帘听政时的重臣统统拿下，作为旧党的标志性人物，吕大防的宰相被罢免。不久，吕大防被贬官至岭南，和他一起被贬到岭南的人中，就有苏轼。据说吕大防本来还有机会告老还乡。有一次，宋哲宗召见吕大忠时，问起吕大防的情况，大忠说大防情况不好。哲宗对大防还有些感情，就对大忠说，他打算让大防回来。本来这是哲宗私下里跟大忠说的话，大防一高兴，就把这话跟人说了。这事儿传出去，新党就再到哲宗那儿使坏。那个时候，哲宗也就是个20来岁的小伙子，而且情绪化很严重。高太后垂帘听政那会儿，大臣们拿他不当回事儿，所以他一上台，对那会儿的大臣特别憎恨。结果，绍圣二年八月，哲宗下令吕大防等数十人永不叙用。大防最终客死他乡。大防临死，给儿子省山写了一封信，然后喝了很多酒。省山赶到时，他已经死了。因为大防是有罪之臣，他的灵柩不能回蓝田。省山扶灵往东，守灵三年。后来，蓝田五里头的吕氏墓地里，埋的只是大防的衣冠冢，没有陪葬品。

大防遭贬，对于吕氏家族冲击很大，特别是他的再次遭贬。这件事是因为大忠的失误造成的，家族对大忠的评价从他的墓中也能看出。大忠的墓志很小，里面的陪葬品也不多。

在金代，吕氏家族的墓被盗过一次。那个时候盗墓，可没有挤压式爆破之说，挖的盗洞特别大。盗洞进的是省山的墓，这里并列着一东一西两副棺椁，盗墓贼把西边的一半盗光了，但东边的一半因坍塌而未动；又从这儿打了一个斜洞，进入了大临的墓。但是，大临墓里的瓷器他们没偷，只是打碎了一些。张蕴分析，之所以没动瓷器，是因为金代离宋代太近，那些瓷器在盗墓贼眼里还不值钱。除了大临的墓，盗墓贼还偷了大临妻子的墓；之后，又盗了吕英之子大雅的墓。

那么，邱兆军、吕富平一伙又盗的是哪个墓呢？那个承议郎究竟是谁呢？

警察差点儿被忽悠

警察让熊义方给吕富平打电话的时间，是元月 14 日的中午 12 点半。选择这个时间，一是熊义方也刚刚拿下，二是推测盗墓贼们昼伏夜出，这个时间也该起床吃饭了。电话那头，吕富平告诉熊义方："我在外面修车呢，你们把房间一退，咱们在兴庆公园东门外见。"

"东门啥地方?"熊义方问

"东门南边那个石狮子跟前!"吕富平答得痛痛快快，看不出有啥问题。

其实，14 日凌晨 2 点，熊义方被警察抓住，凌晨 4 点，熊义方就已经把警察领到了吕富平家院子跟前。吕富平住在兴庆公园对面的兴庆小区，这地方是他老父亲的房子。有回坐吕富平的车，熊义方来过这儿一回，但他没上楼，只知道吕富平住这个小区。果然，在院子里，民警找到了那辆白色的富康车。深更半夜，要抓吕富平，只能守株待兔。

元月份，西安还是非常寒冷。民警们对邱兆军和吕富平的守候都是从凌晨 4 点开始的。韩育林以前收拾过吕富平，人熟，他带人守兴庆小区；韩清龙另外安排了两个探组，在道北二马路守邱兆军。既是守候，就类似潜伏，不像余则成，更接近邱少云那种。不管怎么说，你不能整出动静，让人一看就知道你不对劲儿。所以，不管多冷，汽车都不能打着，不能用空调，尽管民警们开的都是地方牌照的车。夜里，民警穿着警用大衣都冻得受不了，韩清龙又打电话让人送了一次棉被。苦是下了，但成效却未必有。比如邱兆军，守候的民警都是几天前才见过他的照片。可是，这小子吸毒，面貌变化挺大。本来挖墓的折腾半宿，早上都会睡懒觉，但邱兆军那天也许是烟瘾犯了，也许是有了什么预感，反正早早就起床出了门。王楠只是觉得一个跟他擦肩而过的人有点儿像邱兆军。等抓住他，已经是一周之后。那个和照片上已经大相径庭的人果真是邱兆军。

这会儿，白色的富康车明明停在兴庆小区，吕富平却说他在外面修车，他为什么要骗熊义方？难道他察觉到了什么吗？

接了熊义方的电话之后不久，吕富平就从兴庆小区一栋住宅楼里出来了。看得出来，他是刚刚洗漱之后出的门。一看警察抓他，吕富平拼命反抗，大声嚷嚷，但韩育林一拍他肩膀，他就泄了气。和邱兆军不同，警察里可有他的老熟人。

可是，一翻他口袋，吕富平居然除了一把车钥匙之外，什么都没有。打开汽车后备厢，也一样，空空的，啥也没有。一个大老爷们儿出门，能不带家里的钥匙和钱包吗？就是开车，你也得带上驾照不是吗？可见，吕富平是有备而来的。

抓住他，当然得去搜他家。因为熊义方他们说了，墓里出的东西都让他开车拉走了。吕富平带着民警进了他刚才出来的那栋楼，上到六层，他一指一户人家，说这就是他家。民警一敲门，开门的是一对老夫妇。吕富平说他走错了。再下到五层，同一位置，再敲门，没人应。这下吕富平咬定，昨天晚上，他还和女朋友在这儿住，这就是他家。怎么办？再像西佳宾馆那样，飞起一脚把门踹开？可人家有防盗门呀。叫开锁公司把门弄开？万一不是吕富平家，怎么收场？

刚从家里出来，能找不到自己家吗？显然，吕富平是在跟警察对抗。对抗的目的是啥？家里有东西！“你不说没关系，我们现在就去派出所查你家的户口。”见吕富平还嘴硬，韩清龙亲自带人去派出所。刚找到社区民警，这边打来电话，说吕富平招了，说了他家的真实房号。

就为找他家，吕富平跟警察磨了一个小时，一个单元里前后指了六个门，都说是他家。这会儿，他的态度发生了180度的转弯。原来，他有难处：“你们一会儿到家，能不能不给我戴手铐？我女儿和我老父亲都在家。我老父亲快80岁了，心脏病，一着急犯了病不得了。东西我昨晚提回来的，睡觉起来都没来得及动。不信你们进去看。”警察也是人，何况公安机关提倡人性化执法，吕富平话说到这程度，何必非要把他老父亲吓着？就是让十几岁的女孩儿亲眼看见父亲被警察抓走，不是也有点儿太残酷吗？

吕富平家住三层，外面有防盗网，而且不像杨彬广州那房子，有个可以跑人的窟窿眼儿。韩育林让人摘了吕富平的手铐，派人守住出口，然后让两个身手敏捷的民警以吕富平朋友的身份，押着吕富平去他家。一按门铃，一个初中学生模样的女孩儿来开的门，从眉眼上都不难看出，这就是吕富平的女儿。这套房子由紧邻的一大一小两套单元房组成，算起来应该是四室两厅两卫，两套房之间由阳台连通起来。由于这是老式房子，没通暖气，阳台两边一头放一个取暖炉子，堆了一堆煤块，另一头有一个壁橱。这套房子给人感觉有点儿杂乱无章，进去以后有点儿像是在走迷宫。

客厅里，一个70多岁的老汉正在看电视。看上去，老人身体的确不硬朗。“这是我俩朋友，来取个东西!”吕富平跟老父亲交代了一下，两个民警也友好地跟老人点了点头。他领着民警来到卫生间，马桶旁的地板上，果然放着五只黑色的塑料袋，里面装的一些湿漉漉、泥粑粑的东西，民警打开袋子一看，是些青铜器、砚台、石器、玉器之类的文物。民警们还让吕富平带着把几个房间包括厨房、另一个卫生间都转了一遍，这些地方都没再发现有文物。

这五大只塑料袋提回来，经过清点共有石壶、石砚、青铜簋、盆等55件组——围棋子只能算组，若论个儿算，那就多了去了。在一只漆黑油亮直径20几公分的砚台背面，清晰刻写着“政和元年十一月壬申承议郎吕君”等46个铭文字样，“承议郎”的说法原来由此而来。可是，韩清龙还是发现了一个问题：古玩市场得到的情报明确地说，这伙人从“承议郎”的墓弄了一批宋瓷，怎么从吕富平家里提回来的东西没一件瓷器呢？是情报有误，还是吕富平、邱兆军那儿还有东西？

再审吕富平，吕富平像是扛不住了，说确实有瓷器，但都在邱兆军那儿。“我家你们也看过了，就那些东西了。”看上去，吕富平像是一只挤光了的牙膏皮，再也挤不出啥内容了。

警察只好加紧寻找邱兆军。盗墓贼都是产销一条龙，有了好东西往往转眼间就能弄到香港、运到国外，万一他把手上的文物出了手，再往回追可就不容易了。何况，邱兆军是个烟民，吸毒的人急了，可不论贵贱都会出手的。

抓捕邱兆军的突破口也就选择在毒品上。一天，邱兆军在纺织城纺五路一个餐厅门口买毒品，被五大队的民警当场拿获。可是，邱兆军这儿一件文物都没有搜到。他说，东西都在吕富平那儿。究竟他们俩谁在说瞎话呢？

吕富平家的秘密

吕富平是个孝子，从牢里一放出来，就赶快回五里头村给老母亲上坟。不过，孝子也就孝到他爹妈这辈儿为止，再往远里扯，他就没那份儿孝心了。这不，回到村里，他就跟村里人认真打听过“吕氏四贤”墓子的情况。2005年年底，吕富平有回遇见早先认识的盗墓贼同行邱兆军，就跟邱兆军说起这个墓。一听这情况，邱兆军马上来电了，要拉他一起去看看。“掘墓的事，我不敢干。那里可是我先人呢！”吕富平有点儿心理障碍很正常，但邱兆军没有：“没事，又不让你下力气，光跑跑车就行了。”第二天，二人一起驱车从西安来到蓝田县五里头村，察看了古墓的墓址，就算是拍板定下这事儿。返回西安，二人就开始了盗墓的前期准备工作。

先由邱兆军出资，他们在一家汽车租赁有限公司租了一辆白色富康车，由吕富平负责开车接送盗墓人。河南襄城出产这类“手艺人”，找他们并不用跑到河南去，西安就有。一个电话，邱兆军联系上了襄城人熊义方，熊义方又带上了他的徒弟、河南新密人丁新现。除此之外，邱兆军还叫上了他的发小田中孝入伙给他打下手。这样，五个人一辆车刚好坐下。

贼有贼道、行有行规。盗墓贼有“支锅”和“下苦”之分。邱兆军、吕富平之流，他们就属于“支锅”之类的人。“支锅”苦累危险的活儿不干，好像仅仅是望望风、在地面上帮忙打个下手，其实这些人才是这个犯罪团队的核心、灵魂，从选取作案目标、组织实施、后勤保障，到赃物处理、利益分配，都是他们在拍板。没“支锅”的张罗这事儿，“下苦”的不可能自己去挖墓。谁是“下苦”的呢？就是熊义方、丁新现之类的农村人，抡洛阳铲探眼、顺盗洞往里钻的，都是他们。这个活儿可不是好干的，西安每年都发生几起盗墓贼活着下去殉葬的案子。一座古墓虽说历代被盗，但很少遇到空墓。只要有东西，大家就能分到钱；就是挖了空墓，老板也会付给“下苦”辛苦钱。熊义方、丁新现这两个河南人走南闯北，就专门吃的这碗饭。盗墓是一个很古老的职业，但是，古代盗墓仅仅盗取墓内金银财宝之类的物品，而如今的盗墓，则是毁灭性的破坏，一座古墓被盗后会空空如也，再不会有任何东西在里面，包括壁画、几百斤重的墓志铭等。

那么，盗一个墓要投资多少钱呢？杨彬盗敬陵石椁那案子，前前后后盗了四回，每次二十多号人上手。把 26 吨重的石椁从墓里弄出来，再找车拉到广州，整到香港，虽然最后运美国的费用不用他出，那投资也不是一般的墓可比。但是，一般的墓，万把元的投资就足够，有的只要几千元就能弄成。只要挖出了东西，随便一件也足以把成本都收回。

邱兆军购买了两副探铲，吕富平、熊义方负责购买了 18 根探杆、绳子及制作炸药用的硝铵化肥、雷管等，由熊义方、田中孝负责配制成炸药。按照他们给警察的交代，正式实施盗墓是 2006 年元月 8 日。当晚 9 时，吕富平用车将几个人拉到现场。下车后，就开始用探杆探，到 9 日凌晨，确定了准确的位置。10 日晚，一行人又来到盗墓现场，由田中孝操作，其他人配合，打炮眼、放炸药、引爆，炸出了一个 60 厘米的盗洞，深约 13 至 14 米，用了一个多小时排烟。随后，由邱兆军指挥、吕富平望风，熊义方、丁新现、田中孝轮流下洞窃取文物，当晚就从墓中取出了青铜鼎、熏炉、砚台、镶金边银边的瓷碗，还有一些白色的瓷碟，他们将这些东西放在事先准备好的一个大纸盒内，搬上了汽车的后备厢里，连夜运回西安。元月 11、12 日两晚，他们又用同样的方法陆续盗出青铜人、青铜盆、围棋子、玉器、石壶、石盘等，反正每天都能盗挖出几十件文物，所有这些东西全部藏匿在吕富平家中。

其实，元月 14 日中午，熊义方按警察的授意给吕富平打电话时，吕富平马上就察觉出事儿了。熊义方平时说的是河南话，而跟他通话时，却一反常态说起了普通话。站在自家的窗户跟前，吕富平边打电话边往楼下看，他在观察那辆白色富康旁有没有警察守着。也是不太放心，他才只揣把车钥匙下来。他本想把车开着在附近兜上一圈儿，验证一下自己的判断，看看有没人跟踪。果然，警察已经守在车跟前。

13 号晚上，墓室里已经没什么可挖，吕富平他们早早就回到西安。临分手，他和邱兆军订立了攻守同盟，万一谁被警察抓住，就说东西在对方那里。本来，他们约定第二天要租辆帕萨特之类的车把东西拉到广州，要是根本不在西安销赃，警察恐怕还不会这么早就知道。那么，“承议郎”的风声是怎么出去的呢？问题出在邱兆军身上。这家伙财迷心窍，卖文物也想货比三家，就在古玩市场里把风透出去了。不过，干的是见不得人的买卖，总是会想着警察的。怕警察万一真的跟踪而来，回到家里，趁老人、孩子熟睡之后，吕富平把他认为值钱的一些东西藏了起来。藏匿的地方包括阳台的木地板下、门厅假柱子里、装修房子的夹层、暖气罩子后面。等警察抓了邱兆军后再去搜他家，那些东西都搜了出来。算上前期那五只塑料袋，从吕富平家搜出的文物一共有 120 件组。吕氏家族喜好收藏，这些文物不仅仅是宋代瓷器，被盗文物中还包含周、秦、汉、唐时期的一些经典文物。经文物专家鉴定，其中宋代歙砚、镶银青釉执壶、镶银青釉花口刻花钵、商代乳钉纹铜簋、镶金青釉花口碗、唐代青铜錾花匜、双龙刻花白石盘等 14 件为国家一级珍贵文物，汉代带盖铜鼎、朱雀铜熏炉、青釉刻花盂、战国鱼龙纹铜盖鼎、一套围棋子等 12 件（组）为国家二级珍贵文物，唐代铜盆、石壶、三国神兽纹铜镜、宋代黑釉兔毫盏、青釉瓷瓶等 48 件为三级珍贵文物。收缴被盗文物级别之高，珍贵文物数量之大、类别之多，都创下了陕西省近几十年来文物案件之最。

关于盗掘出的文物，抓来的四个人说法有些出入。破案之初，韩清龙翻看嫌疑人的笔录，发现熊义方交代盗掘出来的文物中有个鎏金的佛像，这是收缴的文物里没有涉及的。再审四个人，结果邱兆军、吕富平坚决否认有鎏金佛像。缴获文物里面倒是有一个鎏金辅首，熊义方后来就改口了，说他前面说的鎏金佛像应该就是那个鎏金辅首。韩清龙这儿就纳闷儿了：辅首与佛像形状相去很远，这几个文物道儿上混了多年的人，怎么会连辅首与佛像都分不清呢？鎏金佛像究竟有还是没有？只有等抓到田中孝，再把这事儿弄清楚。

逃亡中，田中孝天天要躲着警察的追捕，饥一顿、饱一顿，也没过上人的日子。2008 年 11 月中旬，得知田中孝得了尿毒症，悄悄地跑回西安看过病，民警给他的家属做通了工作，11 月 24 日，警察在家属的陪同下，在医院重症室见到了外逃近三年的田中孝。根据他投案自首的情节，民警给他办理了相关法律手续，保外就医。病床前，看了民警田中孝交代说，确实挖出过两个鎏金小人儿。因为对那俩小人儿还有印象，田中孝还在纸上画了个大概模样。东西既然都在吕富平家，会不会当初他还留了一手？刑侦局曹楠华副局长和二处副处长李浩一商量，赶快让韩清龙和探长陈鹏去汉中。

这个时候，两名主犯邱兆军、吕富平二人已经被判死刑，缓期两年执行；两名从犯熊义方、丁新现被判处十五年有期徒刑，四人都被送到汉中监狱服刑。这回，他们都说，确实有俩鎏金小人儿，还有一个青铜狮子。可是，再去吕富平家搜吧，他家连房子都卖了。好在警察还是找到了吕富平家里人。吕富平的哥哥是个公务员，懂道理，警察追上门要东西，也就积极配合。12 月 6 日，两件青铜力士造像和一件青铜狮子都上缴到了专案组。经文物鉴定委员会鉴定，两件青铜力士造像为盛唐时佛家用品，属国家二级珍贵文物；青铜狮子为北魏时期的，属国家三级珍贵文物。至此，被盗“吕氏四贤”古墓文物历经办案民警近三年的努力，全部追缴到案。

盗了不止一个墓

因为2006年“1·14”盗掘吕氏家族墓案件的侦破，西安市公安局刑侦局二处五大队荣立集体二等功一次，韩清龙荣立个人一等功一次，韩育林荣立个人三等功一次。这起案子也被评为西安市当年的十大案件之一。

2006年12月至2009年12月，陕西省考古研究院、西安市文物保护考古研究所对蓝田县五里头村北宋吕氏家族墓地进行了调查、测绘、勘探及发掘。共清理墓葬29座（成人墓葬20座、婴幼儿墓葬9座），东、西、北三侧围沟各一处，调查勘探家庙遗址一座。出土遗物655余件组，砖、石墓志铭24合。张蕴研究员认为，吕氏家族墓地的发掘，较完整地揭示了北宋吕氏家族墓地全貌，为研究北宋家族墓地的构成提供了宝贵资料。出土的众多墓志铭文确定了大部分墓葬主人的身份，以此为依据，可排列出家族成员墓穴的分布次序，这对研究北宋家族墓葬礼制提供了重要线索。出土墓志内容丰富，为研究北宋官制、科考制度以及河南汲郡吕氏家族起源、分支、迁徙和定居陕西蓝田后的家族发展谱系、延续脉络提供了极其珍贵的第一手资料。吕大临墓葬虽早年被盗，墓志遗失，但有证据显示其墓葬位置亦可基本确定，这对研究中国考古学史具有重要意义。

2010年1月14日，中国社会科学院在北京举办的年度考古学论坛正式对外发布了2009年中国考古六大新发现，陕西蓝田县五里头村北宋吕氏家族墓地与江苏张家港市东山村新石器时代遗址、内蒙古赤峰市二道井子夏家店下层文化聚落遗址、山东高青县陈庄村西周遗址、河南安阳县西高穴曹魏高陵、江西高安市华林宋元明时期造纸作坊遗址等六项考古发现并列，成为年度中国考古六大发现之一。

那么，邱兆军、吕富平一伙究竟盗的是谁的墓？承议郎又是谁呢？

这伙人在果园里炸出的那个盗洞，通入的是吕大观的儿子吕至山的墓室。吕至山是那个承议郎吗？张蕴说，这不能肯定。从考古发掘看，吕氏家族墓一般的墓室陪葬品少则二三十件，多则四五十件，而邱兆军、吕富平一伙盗走了123件，这应该是来自三四个墓室。东西拉乱了，那个写着“承议郎”的砚台究竟来自哪一个墓室，已经无法考证了。

如果是2006年元月10日晚上炸的墓，韩清龙此前怎么会知道“承议郎”呢？尽管这起案子已经尘埃落定，但这伙盗墓贼很可能是在更早些的时间就作了案，而且盗了不止一个墓。就像“承议郎”是谁一样，这事儿也已经不可考了。

国宝级文物海外归来记

惊天大案

2006 年元月 5 日，一份关于陕西地区文物犯罪的机密文件批转到了西安市公安局刑侦局。中央领导都在文件上做了重要批示。文件中提到了西安几个猖狂从事文物犯罪的人，文物贩子杨彬名列其中。

材料中提到，杨彬将盗取的一套石椁以 100 万美金走私到了境外。

西安警方决定，立即对杨彬立案侦查，专案代号就叫“1 · 05”。

西安市公安局刑侦局二处五大队又称文物缉查大队，是当时全国唯一一支成建制的打击文物犯罪专业队伍。“1 · 05”专案组就设在五大队。

对于杨彬，五大队民警并不陌生：此人原先是西安电影制片厂的一个摄影师，20 世纪 80 年代开始倒卖文物、盗掘古墓，属于这个道儿上最资深的一拨儿人。前些年，有一次在广州，五大队教导员韩育林还在当民警的时候，曾经亲手抓过一次杨彬。当时，西安还没有立交桥，居民楼也没有那种能对话的防盗锁。杨彬在广州住的就是一个立交桥边的多层住宅楼，民警尾随别的住户才进到杨彬所在的单元楼里。一到夏天，杨彬在家喜欢赤裸裸的。听到有人按门铃，他才穿了条裤衩来开门。一瞅是西安的警察，他飞快地把门重又关上。等警察想办法弄开了门，房子里已经找不到他的人影了。杨彬住在五楼，窗子上都有防盗网，他能跑哪儿去呢？好在楼下面还有民警守着，而且给几个拿手电的小区保安说好了，保安的强光手电照到，四楼的防盗网上有个只穿裤衩的男人。

原来，杨彬的防盗网在厨房窗外留了个消防通道，对于杨彬来说，防的当然主要是警察而不是火灾。就在民警破门那工夫，他这个胖胖的人居然麻利地从防盗网上的消防口钻了出去。杨彬赖在防盗网上不肯上去，最后还是韩育林下去用枪把他逼了上来。

当晚后半夜，审查杨彬的民警困了，把他铐在酒店的床腿上。也就是打个盹儿的工夫，杨彬居然卸掉床腿，戴着铐子跑掉了。

江湖上，杨彬有为人仗义的名声。此人住店只住五星级酒店，花钱爱用新票子。和他打交道的人都觉得他出手大方，做事大气，所以，盗墓贼们挖出点儿什么东西时都喜欢先让他挑。杨彬张罗他们去盗墓，他们也都乐意去。

杨彬常在西安和广州两边住，在西安，他身边有些固定的腿子跟着他混饭。虽然没挂牌子，但杨彬犯罪团伙内部自称公司，刘小红、董红心、时永安等人都是他的骨干成员。哪怕不挖墓，他也给这些人开着一份工资。2004 年年初，杨彬就在南窑头村租了一栋四层小楼，纠集一帮经常盗掘古墓的犯罪分子，大肆从事盗掘古墓、倒卖文物犯罪活动，并从广东请了修复文物的技工，建立文物修复工厂，自己进行文物修复，形成了一个集文物盗掘、修复、倒卖、贩运、走私一条龙作业的特大犯罪团伙，涉案嫌疑人多达 20 余人。

对于杨彬的犯罪活动，五大队早有察觉，大队长韩清龙曾带人在这栋四层小楼对面租了一套房，天天观察杨彬一伙的动向。后来，打击文物犯罪的风声一紧，杨彬打发了广东的技师，收了那边的摊子。当时因为还没掌握他的犯罪证据，民警也就没有惊动他。

2006 年 2 月 12 日，专案组得到情报，杨彬一伙刚盗掘了长安区一座唐墓。其实，这个时候正是风口浪尖上，杨彬本来不同意顶风作案，无奈他手下的几员大将手痒难耐。这座墓曾被别的盗墓贼炸开盗洞，可能因为受到惊动没有盗成。现在，只要钻进别人打好的洞就能把东西取出来，如此便宜的买卖怎么能不做呢？于是，时永安、郭华强等人自作主张，当晚就张罗来咸阳的几个盗墓贼把案子作了。

13 日一大早，在住宿旅社，三个盗墓的咸阳人没出被窝，就被专案组民警堵住了。郭华强开辆普桑车来接人，也让警察捉个正着。

后备厢一打开，鼓风机、探铲、铁锹之类的盗墓工具都在里面。郭华强绕了半天，骗不过警察，只好把他们带到自己在附近租住的高级住宅内。结果，该团伙另一骨干成员时永安又让逮个活的。

住宅内有杨彬的生活用品、对讲机、揭壁画的进口胶水等盗墓工具，但杨彬已不知去向，盗出来的文物也没在这儿。

经过审讯，时永安只好把民警领到北郊青门小区自己闲置的单元房里。果然，头天夜里刚从那个唐墓里盗出来的五麻袋陶器文物就在地上摆着。凑巧的是，这个地方也是杨彬为躲避严打风头存放重要物品的仓库，十几只纸箱子装满了文物和盗墓工具，两只旅行箱锁得严严实实，都在那儿放着。

民警一清点，文物一共一百多件，在旅行箱内查获猎枪 1 把、雷管 180 余枚、导火索 20 余米以及防毒面具等作案工具。

民警在旅行箱内还查获了一只移动硬盘，里面存的都是些照片，有杨彬的生活照，更多的是他拍的文物图片，日后，警察和文物专家将那些文物图片一共分了 90 多个文件包，里面涉及的文物共有一千余件，其中最引人注目的就是文件中提到的那套被盗彩绘石椁。

2006年2月14日，自知罪孽深重的杨彬畏罪潜逃，专案组迅速组织抓捕工作。五个月之后，杨彬在深圳其情妇家中被专案组民警抓获归案。

经警方审查，杨彬对盗掘西安市长安区大兆乡庞留村西侧的唐代贞顺皇后陵墓（敬陵）的犯罪行为供认不讳，承认纠集董红心、刘小红、时永安等20余人，将陵墓内一座重达26吨的石椁分解、盗出并走私到了境外。

2007年5月，陕西省文物鉴定委员会的专家将杨彬自拍资料和后期现场勘查材料比较后，对石棺椁作出了如下鉴定：该石棺椁为立体减底浮雕做法，为宫殿形状石椁，石椁结构由5块椁顶、10块廊柱、10块椁板、6块基座共31块石头组成，高约2.45米，宽约2.6米，长约4米，其内容为侍女、花卉建筑，具有极高科学、历史、艺术价值，是一件难得的唐代文物珍品，可定为一级文物。

疯狂的盗掘

移动硬盘落到警察手里，对于杨彬来说，杀伤力可想而知。那么，狡猾的杨彬为什么给自己留下这东西呢？

和挖出文物后火急火燎地找买主的小盗墓贼不同，杨彬一般是先找买主，再去盗墓，文物在他的手上一般不会久留。而且多年来，杨彬挖出的东西从来不在西安找下家，这也是西安警方一直抓不到他把柄的一个原因。

那么，他的买家可能就是境外的古董商，他们通过QQ、MSN联系。发现了古墓，杨彬先拍照片，传给古董商看，人家确定要，双方谈好价钱后，他才会下手。

2003年年底，安康人郭华强告诉杨彬，长安区庞留村有个大墓曾被盗过，里面有个大石椁。2004年5月，杨彬跟郭华强下到墓里，拍了照片，随后联系了美国一古董商，对方出价100万美金。

杨彬立即组织团伙成员盗窃敬陵石椁。

负责现场指挥的当然是杨彬。怕从墓里往外拉石板的倒链发出“哗啦、哗啦”的声响，杨彬将普通倒链改造成了无声的倒链。

高陵人刘小红原先是杨彬的司机，和郭华强负责找人挖墓、干粗活儿。2006 年 2 月 12 日参加盗掘无名唐墓的那拨儿咸阳人，全都参加了盗掘石椁。长安人董红心本是当地的恶人，拿着大砍刀、军刺为盗墓行动看场子就是他的事儿。

怕警察突然出动，每次挖墓，杨彬都要派人到当地派出所和公安局门口守着。时永安的职业原本是铁路上发货的，偷石椁时，他的任务是开着车在现场附近的公路上巡逻，发现情况就用对讲机告诉杨彬。有一回，凌晨 4 点多，时永安开车时犯困，车轮陷进了路边一个小沟里出不来。杨彬只好带人过来，连拉带推把车弄出来。

敬陵就在庞留村外 50 米远处，每次盗墓，庞留村的狗都连吠一夜，但是杨彬有本事让村民都装聋作哑。

从 2004 年 5 月至 2005 年 6 月，杨彬先后六次作案，每次耗时一个通宵，把 31 块石椁在墓内分解、打包，吊到地面盗走。每次盗墓都有 20 多人参与，各司其职，一起行动。石椁一出来，马上就被转移到东郊附近一家钢模具厂内，在那里装箱，然后发往广州。

杨彬到案后，仍然十分顽抗，拒不交代案情。而时永安等参与长安无名唐墓盗掘的那些人，此时已经被判了缓刑大模大样地出来了。

专案民警把他们一个一个又捉拿归案，这起案件才逐渐真相大白。

杨彬承认，石椁卖了 100 万美金，但他当时只拿到了 100 多万元人民币。至于石椁是怎样运出西安、怎样走私出境以及到了何人手中，杨彬一副铁嘴钢牙，什么都不肯说。

2007 年，杨彬被西安市中级人民法院判处死缓，刘小红、董红心、时永安等人也分别被判处无期和有期徒刑。

石椁与武惠妃

杨彬盗走石椁之后，2005 年 9 月，文物专家曾从盗洞下到墓里，考察这座古墓。

陕西考古研究所研究员刘呆运拍了很多照片。日后确定杨彬盗走的石椁来自这座墓里，就是比较了杨彬拍的壁画照片和刘呆运拍到的没有被盗走的壁画残部得出的结论。

刘呆运推测，被盗墓可能就是敬陵，他的依据是元代骆天骧《类编长安志》所记载："唐明皇贞顺武皇后敬陵在县东四十里少陵原长胜坊。明皇御书碑尤存。""唐贞顺皇后武氏碑，玄宗御制，御书八分字，太子亨题客。后姓武氏，终于惠妃，谥贞顺。天宝十三年立。在庞留村南长胜坊冢墓前。"

后来，陕西历史博物馆社会文物征集处师小群处长开车从博物馆出发去庞留村，到达墓冢时，车上的里程表显示的距离居然正好是二十公里。

2009 年 3 月，文物部门在对这座墓进行抢救式发掘中，找到了几块汉白玉的哀册残片，其中就有"贞顺"二字；同月，庞留村一个村民上交了一块从附近发现的老宫女的墓碑，这块"亡宫八品柳"的墓碑上也有"陪葬于敬陵"的字样。这位姓柳的老宫女，死的时候看来也享受八品官的待遇，比白居易当江州司马时的重九品还强很多。由此，专家认定，这座墓葬就是敬陵，石椁的主人就是历史上有名的武惠妃。

武惠妃是武则天的侄孙女，容貌美丽，能歌善舞，而且很有文采，深得唐玄宗李隆基的宠爱。本来，在唐朝后妃等级中是没有惠妃的，皇后下来是四夫人，四夫人分别是：贵妃、淑妃、贤妃、德妃。李隆基为了武惠妃而特设惠妃这一等级，意思是，不是皇后，胜似皇后。李隆基曾经废了王皇后，打算把武惠妃立为皇后，遭到了大臣们的反对才作罢。大臣们之所以反对，就是怕她变成第二个武则天，夺了李家的江山。何况，当时的太子不是武惠妃生的，大臣们也怕她当了皇后会害了太子。武惠妃想立自己的儿子寿王李瑁当太子，还是设计加害了原来的太子李瑛。一次，武惠妃说宫中有贼，让李瑛与另两个王子穿着盔甲、带着武器入宫。他们走后，武惠妃向李隆基告状，李隆基大怒，将这三个儿子贬为庶人，后来又将他们处死。

因为做了亏心事，武惠妃的住处天天夜里闹鬼。开元二十五年，年仅 40 岁的武惠妃死了，人们推测她是被吓死的。玄宗对武惠妃非常有感情，武惠妃生前享受的是皇后的待遇，死后更是被谥为贞顺皇后，她的墓被封为敬陵。

石椁归来

2009 年 11 月 27 日，西安市公安局刑侦局政委胡家华、二处副处长李皓、二处五大队大队长韩清龙以及陕西历史博物馆副馆长程旭、社会文物征集处处长师小群来到香港。两天后，在金紫荆广场旁的一家酒店里，他们将和美国人展开一场关于石椁文物归属的较量。

石椁被盗案侦破之后，专案组一天也没有放松过寻找石椁的工作。专案组通过陕西省公安厅刑侦局，向公安部和国际刑警组织提供了石椁证据资料，希望他们帮助中国警方发现有关线索。

在陕西省文物鉴定组几位专家配合下，民警还向国内外热衷于保护中国文物的民间团体组织发送了石椁图片资料，请他们在国际文物市场上注意该石椁的信息。

一张大网就这样撒了出去，各种各样的信息也在向专案组汇集。

2007 年 9 月，专案组得到一个情报：杨彬盗走的石椁已通过香港倒卖到美国，在一名美国古董商人手上。

为了证实此消息的可信度，并查找有关知情人，专案组数次到广州、深圳、北京及周边省市开展调查工作，花费大量人力物力，动用各种关系渠道，积极开展涉案石椁文物的查找工作。

2009 年 7 月，民警终于与香港的一名知情人取得了联系。知情人表示，愿意配合警方追索涉案文物。于是，专案组请他协助搜集石椁在国外的有关证据材料，包括石椁现状、存放地点、持有人情况等，为启动国际追索程序做准备；与此同时，民警请知情人转告购买石椁的美国古董商，这个石椁是中国的涉案珍贵文物，如不归还，中国警方将用法律手段依法追缴；因此，警方通过知情人动员美国古董商人归还涉案文物。

美国古董商人知道石椁属我国涉案文物后，迫于压力，同意在香港与我们进行谈判。

11 月 29 日，在香港某酒店，美国人迈克带着保镖西装革履地出现在西安刑警和文物专家们的面前，关于石椁的谈判正式开始。

迈克是美国古董商的代理人，他对西安警方追索涉案石椁提出一系列条件：比如，石椁是他们高价购得，而且已经转手卖出去了，要从别人手上回购，又要产生很多费用，因此要求警方给予一定经济补偿；如果石椁回归，运输、包装等方面产生的费用要由中国警方承担。另外，美国人讲人权，爱面子。迈克特别提出，古董商将文物归还中国一事要进行正面宣传报道。

谈判小组对美方提出的附加条件进行严正交涉，对其经济补偿和承担部分费用的要求明确予以拒绝，并再次重申该石椁文物属被盗出境的性质，对方必须无条件归还中国。

但是，为表达善意，谈判小组承诺，石椁文物入境后产生的费用可以承担。此次谈判虽然没有达成任何协议，但大家都欣喜地看到，石椁回归的曙光就在眼前。

香港谈判结束后，为尽快促成涉案文物石椁的回归，民警又多次与迈克通过电话、电子邮件进行沟通交涉，并邀请知情人陪迈克一起来西安进行了第二轮谈判。

2010 年 1 月初，迈克应邀来到西安。民警和文物专家陪他们来到长安区大兆乡庞留村贞顺皇后陵墓实地考察，向他们介绍了陵墓主人“武惠妃”在唐朝的历史背景和地位。亲眼目睹了被盗掘的陵墓现场，迈克十分震撼和惋惜。

在美国古董商人眼里，石椁仅仅是一件古代艺术品，迈克想不到，它居然在中国承载着一段如此厚重的历史文化背景。

迈克表示，一回到美国，就马上和古董商进行沟通，尽快促成石椁归还中国。

2010 年 3 月 4 日，韩清龙收到美国古董商同意将该石椁无条件归还中国的邮件，通知我方，石椁将于 3 月 7 日在弗吉尼亚装箱托运上船，4 月 17 日左右抵达广州港。

至此，追索工作取得圆满成功。

4 月 30 日，在陕西省公安厅刑侦局、西安市公安局“1·05”专案组民警、陕西历史博物馆领导的护卫下，唐贞顺皇后石椁平安运抵西安，陕西出入境检验检疫局、西安海关一路绿灯，石椁顺利检验通关。

见到石椁实物，陕西省文物鉴定专家徐涛博士认为，这座石椁具备了许多第一：在目前出土的所有石椁中，这座石椁体积最大、最重，是唯一保存贴金彩绘的石椁；石椁上刻画的花鸟画，是国内发现的花鸟画的鼻祖；石椁上的刻画内容丰富，共有人物 21 个，超过了以前出土的所有石椁。作为皇后的石椁，这座石椁也是所有出土石椁中等级最高的一个。

6 月 17 日，在陕西历史博物馆对石椁进行完必要的保护修复之后，由西安警方正式将追索回国的唐贞顺皇后石椁移交给陕西历史博物馆收藏。

至此，流失到美国达五年之久的珍贵文物贞顺皇后陵被盗石椁终于呈现在中国普通游客的眼前。

在完成石椁追索之后，西安警方又全力投入敬陵五幅被盗壁画的追索工作。

2011 年元月，西安市公安局副局长肖西亮亲自带队，专案组成员和文物专家再赴香港，和迈克等人进行谈判。有了石椁的成功回归，壁画追索工作进展顺利。

2 月下旬，壁画运抵天津口岸；4 月 21 日，西安警方在陕西历史博物馆再次举行移交仪式，将从美国追回、流失海外达六年之久的五幅被盗壁画移交给陕西历史博物馆。

代后记

我写“杨子荣”

胡　杰

如果不算上大学和刚工作时发表的几首歪诗和小散文，我的文学之路，就始于案例了。我话音一落，可能就会有人鼻孔里发出“哼”的一声：案例算哪门子文学呢？地摊儿文学吧！

我的案例写作始于我初当刑警时。从派出所调到刑警队，第一次值班，初中文化的老队长有些好奇，想看看我这个学中文的大学毕业生笔头到底如何，让我采访了一起在他看来根本不能报道的案子。为什么？因为嫌疑人死在了看守所。可是，我这篇案例处女作居然刊发了，还是在报摊儿最火爆的《南方周末》上。打这时起，我写案例的兴致就像打了鸡血一般，也因此调市局干了宣传。后来，我的一篇案例拿过《知音》的月奖和年度奖，一篇稿子挣了将近四万元。那年头儿，西安的房价还不到两千呢。

可是，我的案例却迟迟没能敲开文学期刊的门。有一回去北京出差，我同学引见我认识时任《啄木鸟》主编的师兄易孟林。孟林兄的一句话，点醒了我这个梦中人：“你的座山雕写得活灵活现，可杨子荣呢？”

是啊。我采访案子时，尽盯着案件的曲折离奇。包括犯罪嫌疑人的生存状态，都很留意。但给我介绍案子的民警，却被我忽略了。在我的作品里，他们就成了一些“符号”，不是血肉丰满的人。而作为公安部的文学期刊，《啄木鸟》貌似老在登案例，实际上它关注的，却是警察这个群体。想明白这个道理，我在《啄木鸟》上也就开了张。

第一篇作品，写的是女法医冯雪。虽然通篇仍然尽是案子，但我开始透过案子写人，并用了对比的方式。先写冯雪的胆大。在一起白骨案现场，她敢一铲子把一条蛇剁成两半，并且在别人的怂恿下，当场将蛇胆取出、吞下；她秉公做伤害鉴定，敢和一个有人大代表头衔的恶人叫板；她坚持自己观点，敢在案件分析中顶撞刑警出身的分局局长，让人家不爽。那她如此胆大，有她害怕的事情吗？写她的胆小，我用的还是一个案例：一个单位的处长经常酒后家暴。一次，他又一次施暴时，被妻子和女儿合伙用被子捂死。起初，领导是通知冯雪去出非正常死亡现场的。可当她发现这是一起案子时，她突然感到恐惧——她要亲手将两个女人送进监狱了。那时候，还没有手机。通知刑警队长赶来，必须借用死者家的电话。我着重写了她打电话时，那母女俩特别是那个还在上中学的女孩子的目光如芒在背；而她，吓得心都快跳到了嗓子眼儿。

再采访案件，我都会刻意留心我的“杨子荣”们，挖掘一下他们的内心世界。比如，《啄木鸟》2012年刊发的《西北盗车第一案》。采访指挥这起案件侦破的李皓，我就捎带着多问了一个“为什么”。抓捕一名躲在屋里的嫌疑人时，李皓曾奋力将防盗门踹开。为此，他的右脚踝和膝盖肿了很长时间，走路一瘸一拐。本来，像踹门这样的活儿，不必由指挥员赤膊上阵。那么，他为什么这么拼呢？原来，李皓是为解决夫妻两地分居，从银川调来的。来西安后，他曾经连续六年年年立功，当了市劳模和省劳模。组织上给他这么多荣誉，就让他深怀感恩之情。这就是这个“杨子荣”的内在动力。

一次，我受命采访“时代楷模”汪勇。汪勇是一名社区民警，成名后，媒体已有海量报道。虽说我也写过他，可再写，就不想炒冷饭。当时，作为党代表，他正到处宣讲十九大，忙得像在天上飞。我心里也打鼓：现在，这位“杨子荣”到底还接不接地气呢？有一回他来市局开完会，我一把拉住他，非问他有什么新故事。坐到我办公室，他给我讲了新近协助外地抓获一名电信诈骗逃犯的故事。案子的全貌，汪勇并不清楚，他只是个配角。但是，在搜寻逃犯行踪时，汪勇却费了劲，调动起了社区的各种人脉资源。给他帮忙的，除了居委会老大妈们，还有管道维修工、外卖小哥和拾荒奶奶，甚至还有戒了毒的前科人员。我又多问了个“为什么”：这些人凭啥这么帮他呢？这一问，故事就来了。原来，汪勇给他们每一个人，或者他们的家庭，都帮过大忙。难怪，他们都乐意做汪勇的千里眼、顺风耳。于是，我尝试通过一起案子写一个人。报告文学《左右逢源》，最终收录到了《奋斗者的足迹》和《中国公安文学精品文库》（纪实文学卷）中。

2019 年 4 月，我到南京参加首届“石城金盾杯文学大奖赛”采风活动。分配给我的采访题目，是栖霞分局的“桩钉工程”。“桩钉工程”是个社会治安综合治理的系统工程，说起来极为复杂。而因为单位等着我回去采写扫黑的稿件，我在南京单独采访的时间，仅有一个白天。我想，既然是文学大奖赛，我还是得讲好故事。而故事的主角，当然还得是“杨子荣”。为此，我采访了三位民警，也没忘继续挖案子，因为案子天然具有故事性。但是，我的着力点，却在发现不同的“杨子荣”。“桩钉工程”在开展中遇到过很多困难，这些困难对于亲历的民警来说，常常就是一些“囧”事。比如，放着警长不当、由刑警改行的社区民警，搬到自己分管的社区里住，却遭遇左右邻居接连发案，案子破不了，被群众呛着、噎着，有如被架在火上烧烤。分管户籍的一位副所长没做错事，却深陷舆情旋涡；还因为长得帅，被人比作日本 AV 男优等。我的“杨子荣”们活得委屈、别扭，但我的报告文学《栖霞桩钉》却获得了这次文学大奖赛的一等奖。

一路走来，我就成了个写警营“杨子荣”的专业户。或者说，是个公安作家了。